江西财经大学财税与公共管理学院
尚公文库

U0505501

龚美君 ◎ 著

高校教师国外访学经历及其影响研究

尚公文库

本书为『2021教育部高校人文社科研究一般项目青年基金项目「国外访学经历对高校教师专业发展的影响研究」阶段性成果（项目编号：21YJC88023）』

中国财经出版传媒集团
经济科学出版社
Economic Science Press

图书在版编目（CIP）数据

高校教师国外访学经历及其影响研究/龚美君著．
—北京：经济科学出版社，2022.5
ISBN 978-7-5218-2708-8

Ⅰ.①高…　Ⅱ.①龚…　Ⅲ.①高等学校-师资培养-
研究　Ⅳ.①G645.12

中国版本图书馆 CIP 数据核字（2021）第 141279 号

责任编辑：顾瑞兰
责任校对：王苗苗
责任印制：邱　天

高校教师国外访学经历及其影响研究
龚美君　著
经济科学出版社出版、发行　新华书店经销
社址：北京市海淀区阜成路甲 28 号　邮编：100142
总编部电话：010-88191217　发行部电话：010-88191522
网址：www. esp. com. cn
电子邮箱：esp@ esp. com. cn
天猫网店：经济科学出版社旗舰店
网址：http://jjkxcbs. tmall. com
固安华明印业有限公司印装
710×1000　16 开　13.5 印张　220000 字
2022 年 8 月第 1 版　2022 年 8 月第 1 次印刷
ISBN 978-7-5218-2708-8　定价：68.00 元
（图书出现印装问题，本社负责调换。电话：010-88191510）
（版权所有　侵权必究　打击盗版　举报热线：010-88191661
QQ：2242791300　营销中心电话：010-88191537
电子邮箱：dbts@ esp. com. cn）

总　序

习近平总书记在哲学社会科学工作座谈会上指出，一个国家的发展水平，既取决于自然科学发展水平，也取决于哲学社会科学发展水平。坚持和发展中国特色社会主义，需要不断在理论和实践上进行探索，用发展着的理论指导发展着的实践。在这个过程中，哲学社会科学具有不可替代的重要地位，哲学社会科学工作者具有不可替代的重要作用。

习近平新时代中国特色社会主义思想，为我国哲学社会科学的发展提供了理论指南。党的十九大宣告："经过长期努力，中国特色社会主义进入了新时代，这是我国发展新的历史方位。"中国特色社会主义进入新时代，意味着近代以来久经磨难的中华民族迎来了从站起来、富起来到强起来的伟大飞跃。新时代是中国特色社会主义承前启后、继往开来的时代，是全面建成小康社会、进而全面建设社会主义现代化强国的时代，是中国人民过上更加美好生活、实现共同富裕的时代。

江西财经大学历来重视哲学社会科学研究，尤其是在经济学和管理学领域投入了大量的研究力量，取得了丰硕的研究成果。财税与公共管理学院是江西财经大学办学历史较为悠久的学院，学院最早可追溯至江西省立商业学校（1923 年）财政信贷科，历经近百年的积淀和传承，现已形成应用经济和公共管理比翼齐飞的学科发展格局。教师是办学之基、学院之本。近年来，该学院科研成果丰硕，学科优势凸显，已培育出一支创新能力强、学术水平高的教学科研队伍。正因为有了一支敬业勤业精业、求真求实求新的教师队伍，在教育与学术研究领域勤于耕耘、勇于探索，形成了一批高质量、经受得住历史检验的成果，学院的事业发展才有了强大的根基。

为增进学术交流，财税与公共管理学院推出面向应用经济学科的"财税文库"和面向公共管理学科的"尚公文库"，遴选了一批高质量成果收录进两大文库。本次出版的财政学、公共管理两类专著中，既有资深教授的成果，也有年轻骨干教师的新作；既有视野开阔的理论研究，也有对策精准的应用研究。这反映了学院强劲的创新能力，体现着教研队伍老中青的衔接与共进。

　　繁荣发展哲学社会科学，要激发哲学社会科学工作者的热情与智慧，推进学科体系、学术观点、科研方法创新。我相信，本次"财税文库"和"尚公文库"的出版，必将进一步推动财税与公共管理相关领域的学术交流和深入探讨，为我国应用经济、公共管理学科的发展做出积极贡献。展望未来，期待财税与公共管理学院教师，以更加昂扬的斗志，在实现中华民族伟大复兴的历史征程中，在实现"百年名校"江财梦的孜孜追求中，有更大的作为，为学校事业振兴做出新的更大贡献。

江西财经大学党委书记

2019 年 9 月

前　言

在高等教育国际化和内涵式发展的背景下，高校教师面临学术职业国际化和学术领域锦标赛等复杂的内外部环境挑战。高校教师发展是回应高等教育国际化需求和提升质量的关键策略，国外访学日益成为高校教师发展的重要路径。本书采用质性研究方法，以一所地方高校为例，通过对 25 位访学回国后的高校教师的深度访谈，探究当下高校教师赴国外访学的动机和面临的阻碍，并对教师在外期间的体验收获和回国后的发展进行了深入分析。

学校职称晋升等制度的外部驱动和学术职业发展的内部驱动共同构成了地方高校教师出国访学的基本动力。教师出国访学大致可以归纳为职称晋升型、求知兴趣型、关注家人需求型、社会责任型和学术关系型五类动机，并面临语言资格和能力、访学邀请函、访学任务和组织支持、情感适应和文化差异等阻碍。地方高校教师在一定情境下仍可获得世界名校的访学机会，并倾向于选择国外华裔同行作为访学邀请人。

在国外访学期间，高校教师获得了教学、学术和文化等方面丰富的隐性知识。在教学体验方面，访学教师认为在学生学习准备、学习目的、课堂氛围、学业评价、学业辅导制度等方面国内外存在差异，但在教学信息技术应用上差异不大。在学术体验方面，访学教师感受到闲暇与单纯的学术环境、平和的学术心态、严谨的学术规范以及学术小众化、共享合作的学术本质。在文化体验方面，国外院校的行政和图书馆服务彰显了"教师就是大学"的理念，同时，访学教师在语言和文化差异适应过程中提升了语言运用能力，坚定了爱国情感和对祖国发展的自信。

本书从教学、科研和服务三个维度分析了国外访学经历对高校教师发展的影响。访学教师在教学发展方面，通过教学理念的省思，更加认同教学的价值和意义，注重师生平等对话关系的构建和学生批评性思维的养成，积极推动"教学学术"；尝试打破国内"沉默的课堂"，对学生的学业评价更加注重公平和方式多元，并呼吁理性看待学生评教；开展了课程国际化的探索。在科研发展方面，部分访学教师的国际发表能力增强，但存在着学科差异；学术认知的变化主要体现在学术心态和研究方法的转变；积极拓展和维系国际学术网络，注重学术声誉和团队合作，提升研究质量。在服务发展方面，访学教师更加认同教师的服务责任，但对服务的理解存在差异，较少谈及服务的利他性，主要体现在社会服务（校外服务）和管理服务（校内服务）两个方面。

教师国外访学具有较强的外部性，携带子女陪同访学不会必然影响访学成效，高校应提供更有效的组织支持，适当修正绩效管理，体现制度伦理；教师应充分认识到访学经历对自身发展的重要价值，以开放主动的心态利用好访学机会，提升访学成效。

本书聚焦高校国外访学教师这一独特群体，通过深度访谈了解教师国外访学的心路历程和回国后的专业发展，阐述了国外访学是构成"科学流动"和促进高校教师发展的基本形式，并勾勒出国外访学与高校教师发展两者间的内在逻辑，丰富了对高校教师国际流动和高校教师发展的研究，提出的政策建议对高校和未来赴国外访学的教师具有借鉴意义。

目 录

第一章

绪　论

本章针对我国高校教师中以国际访问学者身份赴国外访学人数日益增多的现象提出研究问题，阐述本书的理论与现实意义，同时，界定高校教师发展、国外访学经历等概念，并梳理评述与本书相关的文献。

第一节　选题背景

一、高校教师赴国外访学的强劲发展态势值得关注

高校教师的国际流动由来已久，国外访学是教师短期国际流动的重要方式。在新中国成立初期，为了社会主义建设的需要，我国开始派遣教师赴苏联等中欧社会主义国家进修。彼时，对这类群体尚无统一专门的称谓。1978 年，基于缩短知识差距、加快人才培养的需要，邓小平高瞻远瞩，提出要大规模派遣留学生，开启了新时期教师公派出国访学的新篇章。1978 年，赴美国留学的第一批 "50＋2" 名国家公派留学人员，均为访问学者，而不是严格意义上的 "留学生"（即攻读学位）。最初，他们被称为 "赴美进修生"，访问学者的名称是这批留学人员到达美国后使用起来并为人们广为接受的。1978 年 11 月 28 日，教育部致函中国驻美联络处，将 "进修生" 改为 "访问学者"，并使用了英文称谓 "visiting scholar"。[①] 为了与在国内从事访学的访问学者相区分，

---

① 钱江. 1978：留学改变人生——中国改革开放首批赴美留学生纪实［M］. 成都：四川人民出版社，2017：100.

通常将在国外院校的访问学者称为"国际访问学者"。

国家留学基金委（Chinese Scholarship Committee，CSC）是专门负责管理国家公派留学项目的机构。根据CSC的数据显示，国家公派留学项目中资助高校教师出国访学的项目人数从1996年的2044人增长到2018年的14400人。教师是高校最重要的人力资源，提高教师地位、关心教师成长是高校管理中的基本共识。因此，不少高校也采取由学校出资的方式选派教师出国访学，形成了更加多元的派出方式。目前，对我国高校教师赴国外访学的具体人数没有权威统计，鉴于美国作为世界高等教育强国，是我国高校教师国外访学的主要目标国家，从《美国门户开放报告》提供的数据来看，2003年来自中国的访问学者数量为15206人，到2008年为23779人，2013年为34230人，2018年为46256人①，15年间增长了3倍，这也从一个侧面反映出我国高校教师强劲的国际流动态势。

二、高等教育国际化和内涵式发展对高校教师提出更高要求

高等教育机构被喻为是世界上不同国籍和区域的人群聚集在一起进行知识生产的典型。随着全球化时代的到来，高等教育国际化已成为世界高等教育改革和发展的趋势。教师是推动国际化观念形成、国际化人才培养、国际性课程设置、跨国跨界的学术交流与合作，以及提升院校声望的核心资源。因此，实现高等教育的国际化，首先要实现教师的国际化。正如美国教育委员会（American Council on Education，ACE）在其2017年发布的《美国大学国际化调查报告》（Mapping Internationalization on U. S. Campuses 2017）中指出，当前的高等教育国际化，已经不再处于边缘位置，而是走向"全面国际化"。大多数高校领导人可能都会同意，教师已成为国际化成功的关键。推进教师国际化，不仅是高等教育国际化的重要结果，也是高等教育国际化发展的重要策略。

20世纪80年代以来，世界高等教育进入了以提高质量为中心目标的时代。

---

① Open-Doors Report. ［EB/OL］. （2018 - 08 - 16）［2019 - 03 - 21］https：//www.iie.org/Research-and-Insights/Open-Doors/Data /International-Scholars/ Places-of-Origin.

高等教育质量建设问题是高等教育大众化后一个不可回避的话题。① 我国高校在完成扩规模、建校区、盖新楼、上项目等外延性准备后，全面提高质量成为最核心最紧迫的任务。教师是大学最宝贵的智力资源，高校教师发展是提升高等教育质量的最重要的基础工作。加强高校教师发展工作，是走以提高质量为核心的内涵式发展道路、提升高等教育实力和地位的最有效措施。基于此，2012 年，教育部推动建设了一批国家级教师教学发展示范中心，以此来推动高校教师发展。进入新时代，国家进一步提出要全面提高高校教师质量，着力提高教师专业能力，推进高等教育内涵式发展。②

三、国外访学作为促进高校教师发展的路径得到广泛认同

高校教师的国际流动对社会带来了积极的影响，表现在学术研究前沿知识的获得，以及在教学中通过跨文化视角教育下一代。③ 培育教师的国际化素养是高校教师发展的重要方面，提升教师国际化素养最有效的途径是实地学习和文化沉浸其中。④ 简·奈特（Jane Knight）将国际访问学者视为高等教育国际化的一个关键资源，是当前全球化时代的高校所采用的一项重要战略，并认为通过在国外访学提供的科研合作机会，有助于访问学者提升科研能力，并与其他学术机构建立国际学术网络。⑤ 以科研成果产出为例，本土教师经过相应的英文写作训练和国外交流语境，也可能生产出一定数量和高质量的英文论文，说明国外访学对高校教师提升科研产出的影响，被视为是教师尤其是年轻教师

① 薛成龙，邬大光. 中国高等教育质量建设命题的国际视野——基于《高等教育第三方评估报告》的分析［J］. 中国高教研究，2016（33）：4 – 14.

② 教育部. 中共中央 国务院关于全面深化新时代教师队伍建设的改革意见［EB/OL］.（2018 – 01 – 20）［2019 – 02 – 03］http://www. moe. gov. cn/jyb_ xwfb/moe_ 1946/fj_ 2018/201801/t20180131_ 326148. html.

③ Shimmi (2014). Experience of Japanese Visiting Scholars in the United States：An Exploration of Transition［D］. Boston College, 1.

④ Biraimah, K. L. Jotia, A. J.（2013）. The Longitudinal Effects of Study Abroad Programs on Teachers' Content Knowledge and Perspectives：Fulbright-hays Group Projects Abroad in Botswana and Southeast Asia［J］. Journal of Studies in International Education,（4）：433 – 454.

⑤ Knight, J.（2004）. Internationalization Remodeled：Definition, Approaches, and Rationales［J］. Journal of Studies in International Education, 8（1）：5 – 31.

学术职业发展的一个必要组成部分。①

高校教师发展对保障高等教育机构的质量、适应高等教育组织的变迁发挥着重要的战略作用。② 尤其是在我国高校"双一流"建设如火如荼的当下，人才争夺日趋白热化，对于区位、平台、资源、薪酬等不占优势的地方高校而言，引进高层次海归人才显得尤为困难，因此，选派有学术发展潜质的本土教师赴"国外访学"成为众多地方高校的最优选择。基于此，不少高校在管理实践中通过不断加大对教师国外访学的经费支持和政策鼓励力度，同时，设置基准性"入职"或"晋升"门槛，对高校教师国外访学形成了制度性的外在驱动。

四、新公共管理理念下高校教师国外访学面临众多期待

受公共领域管理变革影响，新公共管理成为全球范围内高等教育政策变革的主流思潮。新公共管理的主要特点包括：关注效率及效能，以最少的投入得到最大的预期利润；重视问责及有效的反馈机制；通过公共部门之间的仿市场导向的竞争，为顾客提供选择的机会；灵活地运用更多的成本—效率机制来提供公共服务；用结果问责的机制取代对所有细节都进行管理和控制。③ 对高校教师而言，新公共管理的三个主要目标——经济、效率和效益的实现产生着实质性的却常常是痛苦的影响④，感受最深的莫过于"表现性指标的量化评估"⑤。政府和高校通过聘期考核、职称晋升、竞争性经费分配、教学评估等体系，向教师施加更多学术责任，将多元价值的学术工作按照数字化、标准化、等级化进行细化分解，从而实现了对教师的远程监管。

① Martine Schaer，Janine Dahinden & Alina Toader（2017）．Transnational Mobility among Early-career Academics：Gendered Aspects of Negotiations and Arrangements within Heterosexual Couples［J］．Journal of Ethnic and Migration Studies，43：8，1292 – 1307．

② Austin A. E.，Sorcinelli M. D.（2013）．The Future of Faculty Development：Where are We Going？［J］．New Directions for Teaching and Learning，（133）：85 – 97．

③ 李琳琳．成为学者——大学教师学术工作的变革与坚守［M］．上海：华东师范大学出版社，2016：3．

④ 许杰．论治理视野中高等教育问责制的完善［J］．教育研究．2009（10）：54 – 59．

⑤ Hou，A.（2012）．Mutual Recognition of Quality Assurance Decisions on Higher Education Institutions in Three Regions：A Lesson from Asia［J］．Higher Education，64（6）：911 – 926．

选派教师赴国外访学对政府和高校而言，是一项巨大投入。据初步统计，每年各类项目派出赴国外访学的高校教师约 6 万人，按照国家留基委高校青年骨干教师项目对每位访学教师一年 15.8 万元的标准资助费用估算，每年国家投入近百亿元。越来越多的高校教师在"自上而下"的政策激励下（推动高等教育国际化和建设世界一流大学）①，以"国际访问学者"的身份出现在世界各国的大学校园中，成为一道独特的国外学习风景，在新公共管理理念的指导下，政府和派出院校无疑希望国外访学教师能在教学、科研、服务等方面发挥更大效用。

第二节 研究问题

国际访问学者是高等教育国际化活动的重要组成部分。美国学者桑德生（Shoresman）的研究表明，国际访问学者项目是中国教育政策高回报的典范。②通过国际访问学者项目，访学人员回国后对中国经济、科学技术的贡献做出了重要贡献，同时，在推动文化交流上同样发挥着积极的作用。③莱顿和布莱克（Leyton-Brown & Blachford）的研究发现，中国访问学者的情感、态度、生活和工作方式都受到了影响。④

与改革开放初期的访问学者相比，高校教师出国访学的历史背景和社会环境发生了迥然变化。由于访问学者客观上充当着中国形象的诠释者、中外文化的交流者等角色，是一种"活媒介"，有助于中国国际形象传播、推动文化交流，让世界认识到一个真实的中国，同时，也是学习国外先进知识和技术的重要路径，因此，政府层面一直都持鼓励态度。而不少高校基于国际化发展的需

① Liu Qin, Jiang Yumei. (2015). The Outcomes of Chinese Vistiing Scholars' Experiences at Canadian Universties: Implications for Faculty Development [J]. Frontiers of Education in China, 10 (3): 439 – 469.

② Shoresman, M. (1998). Returns to Education-US/PRC Visiting Scholars Programme-1978-1988 [A]. In M. Agalesto & B. Anderson (Eds.), Higher Education in Post-Mao China [C]. Hong Kong: Hong Kong University Press, 95.

③ Rhoads, R. A., Hu, J. (2012). The Internationalization of Faculty Life in China [J]. Asia Pacific Journal of Education, 32 (3): 351 – 365.

④ Leyton-Brown, K., Blachford, D. (2010). Student Returnees Bring about Social Change in China [R]. EMBASSY-Canada's Foreign Policy Newsweekly, Education Report, Ottawa.

要，将国际化简单地视同于到西方流动①，甚至在制度设计层面对教师赴外访学提出要求，如将出国访学经历作为教师职称晋升的准入门槛。资助教师出国访学的项目也越来越多，除了国家层面的 CSC 项目，部分省市和高校也设立了相关的资助项目，同时，还可以申请类似美国富布莱特学者、德国洪堡学者等国际资助项目。总体而言，当下我国高校教师如果有去国外访学的意愿，就不缺乏相应的机会和项目支持。

在现实中，我们主观地感受到不少高校教师从国外访学回国后在教学、科研、服务等方面取得了骄人的业绩，为学校事业发展做出了积极贡献。与此同时，也有少数教师将国外访学变成携带家人或个人的深度旅游，在国外出现了种种不良行为，由此引发了社会公众的非议和管理部门的反思。为此，值得探究的问题是：今天的高校教师究竟源于何种目的选择到国外院校进行访学（通常为 6~12 个月），在这段国外学习生活期间，他们遇到了怎样的阻碍，有着怎样的收获和体验；回国后，在教师发展方面有何差异或者说国外访学经历对教师回国后的发展产生了哪些方面的影响。带着对上述问题的思考，本书选择了部分赴国外访学归国的教师进行了深度访谈，并阅读了案例学校近六年（2013~2018 年）出国访学教师回国后提交的近 200 份访学总结，从与访学教师的交流（阅读他们的访学总结何尝不是一种无声的交流）中获得的信息初步发现，国外访学教师的背后隐藏着太多丰富的故事和内容，每位教师都有着其独特的选择、经历、体验和发展路径，是一个值得深入研究的群体。

近年来，我国已成为派出国际访问学者到国外进行科研合作或跨文化能力提升人数最多的国家。② 从已有的研究文献来看，尽管对高校教师短期国际流动的研究日益丰富，但现有研究中关于教师国际流动的经历主要集中在学术网络构建、资源利用、知识共享、社会文化交流等方面，相关研究还有待深化，

① Bengt Nilsson (2003). Internationalization at Home from a Swedish Perspective: The Case of Malm [J]. Journal of Studies in International Education, (1): 27 - 40.

② Macready, C., Tucker, C. (2011). Who goes Where and Why? An Overview and Analysis of Global Educational Mobility (Global Education Research Reports) [M]. New York, NY: Institute of International Education.

特别是较少有针对我国教师访学回国后发展的实证研究。① 当前，高校积极推动教师国外访学的基本假设是：通过国外访学活动可以推动教师知识转型/国际素养提升，从而促进高校教师发展。上述假设的成立尚有待进一步的论证。

对于高校而言，学校管理层高度重视教师赴国外访学，出台了相应的制度支持，但受新公共管理理念的影响，期待能够对教师国外访学的成效进行全面系统的评估；而在此过程中，如何倾听和确认访学教师对自身访学效果的声音也成为一个难点。因此，本书聚焦高校国际访问学者这一独特的教师群体，以中部省份的一所普通院校为案例，试图探寻当下高校教师国外访学对教师发展所带来的影响。研究的主要问题是：国外访学经历对高校教师的发展究竟有何影响？

并由此分解成如下几个小问题。

（1）当前，高校教师基于何种动机选择到国外进行访学？

（2）在国外访学过程中，教师遇到了哪些阻碍和挑战，是如何应对的？

（3）教师在国外访学期间收获了哪些学术和非学术的经历？对这些体验他们是如何看待的？

（4）国外访学经历对教师回国后带来了哪些发展？两者存在怎样的关联？在不同教师群体中有着怎样的差异？

第三节 研究意义

一、理论意义

教师是一所大学最为宝贵的资源，决定着一所大学的质量、声誉和未来。赴国外访学的教师，从年龄上多是青年教师，他们的发展很大程度上决定着高校的未来。正如惠特科姆（Whitcomb）所指出的，年轻教师是学术组织发展最根本的资源，学术组织的未来在很大程度上取决于是否能够促进年轻教师的

---

① Qin Liu, Jiang Yumei (2016). The Outcomes of Chinese Visiting Scholars' Experiences at Canadian Universities: Implications for Faculty Development at Chinese Universities [J]. Frontiers of Education in China, 10 (3): 439 – 469.

职业成长。①

　　本书有助于深化高校教师发展的研究。自 21 世纪初期以来，国内关于高校教师发展问题的研究总体呈快速增长趋势，这从论文发表数量稳步增多、研究主题逐步多元深入、开展相关研究的研究机构和学者数量增加等方面得以反映。但具体分析发现，国内的研究多属于经验性介绍，采用实证研究、行动研究、教师日常生活研究和案例研究方法的较少，导致研究很难深入教师日常工作和触及教师发展的深层次问题。② 少量实证研究也未能深入高校教师的内心世界、倾听教师自身对发展的认识和定位；且研究的重点集中在教师发展的自主性和重要性、阶段特点和策略等方面，专门以特定属性或某一阶段的教师作为样本来分析其发展的相关研究较少。本书针对高校国外访学教师群体回国后的发展情况进行深入研究，有助于深化高校教师发展研究。

　　本书有助于推进高校教师国际流动研究。当前，探讨高校教师国际流动问题的研究不多，尤其是专门对高校教师国外访学方面的研究较少。③ 就中国而言，相关研究主要集中于对中国学生国外留学跨文化适应等方面，而对赴国外访学教师群体进行专门的研究较少④，少数研究论及对中国访问学者国外访学的影响因素探讨⑤，研究的深度和广度都有待进一步拓展。本书试图对高校教师国外访学的动机和经历对其回国后发展的影响方面进行深入分析，力图揭示国外访学经历与教师发展间存在的某些关联或逻辑，有助于丰富高校教师国际流动的相关研究。

二、实践意义

　　透视高校教师国外访学管理困境并提出行动策略。当前，不少地方高校管

---

　　① Whitcomb，M. E.（2004）. The Future of Academic Medicine：Career Development of Junior Faculty ［J］. Academic Medicine，79（3）：195 – 196.

　　② 陈正权，朱德全. 高校教师发展的困境与调试［J］. 高教探索，2018（5）：118 – 122.

　　③ Shimmi，Y.（2014）. Experiences of Japanese Visiting Scholars in the United States：An Exploration of Transition（Doctoral Dissertation）［D］. Boston College.

　　④⑤ Zhao，R.（2008）. Factors Promoting or Hindering the Academic Adjustment of Chinese Visiting Scholars in an American University（Doctoral Dissertation）［D］. Dissertations and Thesis Database（UMI No. 3327119）.

理实践中将国外访学经历设置为教师职称评定的"准入性"条件，对教师在国外访学期间设定相关"禁止性"规定，对教师访学任务和回国后的访学考核进行"指标量化"等做法，反映出因为对教师国际流动认识的模糊导致高校对教师国外访学管理的"非人性化"和"数字化"。而少数教师将国外访学视为带着家人的"海外深度旅游"，加上没有课业压力和管理约束，回国后的考核又往往流于形式，致使教师"为访学而访学"和高校"为评价而评价"的现象在一定范围内存在。[①] 国外访学如何更好地实现组织目标、服务教师发展，从组织管理和教师个体角度提出有针对性的行动策略尚有待进一步探究。

为院校管理中更好地发挥访学教师效用提供启示。对国内派出院校而言，通过细致深入的描述，有助于更深刻地认识和理解教师个体参与国际交流合作，同时，也为后续更多的访学教师有效利用访学时间、尽快适应访学生活、提升访学收益提供借鉴。对国外接收院校而言，访学教师通过参与国际交流和科研合作潜在地提升了学校国际化的水准，同时，带动了所在社区的文化交流。如何更深刻地认识访问学者对学校国际化的意义，本书或许将提供更为微观丰富的信息。

研究的过程有助于服务高校教师发展。对于有国外访学经历的教师而言，通过参与研究、分享经历，对自身国外访学的经验进行反思与总结，可提升对自身发展过程的理解和认识。对于未来要出国访学的教师而言，通过阅读研究发现，可以透过别人的故事预见自己的未来，提前进行学术、语言、情感、文化等方面的准备或思考，从而更好地服务高校教师发展。

第四节　概念界定

一、高校教师

通常，高校教师是指在高校工作的人员，包括教学人员、科研人员、教学

---

① 张冰冰，张青根，沈红. 海外研修能提高高校教师的论文产出吗？[J]. 宏观质量研究，2018（2）：114-126.

辅助人员和管理人员等。本书的高校教师特指在高校中从事与大学教学、科研直接相关事务的群体。

二、国外访学经历

国外访学经历，是一个组合概念，可以分解成"国外 + 访学 + 经历"来理解。"国外"作为一个地域概念，即中国以外的国家，在港澳台地区的访学不属于国外的概念。"经历"在本书中相当于阅历，是指亲身体验过的事，也可以指间接获得的经验知识等。[①]"访学"是一个约定称谓，相关文献中也有进修、访学、留学、国外学习经历等表述，考虑到高校教师在国外访学时通常被称为国际访问学者，借助对国际访问学者的英文释义：具有一定学术背景、科研能力或工作经历的人前往国外高校或科研机构中开展一段时间的学术活动（如研究、学习、教学），但不以获得学位为目的，且在外期间其身份仍附属于其国内派出机构（包括高校、研究机构、政府等部门），并在访学结束后仍将回到其所派出院校，这类人通常在访学前拥有研究生学历或经历了专业领域的训练。[②] 因此，本书对国外访学经历可以理解为，高校教师在国外院校或科研机构中进行为期 6～12 个月以国际访问学者身份所开展或体验的活动。

三、高校教师发展

高校教师发展，又称大学教师发展，英文表述为 faculty development。早期也曾以 staff development，teacher development，professional development of faculty，faculty training 等词来表述。

梳理当前国内外关于高校教师发展定义的文献，对高校教师发展的理解主要在于解答如下问题：高校教师应当在哪些方面进行发展，高校教师发展应当遵循怎样的过程，最终结果或目标是什么等。从对这些问题的解答和认识，可

---

① 贺国伟主编. 现代汉语同义词词典 [Z]. 上海：上海辞书出版社，2009：692.
② Shimmi，Y. (2014). Experiences of Japanese Visiting Scholars in the United States：An Exploration of transition [D]. Boston College，2 – 3.

以将高校教师发展概念分为"内容说""过程说""目的说"和"全面说"。①随着高校教师发展理论和实践的发展，学者们更倾向于从更加综合、系统和全面的角度对高校教师发展予以界定。同时，对比中外学者关于高校教师发展概念的研究发现，国外学者注重教学发展、专业发展、组织发展和个人发展等方面；中国学者侧重于教学、专业发展和教师道德等维度，突出高校教师发展性质具有终身性、内容具有多维性、本质具有复杂性、理念具有自主性、路径具有个性化等特点。尽管不同学者的理解表述不同，但存在共通、融合之处。

本书将高校教师发展界定为：高校教师发展主要围绕教师的教学、科研、服务等方面，从经验中习得的或从有意识的计划中间接或直接获得的，致力于提升教师态度、技能和行为的自我改变，并最终实现教师价值的过程。

第五节　文献综述

本书重点围绕国外访学经历对高校教师发展的影响展开，在文献梳理中主要了解高校教师国际学术流动、国际访问学者、国外学术经历收益等相关文献，并侧重梳理和综述当前研究中关于国外留学经历尤其是国外访学经历对高校教师发展的影响。

一、高校教师国际学术流动研究

目前，虽无准确的数据获知全球高校教师国际流动的增长情况，但可以肯定，教师国际流动是高等教育国际化发展趋势日益强劲的必然结果，且未来流动数量还将继续增长。②

---

① 内容说，主要探讨高校教师发展的内容应该包括哪些方面；过程说，主要通过描述某种行为或措施，判断其对于大学教师发展概念的归属性；目的说，在于描绘高校教师发展的结果，即高校教师发展是为了实现怎样的结果、追求何种目的；全面说，倾向于将教师发展视为包含内容、过程和结果在内的综合性概念。

② Ackers, L., Gill, B. (2008). Moving People and Knowledge: Scientific Mobility in an Enlarging European Union [M]. Edward Elgar Publishing.

（一）高校教师国际学术流动的内涵和意义

高校教师的国际流动指的是高校教师及其教学、研究等在全球范围内的流动，强调其流动的国际维度。[①] 国际学术流动通常包括两个层面的含义：一是高校师生从国内某所机构到国外进行一段时间的学习交流；二是指教师工作的跨境变化。在国外，常见的形式是学术休假，并认为学术休假有助于教师发展和科研产出，并对组织同样带来长远影响，包括增强对学校的忠诚度、浓郁学术氛围、提升学术声誉、增加人才招聘的吸引力等。[②] 米哈特、德嘉顿和鲁德特（Mihut，de Gayardon & Rudt）认为，教师国际流动的重要性在于对维系和巩固教师专业发展，特别是建构国际网络具有重要作用；同时，有助于更好地利用知识环流，并对相同文化背景但出生在国外的学生提供支持。[③] 国内学者向丹、李华星从提升创新能力作用的角度指出，教师国际流动促进了知识和技术的国际流动、储备了高层次人才、促进了高水平科研成果发表及科技成果的转化等。[④]

（二）高校教师国际学术流动的特征和趋势

高校教师国际学术流动的主要特点包括：一是垂直化，即呈现出由发展中国家向发达国家垂直型的流动态势，同时伴随由欧洲向美国流动。二是年轻化，即从年龄角度来看，国际流动较为频繁的教师年龄段集中在 31～45 岁。[⑤] 三是短期化，即教师国际流动的期限显现出短期化的趋势，研究发现，流动期限在 3 个月以内的人员占比最高，其次为 3～12 个月，占 14%，12 个月以上

---

① 韩亚菲，马万华. 北京市高校教师国际流动的现状及其影响因素的实证研究 [J]. 中国成人教育，2015（13）：48－52.

② Sima, C. M.（2000）. The Role and Benefits of the Sabbatical Leave in Faculty Development and Satisfaction [J]. New Directions for Institutional Research，（105）：67－75.

③ Mihut, G., de Gayardon, A., Rudt, Y.（2016）. The Long-term Mobility of International Faculty：A Literature Review [M]. In International Faculty in Higher Education. Routledge，16－27.

④ 向丹，李华星. 教师国际流动现状及其对高校创新能力提升研究 [J]. 西北工业大学学报（社会科学版），2012（3）：93－96.

⑤ Richardson, J., McKenna, S.（2003）. International Experience and Academic Careers：What Do Academics Have to Say? [J]. Personnel Review，32（6）：774－795.

占 17%。① 四是品牌化，即有良好学术背景、拥有"明星"科学家的机构或学科往往能吸引来自世界各地的优秀学者。② 同时，有学者认为，当前高校教师的国际学术流动不应再简单地理解为人才的流失，而是人才的循环流动，具有知识溢出和传播效应、人才聚集和生产力倍增效应，人才输出国和输入国都能从中受益。③④

（三）高校教师国际学术流动的推力与拉力

在个体层面上，坎特和泰勒（Cantwell & Taylor）的研究指出，年轻学术人员国际流动的动因在于"获取国外工作机会"和"提升在本土的就业机会"。⑤ 而经济合作与发展组织（OECD）在 2010 的调查报告中发现，除了职业发展本身，收入差别、生活支出等经济因素是影响流动的关键变量，还包括收入差距及职业合同不安全感、与杰出同行和高声望机构的合作机会、实施研究所需的学术自由和自治等。⑥ 国外研究曾对教师国际流动的常见推力和拉力因素进行过系统研究⑦，具体包括经济的和非经济的两大类，其中，经济的推力包括公共研究经费少、薪酬低、科研设备差、缺乏工作机会等，非经济的推力和拉力包括缺乏学术自由、歧视、处于世界知识研究中心、学科和院校声誉等。国内学者认为，高校教师国际流动的动因主要包括：发达国家高校作为知识和技术中心的吸引力；教师个人职业发展的内在动力，具有国际经验的学术人员在职业选择和发展上往往更具潜力和竞争力；高校发展的内在需求，是高

① Edler, J., Fier H., Grimpe, C. (2011). International Scientist Mobility and the Locus of Knowledge and Technology Transfer [J]. Research Policy, 40 (6): 791 – 805.

② 汪怿. 学术人才国际流动及其启示 [J]. 教育发展研究, 2006, (4): 34 – 39.

③ 黄海刚. 从人才流失到人才环流：国际高水平人才流动的转换 [J]. 高等教育研究, 2017 (1): 90 – 96.

④ Saxenian, A. (2005). From Brain Drain to Brain Circulation: Transnational Communities and Regional Upgrading in India and China [J]. Studies in Comparative International Development, 40 (2), 35 – 61.

⑤ Cantwell, B., Taylor, B. J. (2013). Internationalization of the Postdoctorate in the United States: Analyzing the Demand for International Postdoc Labor [J]. Higher Education, 66 (5): 551 – 567.

⑥ Organisation for Economic Cooperation and Development (2010). The OECD Innovation Strategy: Getting a Head Start on Tomorrow [R]. Paris: Directorate for Science Technology and Industry.

⑦ Mihut, G., de Gayardon, A., Rudt, Y. (2016). The Long-term Mobility of International Faculty: A Literature Review [M]. In International Faculty in Higher Education. Routledge, 21.

校国际化战略的重要组成部分。① 当然，影响教师国际流动的因素也可能存在机会成本和经济损失等方面的考虑。② 刘进、哈梦颖对近60年来高校教师国际流动影响因素研究成果进行总结，认为宏观层面主要是政治、文化和家庭等因素；中观层面核心是科研相关因素、机构和环境相关因素；微观个人层面上，包括性别、年龄、工资、绩效、职称、晋升、知识技能等先赋性和后致性因素。③

（四）国际访问学者流动的影响因素研究

动机是影响教师国际流动的重要因素，如前面所谈到的推力和拉力都有助于帮助我们理解国际访问学者流动的动机。④ 现有研究主要探讨了访学动机、适应和交流问题、语言问题、文化差异等方面的影响。根据访问学者的身份、学术领域、所在国家和个人因素等构成的潜在影响因素，通常而言，丰富的学术资源、先进的实验设备可以视为拉力因素，而对中国访问学者而言，提升科研能力、学习新的理论和方法的同时，还包括提高英语的流利程度以增强在国内学术发展的竞争力。⑤ 环境适应和与国外同行交流互动情况将影响访问学者的学术和社会满意度，包括集体认同感降低和孤独感的产生⑥；语言流利问题对国际访问学者融入当地的学术和文化共同体至关重要，良好的语言能力有助于访问学者更好地适应国外的研究和生活环境⑦；文化差异的壁垒来自不同文

---

① 向丹，李华星．教师国际流动现状及其对高校创新能力提升研究 [J]．西北工业大学学报（社会科学版），2012（3）：93－96．

② Shi Xiaoguang（2015）．Institutionalizing China's Research University through Academic Mobility：The Case of PKU [J]．Chinese Education & Society，（48）：4，297－311．

③ 刘进，哈梦颖．什么影响了大学教师流动？[J]．河北师范大学学报（教育科学版），2017（2）：103－110．

④ Shimmi，Y．（2014）．Experiences of Japanese Visiting Scholars in the United States：An Exploration of transition [D]．Boston College．

⑤ Zhao，R．（2008）．Factors Promoting or Hindering the Academic Adjustment of Chinese Visiting Scholars in an American University [D]．Columbia University．

⑥ Thomas，J. M.，Johnson，B. J.（2004）．Perspectives of International Faculty Members：Their Experiences and Stories [R]．22（3）：47－64．

⑦ Marvasti，A．（2005）．U. S. Academic Institutions and Perceived Effectiveness of Foreign-born Faculty [J]．Journal of Economic Issues，39（1）：151－176．

化的人员在适应国外学术环境存在差异①；此外，其他个性特征包括婚姻情况、积极外向的性格、沟通交流技巧等②，以及之前是否拥有国外学习经历和适应的时间等也是重要的影响因素③。

二、高校教师国外访学经历收益研究

近年来，对教师国外学术经历的收益研究日益丰富，研究的内容也越来越细化，如探讨国外经历对提升科研产出的影响④、对提高教师收入的影响⑤、对访学所在院校和社区的影响⑥，研究切入的角度包括课程国际化⑦、高等教育教学法访学项目⑧等。结合所搜集到的文献，关于高校教师国外访学收益研究可从以下几个方面进行归纳。

（一）教师国外访学收益的宏观分析

加拿大许美德（Hayhoe）教授曾对20世纪90年代中国访问学者回国后的收益进行了研究，指出教师国外访学给派出院校带来了更多的国际合作机会，同时，也是个人职业生涯发展中的重要转折点。⑨ 美国学者罗伯特赫尔德（Robert Rhoads）认为，中国高校教师国外访学对教师所在高校国际化带来了显著影响，包括在现有课程中进行了教学改革、开设双语课程、遵守适应国际

① Howe, J. M. (2008). A Journey of a Thousand Miles [J]. New Directions for Higher Education, (143): 73 – 79.

② Zhao, R. (2008). Factors Promoting or Hindering the Academic Adjustment of Chinese Visiting Scholars in an American University [D]. Columbia University.

③ Manrique, C. G., Manrique, G. G. (1999). The Multicultural or Immigrant Faculty in American Society [M]. Lewiston, NY: E. Mellen Press.

④ 张冰冰，张青根，沈红. 海外研修能提高高校教师的论文产出吗？ [J]. 宏观质量研究，2018 (2): 114 – 126.

⑤ 张青根，沈红. 出国进修如何影响高校教师收入？ [J]. 教育与经济，2016，(6): 46 – 55.

⑥ Miller, Marilyn Dr. & Blachford, Dongyan R. Dr. (2012). A Model for a Sustainable Partnership: Connecting Chinese Visiting Scholars, the University and the Community [J]. Canadian and International Education / Education Canadienne et Internationale, 41 (1), 3.

⑦ 刘春香，赵中建. 从课程国际化视角看高校教师海外研修之成效 [J]. 教师教育研究，2014 (2): 108 – 112.

⑧ 黄健，童康，张宁，张娟. 高校教师海外研修成效研究 [J]. 中国高教研究，2019 (6): 54 – 58.

⑨ Hayhoe, Ruth (1996). China's Universities, 1895 – 1995: A Century of Cultural Conflict [M]. New York: Taylor & Francis Routledge.

学术标准、寻求来自国外的合作机会和经费等。①② 高校教师国外访学收益可以概括为：提高学术起点，推动学科建设，造就学科带头人，提高科研能力，繁荣国际交流，实现个人晋升与生活改善等。③ 此外，还可能存在海金斯（Hawkins）所认为的一些非预期收益，类似伯顿·克拉克（Burton R. Clark）所称的"学术模式的跨国移植"为中国高等教育改革提供了媒介④，并推动中国高校在人才培养与教学观念转变以及教学内容、方法、教学管理体制等方面进行了变革⑤。

（二）教师国外访学收益的分类研究

国外访学的实践意义是显而易见的，如增进教学与科研的跨国合作、增加国际性研究课题、促进跨文化理解与沟通。桑德生（Sanderson）提出，教师在国际化活动中可获得工具性和人文性两种收益，其中，工具性收益和自身成功密切相关，而人文性收益是有关理解、接受、平等和尊敬等国际化意识的收益。⑥ 布瑞姆和乔迪亚（Biraimah & Jotia）通过对美国富布莱特–海斯（Fulbright-Hays）项目的研究表明，国外学习对教师的收益主要体现在知识和态度两个方面，并指出态度收益的重要性超过知识收益。⑦ 国内研究表明，高校教

① Rhoads, R. A., Chang, Y. C. (2014). Narratives of Change at Minzu University of China: Internationalization, Marketization, and Ethno Cultural Development [J]. Comparative Education Review, 58 (1): 47 – 72.

② Rhoads, R. A., Hu, J. (2012). The Internationalization of Faculty Life in China [J]. Asia Pacific Journal of Education, 32 (3): 351 – 365.

③ 楼晓玲，陈昌贵，高兰英. 我国高校留学人员回国后发挥作用状况与分析 [J]. 清华大学教育研究，2000 (3): 89 – 97.

④ John N. Hawkins (1984). Education Exchange and Transfer of Chinese Higher Education [A]. in Bridges to Knowledge: Foreign Students in Comparative, Edited by Elinor Barber & Philip G. Altbach [M]. University of Chicago Press.

⑤ 蒋凯，陈学飞. 中美高等教育人文教流与中国高等学校教学改革 [J]. 高等教育研究，2001 (1): 53 – 57.

⑥ Sanderson, G. (2008). A Foundation for the Internationalization of the Academic self [J]. Journal of Studies in International Education, 12 (3): 276 – 307.

⑦ Biraimah, K. L., Jotia, A. J. (2013). The Longitudinal Effects of Study Abroad Programs on Teachers' Content Knowledge and Perspectives: Fulbright-hays Group Projects Abroad in Botswana and Southeast Asia [J]. Journal of Studies in International Education, 17 (4): 433 – 454.

师国外访学具有社会收益和个人收益①，或者说具有显著的内部收益和外部收益，其中，内部收益包括认知、态度和社会维度的收益，外部收益体现在科研创新、教学改革、国际合作等方面。②③ 也有学者将访学收益分为态度性收益、思想性收益、交流性收益、职责性收益、生活性收益五类。④

（三）教师国外访学收益的实证研究

美国学者桑德生（Shoresman）通过对中美访问学者项目（1978～1988年）从美国伊利诺伊大学访学回国后的112名教师进行研究，结合学术发表的数量、新课程的开设、国际论文的提交、在校外受邀开设讲座、研究获奖、联合研究项目、中外专利的申请和拥有、咨询服务合同等指标，对访问学者的收益与未出国访学的国内同行进行了比较，认为访问学者项目是具有高回报性的教育政策典范。⑤ 而由斯坦福研究中心组织的一项对富布莱特访问学者项目的影响研究发现，访问学者经历促进了文化意识的觉醒，增加了国家间的相互理解。⑥ 西米（Shimmi）的研究指出，日本学者赴美访学主要是居于专业和个人目的，并分析了他们访学期间在学术、社会和个人等方面的体验，以及面临的挑战和获得帮助的渠道，印证了国际访问学者是一种人才环流的结论。⑦ 国内研究发现，国外访学对高校教师开设全英文专业课程、转变涉外课程教学方式效果显著⑧，同时，促进了教师职业发展和院校国际化，实现了一定程度的直

---

① 陈学飞. 改革开放以来大陆公派留学教育政策的演变及成效 [J]. 复旦教育论坛，2004（3）：12-16.

② 蒋玉梅，刘勤. 高等教育国际化视野下教师出国研修收益研究 [J]. 开放教育研究，2015（1）：62-70.

③ 马万华，温剑波. 高校教师出国进修效益分析 [J]. 清华大学教育研究，2016（1）：78-86.

④ 赵显通，刘绪，彭安臣. 基于混合方法的教师出国研修收益研究 [J]. 教育科学，2018（3）：18-25.

⑤ Michele Shoresman（1989）. The Sample Approximates the Geographical Representation of Scholars at Illionois from the PRC [D]. University of Illionois.

⑥ Stanford Research Institute（2002）. Outcome Assessment of the U. S. Fulbright Scholar Program [R]. Stanford, CA: Stanford Research Institute. Retrieved from http://www. sri. com/news/releases/09-10-02. html.

⑦ Shimmi, Y.（2014）. Experiences of Japanese Visiting Scholars in the United States: An Exploration of Transition [D]. Boston College.

⑧ 刘春香，赵中建. 从课程国际化视角看高校教师海外研修之成效 [J]. 教师教育研究，2014（2）：108-112.

接收益和间接收益①，且不同职称的教师访学收益不同②，不同访学时长给教师带来的经济效益也不同，出国一年以上的经济效益最大③。但也有研究发现，国外访学与教师的论文产出并不具备显著的正向影响，存在盲目追逐信号效应的现象。④⑤

（四）教师国外访学收益提升的策略建议

相关研究根据教师国外访学过程区分访学前、访学中和访学回国后等不同阶段提出了具体的策略建议，包括树立端正访学动机、严格访学资格审批、扩展合作内容范围和加大投入等⑥⑦；或者从接受院校、派出院校、访学教师个人、派出国政策等不同主体提出了相应的建议，包括提供更有效的组织支持、提供更多交流机会、通过访学教师搭建起不同文化和国家沟通理解的桥梁；掌握流利的英语，以主动开放的心态寻求支持和帮助等⑧。此外，还有国外学者专门分析了教师在国外访学期间学术社会化过程中面临的困境，主要源自国家留学基金委缺乏高效的管理、语言水平较低和学术文化壁垒等方面，并从动机、社会网络发展、学术认可、目标导向、知识社区发展等方面针对访学教师学术社会化提出建议。⑨

三、国外学习经历与高校教师发展研究

近年来，国内学者开始关注高等教育国际化背景下的高校教师发展，但相

① 马万华，温剑波. 高校教师出国进修效益分析［J］. 清华大学教育研究，2016（1）：78 - 86.

② 蒋玉梅，刘勤. 高等教育国际化视野下教师出国研修收益研究［J］. 开放教育研究，2015（1）：62 - 70.

③ 张青根，沈红. 出国进修如何影响高校教师收入？［J］. 教育与经济，2016（6）：46 - 55.

④ 黄明东，姚建涛，陈越. 中国出国访问学者研修效果实证研究［J］. 高教发展与评估，2016（9）：50 - 61.

⑤ 张冰冰，张青根，沈红. 海外研修能提高高校教师的论文产出吗？［J］. 宏观质量研究，2018（2）：114 - 126.

⑥ 张青根，沈红. 出国进修如何影响高校教师收入？［J］. 教育与经济，2016（6）：46 - 55.

⑦ 蒋玉梅，刘勤. 高等教育国际化视野下教师出国研修收益研究［J］. 开放教育研究，2015（1）：62 - 70.

⑧ Shimmi, Y.（2014）. Experiences of Japanese Visiting Scholars in the United States：An Exploration of Transition［D］. Boston College.

⑨ Mo Xue，Xia Chao，Aaron M. Kuntz（2015）. Chinese Visiting Scholars' Academic Socialization in US Institutions of Higher Education：A Qualitative Study［J］. Asia Pacific Journal of Education，35（2）：290 - 307.

关研究成果不多，现有少量的研究中多是以大学英语教师为对象①②③，从教师国际流动的视角来分析高校教师发展的研究非常有限。此外，本书认为，国外留学与访学同属于国际流动的范畴，但存在目的、选录方式和条件、时长、对象等方面的差异。访学经历时间相对较短，通常是6～12个月，对象多是已在国内高校获得教职的教师，不以获得学历为目的，无须通过正式的录取考试，没有学分压力，但可以根据自己的需要选择旁听课程，其主要目的是接触学科前沿或与访学合作导师在具体的研究领域开展紧密的合作。④ 留学经历则时间相对较长，一般在一年以上且涵盖在国外获得学历或工作的经历，对象更多是指从国外回到国内任教的海归人才。

（一）高校留学归国教师发展的困境和适应性研究

研究发现，留学人员归国进入高校后在科学研究、人际关系处理、教学适应、论文发表、科研评价和晋升机制认同等方面存在困境⑤，并认为海归教师在入职前对所从事职业面临的困难预估不足、从"博士生"到"高校教师"的身份转型缺乏缓冲过渡、研究问题未扎根中国现实、与同伴缺乏沟通交流等原因是影响其发展面临困境的主要因素。⑥ 相关研究归纳了具体影响归国教师工作适应和发展不利的因素，包括：非学术事务占据大量时间和精力，学术观念的短视与近利，学术行政化，学术开放度不够，学术评估量化、形式化等。⑦ 此外，个人主观态度、学缘关系以及所在学院提供的学术支持也是重要

---

① 李碧虹，罗成，舒俊. 学术职业国际化：基于教师发展的视域 ［J］. 开发教育研究，2015（4）：60－66.

② 崔丽，梁丽. 国际化背景下高校教师专业发展的策略研究 ［J］. 教育探索，2012（12）：97－98.

③ 李书恒，郭伟. 国际化背景下的教师发展：加拿大经验借鉴 ［J］. 中国高等教育，2012（5）：60－62.

④ Zhao，R.（2008）. Factors Promoting or Hindering the Academic Adjustment of Chinese Visiting Scholars in an American University ［D］. Columbia University.

⑤ 陈昌贵，高兰英，楼晓玲. 为什么回国与回国后怎么样——对471位回国人员的调查研究 ［J］. 中国高等教育，2000（Z1）：46－49.

⑥ 朱佳妮. 学术硬着陆：高校文科青年海归教师的工作适应研究 ［J］. 复旦教育论坛，2017（3）：87－92.

⑦ 刘蓉洁. 高校"海归"教师生存环境与生存状态研究——以上海四所"985"高校"海归"教师为例的分析 ［D］. 上海：上海交通大学，2010.

的影响因素。①

（二）国外留学经历与高校教师发展研究

　　钟伟良探讨了留学经历对高校教师的职业定位、教学和研究以及学术风格、学术领域、学术进展和目标产生等方面的影响。② 周兴国以厦门大学具有留学经历的教师为例，发现留学经历对教师专业发展具有促进作用，且受教师学科背景、性别、年龄、教龄等因素的影响，表现出不同形态。③ 李慧通过对某"985"高校中21位留学归国者的质性研究，发现留学经历对留学归国者的专业发展影响是显著的，包括独立研究的能力、批判性思维能力、严谨规范的学术风格养成，并发现大部分留学归国学者需要经历重新适应国内学术环境。④ 还有学者从高被引的文献分析国外留学经历对教师科研产出情况，得出的结论是，取得国外留学经历（获得博士学位）对教师发表高被引国际论文有显著的促进作用，同时也存在学科差异，对理工科的促进作用强于人文社科专业。⑤ 此外，还有研究论证了在世界高水平大学攻读博士学位或从事博士后研究对教师的科研能力和科研产出有明显的提升作用，并在回国后保持了连续性，同时认为跟随非华裔的导师进行学习研究能够更有利于独立科研能力的培养。⑥

（三）国外访学经历与高校教师发展研究

　　有学者从出国前的准备工作、访学动机、与国外导师的合作、过程性监督、社会文化差异、访学归来的扩散机制等方面探讨了高校教师国外访学的困境⑦，并提出国外访学是教师的一次"成长再出发"，访学动机、院校和导师选择、课堂教学和学术环境的差异体验对教师回国后的个人发展、教学发展、

　　① 朱佳妮. 学术硬着陆：高校文科青年海归教师的工作适应研究 [J]. 复旦教育论坛，2017（3）：87－92.
　　② 钟伟良. 地方高校教师留学经历对其专业发展的影响研究 [D]. 上海：华东师范大学，2007.
　　③ 周兴国. 留学经历对高校教师专业发展的影响研究 [D]. 厦门：厦门大学，2012.
　　④ 李慧. 留学归国者学术经历的质性研究 [D]. 厦门：厦门大学，2017.
　　⑤ 钱艳俊，等. 留学经历对科研人员至关重要吗？[J]. 情报资料工作，2018（5）：100－105.
　　⑥ 孟晋宇，陈向东. 中国海归学者科研产出分析及国际合作启示 [J]. 北京航空航天大学学报（社会科学版），2017（6）：58－61.
　　⑦ 赵显通，等. 高校教师出国研修的现实困境与改革路径 [J]. 高校教育管理，2018（4）：111－117.

学术发展都产生了重要影响①。还有学者从访问学者与国外合作导师交往行为的视角，分析了访学期间双方合作遇到的挑战，并提出了相应的建议。② 目前，对教师访学收益的评价指标集中在个体层面，并且主要是基于教师的科研产出/发表。③ 西米（Shimmi）在对日本学者赴美国访学的经历进行质性研究的基础上，对访学教师在文化迁移不同阶段所面临的困境进行了细致分析，并提出了相应的策略。④ 美国斯坦福研究中心对1980～2001年16个国家参与富布莱特访问学者项目的1894名教师的调查发现，访问学者经历对教师的专业发展（知识、技能、学术发表机会、学术交流）非常有帮助，并通过利用新的研究视角或方法对专业活动产生影响，并通过建立学术网络增加了教师回国后开展国际科研合作的可能性。⑤

四、文献述评

伴随着高等教育国际化的发展和对高等教育质量关注呼声的高涨，高校教师国际流动和高校教师发展逐渐为研究者和管理者所关注，通过对既有研究的梳理和分析，发现相关研究成果也日益丰富，学者们在许多方面达成了共识：高校教师发展是提升高等教育质量的关键策略；国际化是提升高校教师能力和素质的重要路径；国外留学/访学经历对高校教师发展具有积极的影响。已有成果为本书的开展提供了重要的参考和借鉴价值。但已有的少量研究主要通过定量方式开展，对我国高等教育国际化背景下的高校教师发展如何开展、如何更好地关照教师的真实需求的研究不多，尤其是对教师国外访学经历如何影响

① 龚美君，许桂芳. 成长再出发：出国研修经历与高校教师专业发展的影响研究［J］. 教育理论与实践，2018（10）：42 - 44.

② 李迎新，李正栓. 基于交往行为理论的国际研修合作双方主体间性研究［J］. 外语教学理论与实践，2018（1）：81 - 89.

③ Qin Liu，Jiang Yumei（2016）. The Outcomes of Chinese Visiting Scholars' Experiences at Canadian Universities：Implications for Faculty Development at Chinese Universities［J］. Frontiers of Education in China，10（3）：439 - 469.

④ Shimmi，Y.（2014）. Experiences of Japanese Visiting Scholars in the United States：An Exploration of Transition［D］. Boston College.

⑤ Stanford Research Institute（2002）. Outcome Assessment of the U. S. Fulbright Scholar Program［R］. Stanford，CA：Stanford Research Institute. Retrieved from http：//www. sri. com/news/releases/09 - 10 - 02. html.

其回国后发展方面的研究有待进一步深入。

此外，目前研究中特别是国内研究中存在将高校教师海外留学经历与访学经历不做区分，未对不同类型高校教师的访学进行区分，在研究对象选取上将不同访学时长的教师混杂在一起，由此导致目前研究中存在"四多四少"的问题：研究高校教师国际化的文献较多，而研究高校教师国际学术流动的文献相对偏少；研究高校教师发展的文献较多，而研究具有国外学习经历教师发展的文献相对偏少；在相对偏少的关于国外学习经历与教师发展的文献中，研究留学归国教师发展的文献相对较多；研究访学回国教师发展的文献较少；研究"985"院校或多院校教师的案例较多，而研究地方高校教师的案例偏少。因此，国外访学经历对高校教师发展的具体影响关联是否具有独特性，尚缺乏有力的研究结论。为此，可以考虑从以下方面展开进一步研究。

（一）高校教师专业发展与国外访学经历之间的实然性和应然性关系

国外访学是否必然会带来教师国际化素养的提升和专业发展？教师出国前的动机、外语水平、职称、年龄、性格等因素对其访学的行为和结果之间有什么关联？对于不同年龄段不同学科的教师产生的影响具有怎样的差异？国外访学在多大程度上提高了教师的国际化素养，教师的国际化素养提升与专业发展存在怎样的关联？国外访学接收院校针对中国访问学者的态度以及所采取的相关举措对访学教师会有怎样的影响？高校教师在国外访学过程中面临的阻碍以及回国后所带来的变化是否存在其独特性，具体体现在哪些方面？等等，类似问题有待进一步探讨。

（二）高校教师国外访学的成效和影响如何进行科学评估

尽管已有研究对教师国外访学收益进行了分类，但由于访学收益具有明显的外溢性和滞后性，其外显的收益（发表的国际论文、国际科研合作、运用新的教学方法、开设新的课程等）只是访学收益的"冰山一角"，内隐的收益又如何进行有效的评估，目前尚未有很好的判定标准。尽管爱因斯坦曾提醒我们："并不是每一件量得出来的事情，都有意义；也不是每一件有意义的事情，都能够被量得出来。"在高校管理日趋强调效率与收益的当下，管理实践中如何走出绩效迷思，避免对教师国外访学管理的"非人性"和绩效考核的

"数字化"，以期更好地认识和看待教师国外访学行为；同时，如何平衡教师国外访学过程中的组织目标和个人目标，找到实现两者目标的最大公约数，也是亟待在管理实践中予以考虑和解决的问题。

（三）基于高校教师发展理论探讨高校教师国外访学的影响

如何让面向高校教师国外访学和教师发展的制度设计更加有效（实现激励相容、帕累托改进等），避免或延缓教师回国后"被同化"，发挥出更大更持久的访学效用，有待于我们深化对高校教师发展和教师国外访学有效性的认识。高校教师发展理论为我们更好地认识高校教师国外访学提供了一个分析框架，针对国外访学经历对教师回国后所带来的影响，结合高校教师的三大基本职责，从教学、科研和服务发展三个维度来进行论证和分析，或许能帮助我们更深入、更系统地把握国外访学经历与高校教师发展的内在逻辑关系，更好地服务高校教师发展实践。

第二章

理论视角与研究设计

本章根据研究需要，聚焦高校教师发展理论和成人学习理论，探讨了这两个理论对本书的适应性和启示，并针对高校教师国外访学的不同阶段提炼出研究的初步概念框架，分析高校教师国外访学的行为和影响。同时，结合研究需要，对研究所采用的研究方法、案例院校选择、资料获取和分析的过程、研究伦理和研究的可靠性进行说明。

第一节　理论视角

一、高校教师发展理论

在人类行为研究中，"发展"一词泛指个体随时间变化而产生的所有改变。[①] 在组织环境中，"发展"指个体或群体为更好地服务于组织的宗旨和使命所进行的带有目的性的提高和改进。盖夫和西蒙森（Gaff & Simpson）认为，高校教师发展这一概念可追溯到 20 世纪 50 年代。[②] 而目前众所周知的高校教师发展实践，如学术休假制度和其他形式的专业发展休假，也是在这一时期得到较快发展的。直到 20 世纪六七十年代，高等教育机构才开始特别关注目的

---

① Feldman, R. S., Bishop, J. (2003). Development Across the Life Span [M]. Upper Saddle River, NJ: Prentice Hall.

② Gaff, J. G., Simpson, R. D. (1994). Faculty Development in the United States [J]. Innovative Higher Education, 18 (3): 167 – 176.

性更强、策划更周密的高校教师发展。尤其是 20 世纪 70 年代以来，高校教师发展的策略、方法和方式发生了变革，且都强调和重视教学质量的提高。随后，研究的重点和热点也随着高校职能的扩展和高校教师工作范围的扩大而不断转换。玛丽·索西奈丽（Mary Sorcinelli）等将高校教师发展划分为学者时代、教学者时代、发展者时代、学习者时代和协作者时代五个阶段①，并认为现在已经步入了协作者时代，高校教师、发展者和院校被寄予更高期望，因而需要所有利益相关者的共同努力。美国高校教师发展不同时期的主要特点如表 2-1 所示。

表 2-1　　　　　　　　美国高校教师发展不同时期的主要特点

发展阶段	时间阶段	主要目标	内容维度
学者时代	20 世纪五六十年代早期	促进教师科研能力的提高	学术会议、获得高一级学位、学术休假、科研支持等
教学者时代	20 世纪 60 年代中期至 70 年代	提高教师的教学水平	教学咨询、教学研讨班、讨论会
发展者时代	20 世纪 80 年代	增强教师活力，实现对教师能力的开发	职业生涯发展规划、课程发展、教学成果测量与评价
学习者时代	20 世纪 90 年代	改善学生的学习	整合教学技术、新教师适应等
协作者时代	21 世纪	通过教师发展回应高校内外部的挑战	针对未来教师发展项目、职业中期和终身职后发展项目

资料来源：徐延宇. 高校教师发展：美国高等教育的经验［M］. 北京：教育科学出版社，2009：43.

（一）高校教师发展的内涵与主要内容

弗兰西斯（Francis）将高校教师发展定义为：以教师活动为基础，个人化的一种活动；是一个力求改变高校教师态度、技能和行为，以更有效满足学生、教师和院校发展需求的过程。② 盖夫（Gaff）认为，高校教师发展是一个提高能力、拓展兴趣、胜任工作，从而促进教师专业和个人发展的过程，这个

---

① 陈斌. 中美大学教师发展理念与内涵研究［D］. 厦门：厦门大学，2017：46.

② J. B. Francis（1975）. How do We Get There from Here? Program Design for Faculty Development［J］. The Journal of Higher Education，（6）：719-732.

过程由个人发展、教学改进和组织变革三部分组成。① 《国际教育百科全书》中指出：高校教师发展，广义上指发生在高校教师身上的总体变化，这些变化源于学校环境中各种因素的影响；狭义上指为改进高校教师的教学或科研成效而设计的一些发展项目，包括教学发展、专业发展、组织发展、个人发展四个层次。② 伯格维斯特和菲利普斯（William Bergquist & Steven Phillips）提出，高校教师发展的核心目标在于提升自身教学水平和质量，但高校教师发展应秉持多元理念，着力实现教学发展、个人发展和组织发展三个方面的有机结合。③ 森塔（Centra）将高校教师发展的内容归纳为个人发展、教学发展、组织发展和专业发展四个方面。④

1991年，美国教育协会（NEA）在其发布的《高校教师发展：增强国家资源》报告中对高校教师发展提出一个较为系统的界定：高校教师发展基本围绕着四个目标，即专业发展、教学发展、个人发展和组织发展。其中，教学发展是指改进课程与教学模式，提升教学技巧和准备教学材料等；专业发展应有助于高校教师养成专业意识，获取专业知识和技能，为学术交流提供平台和机会等；个人发展以高校教师的职业提升为目的，关注教师发展过程中的态度、价值，以及人际交往等方面的情况；组织发展侧重于为高校教师发展营造宽松的组织环境。⑤

结合上述国外学者所提定义的分析，可以发现，其实质是立足高校教师所扮演的不同职业角色：教学发展关注的是高校教师作为教学者的角色；专业发展关注的是作为专业学术人的角色，致力于教师在学术研究方面的提升与进步，也可称为学术研究发展；个人发展关注作为独立个人的角色，关注作为自

---

① Gaff J. G. (1976). Toward Faculty Renewal：Advances in Faculty, Instructional, and Organizational Development [M]. Jossey-Bass Publishers, 223.

② [瑞典]托斯顿·胡森，等. 国际教育百科全书（第四卷）[M]. 贵阳：贵州教育出版社，1990：589.

③ William, H. Bergquist & Steven, R. Phillips (1975). Components of an Effective Faculty Development Program [J]. The Journal of Higher Education, 46 (2)：181 – 184.

④ Centra, K. T. (1989). Faculty Evaluation and Faculty Development in Higher Education [A]. In J. C. Smart (Ed.), Higher Education：Handbook of Theory and Research [C]. New York：Agathon Press, 155 – 179.

⑤ Bledsoe, Gerie, B. (1991). Faculty Development in Higher Education. Enhancing a National Resource [R]. Washington, D. C.：National Education Association, 11 – 12.

然人的教师的态度、价值、情感和沟通等方面的情况；组织发展关注作为组织成员的角色，通过发现、改变和提升教师所在组织的结构、政策、氛围、环境等不利于教师发展的因素。

相比而言，国内早期更多的是关注高校教师培训、教师队伍建设等主题，关于高校教师发展的研究相对较晚。潘懋元教授认为："从广义上说，高校教师发展可以是所有在职大学教师，通过各种途径、方式的理论学习和实践，使自己各方面的水平持续提高，不断完善。从狭义上说，高校教师发展更多地强调其作为教学者的发展和提高，也就是强调教师教学能力的提高。"① 在他看来，高校教师发展至少涉及高校教师的专业水平、教学技能和教师道德三个维度。② 林杰认为，大学教师发展是通过各种方式，协助教师在专业和个性方面成长，以使其能胜任教学、辅导、研究、行政和社会服务等各项工作。③ 李志峰强调，对于大学教师发展内涵的理解，不能脱离各国高等教育的发展现实。对中国来说，大学教师发展包括教师高深知识的发展，教学、科研和社会服务能力的发展以及教师伦理道德的发展三个方面。④ 同时，从本体论的角度分析了高校教师发展是为了促进教师自身的成长、知识的发展、学生的发展，为了实现高校的组织目标和更好地促进社会发展。⑤ 陈碧祥认为，大学教师专业发展是大学教师增进教学、研究及服务等专业知识与精神。⑥ 周海涛、李虔提出，大学教师发展指教师个体或群体力图改变自身的态度、技能和行为，以更好地满足学生需求、服务院校宗旨与使命的政策、组织、活动、过程的统称。⑦ 陈正全、朱德全从哲学的视角认识高校教师发展，提出人的发展是其

① 潘懋元，罗丹. 高校教师发展简论［J］. 中国大学教学，2007（1）：5–8.

② 潘懋元. 大学教师发展与教育质量提升［J］. 深圳大学学报（人文社会科学版），2007（1）：23–26.

③ 林杰. 大学教师专业发展的内涵与策略［J］. 大学教育科学，2006（1）：56–74.

④ 李志峰，龚春芬. 大学教师发展：实践困境和矛盾分析［J］. 教师教育研究，2008（1）：23–27.

⑤ 李志峰，高慧. 高校教师发展：本体论反思与实践逻辑［J］. 大学教育科学，2013（4）：66–71.

⑥ 陈碧祥. 我国大学教师升等制度与教师专业成长及学校发展定位关系之探究［J］. 国立台北师范学院学报，2001（14）：163–208.

⑦ 周海涛，李虔. 大学教师发展：内涵和外延［J］. 大学教育科学，2012（12）：64–70.

本质要求、改善生存境遇是其价值所在、促进高等教育发展是其使命所在。①

综合上述国内学者的论述，可以发现，国内关于高校教师发展的理解，性质具有终身性、内容具有多维性、本质具有复杂性、理念具有自主性、路径具有个性化等特点。相比较而言，我国学者的研究亮点在于对高校教师发展的终身性、个性化特点上。②

(二) 高校教师发展的模型

国外学者通常用理论模型对高校教师发展的内涵、要素及相互之间关系进行阐释，一般通过内容、过程和相互关系三个方面的描述来界定和指导高校教师发展。

1. 伯格维斯特等：有效高校教师发展模型

有效高校教师发展模型是美国学者威廉·伯格维斯特（Willian Bergquis）和斯蒂文·菲利普斯（Steven Phillips）1975 年根据个案研究、实践观察，以及综合多位学者的观点设计而成，并在 1977 年出版的《大学教师发展手册》中对模型进行了改进和修正。他们认为，尽管各类模型对高校教师发展的内容都进行了清晰的界定，但现实中高校教师发展活动不可能绝对独立地进行，虽然每一项教师发展内容所追求的目标有所侧重，但不可避免的是各个组成部分之间存在一定程度的重叠，因此，有必要将高校教师发展的三个维度（过程、结构和态度）和三个组成部分（教学发展、教师发展和组织发展）综合到一起。此外，任何高校的教师发展都是在一定的制度环境中进行的，教师发展脱离不了组织所处的制度环境，"共同体发展"的提出表明高校教师发展的领域应当延伸到个体之外；个人发展、教学发展、组织发展和共同体发展皆包括在"制度发展"所创设的环境中。如图 2 - 1 所示。

总体而言，伯格维斯特和菲利普斯的模型具有全面性、系统化和综合化特点，即包含多种教师发展内容，各个内容之间具有相互联系性，共同发挥作用，致力于教师多方面的发展。首先，该模型将教学发展、组织发展和个人发

---

① 陈正权，朱德全. 高校教师发展的困境与调试 [J]. 高教探索，2018 (5)：118 - 122.
② 解德渤. 再概念化：大学教师发展的历史与逻辑 [J]. 教育学术月刊，2015 (10)：72 - 78.

展纳入一个体系，结合过程、结构和态度三个要素，确定了全面性、系统性和综合性的教师发展模式与教师发展理念。其次，模型中各个教师发展的内容与措施间实现了互通。最后，该模型不仅是内容型的而且是流程型的体系，为实践中高校教师发展的设立与运行提供了详尽的指导。

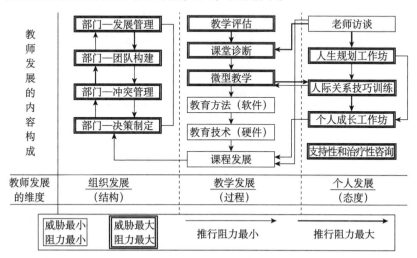

图 2 - 1　伯格维斯特和菲利普斯的高校教师发展模型

资料来源：William, H. Bergquist & Steven, R. Phillips（1975）. Components of an Effective Faculty Development Program. The Journal of Higher Education, 46（2）: 181 – 184.

2. 盖夫：高校教师发展多维模型

盖夫（Gaff）认为，高校教师对教学的认识过于狭窄，需突破传统观念的束缚，建构更广阔的认识视域和多元的发展视角。这些不同的视角可以称为个人发展、教学发展和组织发展。[1] 如表 2 - 2 所示。

在盖夫提出的模型中，教师发展是提高能力、拓展兴趣、提升胜任能力的过程，并聚焦于教师个人，致力于促进个人成长与发展。由于教学是大学教师的首要职责，多数发展项目旨在帮助大学教师转变对教学的态度，获取更多关于教学的知识和技巧，强化他们对教学的敏感性。教学发展的核心在于课程设计，通过不断改善能够促进学生学习的环境和条件，提升学生的学习水

---

① Yanikoski, R. A.（1977）. Review of toward Faculty Renewal ［J］. The School Review, 85（2）: 602.

平，具体包括帮助高校教师明确教学目标，设计教学形式，评估学业表现，因此，需要高校教师具备教育学、多媒体技术、学习理论和系统论等相关的知识。组织发展将教师所在的单位（如学校或学院）视为一个整体，目的在于为教师创设一个更加有效的组织环境，以确保教学和学习活动的顺利有效进行。盖夫指出，高校教师发展的三个维度在理念上是有区别的，但他也强调，不应过于割裂彼此，因为大部分的高校教师发展项目都会因人因时而异。

表 2 - 2 　　　　　　　盖夫的教师发展多维模型

内容	重心	目标	典型项目
教师发展	大学教师	促进教师成长，帮助教师获得知识，培养技能，提升敏感性	习明纳、工作坊，教学评价
教学发展	教学、课程	促进学生学习，准备教学材料，设计课程，实现教学系统化	开发学习新教材，重新设计课程，根据目标评价学生
组织发展	组织	提升人际关系，加强团队作用，制定支持性的政策	面向团队领导或成员的工作坊、行动研究、修订组织政策

资料来源：Gaff，Jerry，G.（1975）. Toward Faculty Renewal：Advances in Faculty, Institutional and Organizational Development［M］. San Francisco：Jossey-Bass. 9.

（三）高校教师发展理论的启示

高校教师发展理论既为高校教师发展内涵的识读、项目的实施和逻辑的推演提供方法论基础，也是对教师发展实践的总结和提升。威尔伯特·麦基奇尼（Wilbert McKeachie）认为，高校教师发展理论至少在以下三个方面发挥了积极影响：一是可有效概括和简化高等教育教学活动；二是对具体的教学实践活动提供理论指导和科学诊断；三是理论的普遍性、启发性和持久性特征可为高校教师发展活动的开展、方法的改进和策略的选择提供理论支撑。[①] 综合国内外学者对高校教师发展的阐释，我们可以得出以下启示。

一是教学发展是高校教师发展的中心。目前，广泛运用的各类教师发展模型普遍将教学发展视为高校教师发展的中心，在实施的先后顺序、目标和举措

---

① Zahorski，K. J.（1991）. To Improve the Academy：Resources for Faculty, Instructional, and Organizational Development［M］. Stillwater, OK：New Forums Press.

设计上，教学发展始终优先于其他发展内容。二是强调对高校教师个人的关注。关注教师态度、价值观等方面的发展，注重体现教师个人化的要求，根据教师所处职业发展历程的不同阶段，开展有针对性的教师发展措施，并注重教师在个人方面的情况对其工作和教师发展项目有效性的作用。① 三是发展视野涵盖了教师所在的组织环境与氛围。组织方面的发展是开展教学发展的现实需要，也是高等教育的新需求，应鼓励教师更加积极地参与到组织运行管理的过程中。四是科学性与实践性相互结合。强调要建立在教育学、学习理论、系统理论等基础之上，同时，通过对有效措施的总结，列举出相应的指导原则和参照措施，便于实践中借鉴使用。五是探寻高校教师的真实需求。强调确认教师最重要的需要是开展教师发展的前提工作，帮助教师探寻在价值、观点、基本假设即发展所需等方面的内容详细化和具体化。六是"群体性"的教学发展。通过小组、团队、工作坊、习明纳等方式开展活动，打破教学与教师个人之间的"私有性"关系，将教学问题纳入学者共同体关注的视野，使之成为教师群体可以共同努力的事务。②

二、成人学习理论

国外访学既是一种自我教育，也是一种相互学习；既是一种不同于普通学历教育的成人教育，也是一种不局限于某一阶段的终身学习机会。将高校教师视为专业人士，赋予其自我发展的责任和义务，是成人学习理论对高校教师发展的贡献；同时，如何兼顾个体差异，帮助自我认知和规划欠缺的教师直面新角色，使其充分利用自我指导式发展的优势，是成人学习理论对高校教师发展提出的挑战。③

（一）成人学习理论的基本观点

从 1928 年桑代克（Thomdike）出版《成人学习》（*Adult Learning*）一书至

① Michelle McLean, Francois Cilliers & Jacqueline M. Van Wyk（2008）. Faculty Development：Yesterday, Today and Tomorrow［J］. Medical Teacher, 30：6, 555 – 584.

② 秦冠英 . 20 世纪 70 年代美国大学教师发展的理论与实践［M］. 北京：社会科学文献出版社，2016：97 – 98.

③ 周海涛，等 . 大学教师发展：理论与实践［M］. 北京：教育科学出版社，2015：53 – 54.

今，成人学习理论经过近百年的发展，已成为一个比较成熟的研究领域，形成了各种极具特色的理论，其中，成人教育学理论、自我指导学习理论和质变学习理论对教师发展的实践推动作用较明显，其中最为显著的特点就是关注成人学习的情境。①

成人教育学理论以诺尔斯（Knowles）为代表，诺尔斯指出，成人教育理论的核心假设在于成人在其生活的各个方面都是自主的，是可以进行自我指导的。高校教师作为成年人，具备诺尔斯所论述的成人学习者的特点。诺尔斯提出了关于成人学习的五大特质：独立的自我概念、关注个体经验、现实需求、问题解决和内部驱动。② 诺尔斯的观点有助于深化我们对教师学习取向的理解。教师作为成人学习者，具有独立的个性，习惯按照自己长期以来形成的学习方法安排自己的学习；学习有很强烈的目的性，内在驱动力来自问题、需求等因素；学习是主动的、互动的、自我调节的过程；学习过程应凸显交往和对话及资源的共享，注重反思和经验的建构。③

自我指导学习理论主要说明学习的方式与途径。塔夫（Tough）对自我指导学习理论进行了比较系统的研究，指出学习普遍存在，是成人生活的一部分，成人学习具有系统性，但不一定要依赖教师或教室。作为成人的教师，其主要的学习方式与途径是自我指导学习，明确自己的学习需求和目标，识别学习所需的资源并监控学习的过程和效果。④ 但是，教师的"自我指导学习"并不是"单独学习"，还应该注重学习共同体的打造，支持教师在合作中实现共同愿景。

质变学习理论主要分析成年人是如何通过一系列的学习、反思和实践过程，实现自身思想意识、角色、气质等多方面的重大转变的。巴西教育家保罗·弗莱雷（Freire）提出了质变学习的解放性观点。他从社会公平和正义的

① Sharan B. Merrian (1987). Adult Learning and Theory Building：A Review ［J］. Adult Education Quarterly，37 （4）：187 – 198.

② Knowles (1975) . Self Directed Learning：A Guide for Learners and Teachers ［M］. Chicago：Follett Publishing Co. ，18 – 19.

③ 裴淼，李肖艳. 成人学习理论视角下的"教师学习"解读：回归教师的成人身份 ［J］. 教师教育研究，2014 （6）：16 – 21.

④ Tough，A. M. （1979）. The Adult's Learning Projects：A Fresh Approach to Theory and Practice in Adult Learning （2nd ed. ） ［M］. Toronto：The Ontario Institute for Studies in Education，7.

角度出发，认为教育的目的是解放，是赋予人以力量，要让被压迫者通过学习发生质变，获得力量并产生行动。① 梅茨罗（Mezirow）认为，质变学习是一个循环的过程，包括四个基本环节：（1）令人迷惑的困境；（2）批判性反思；（3）参与反思性对话，与他人讨论自己的新观点以获得共鸣；（4）按照新观点行动。② 质变学习理论主要指向教师学习的目标。当前，教师学习中存在两种价值诉求：人作为教师的专业发展和教师作为人的健全发展。③ 无疑，把教师作为人的发展应该是教师学习的首要价值取向。

（二）成人学习理论的启示

大部分成人学习理论认为，与成人学习相关的因素包括：自治或自我确定任务是成人学习的目标或特征；学习与成人生活相关的经历相结合；强调对自我学习反思的重要性；行动是学习之后的某种必然反应。④ 成人学习理论对学习特点和规律的探究，有利于更加深入地了解作为成人学习者的教师的学习特点，更好地促进教师的发展，见表2-3。

表2-3　　　　成人学习理论视角下高校教师国外访学的解读框架

解读编码	理论依据	解读关键词
学习取向	成人学习动机理论	独立的自我概念、丰富的个体经验
目标定位	质变学习理论	实现教师作为人的健全发展
路径选择	自我指导学习理论	学习共同体与自我指导学习并联

资料来源：参考裴淼，李肖艳. 成人学习理论视角下的"教师学习"解读：回归教师的成人身份[J]. 教师教育研究，2014（6）：16-21.

高校教师作为成人，其学习和发展具有一定的特殊性。具体而言，一是成人阶段性格特质的稳定性，增加了改变与发展的难度。高校教师职业要扮演不同的角色，并经常面临角色间的冲突，再加上"自我"的稳定性，教师的改

---

① ［巴西］保罗·弗莱雷. 被压迫者的教育学［M］. 顾建新，等译. 上海：华东师范大学出版社，2001.

② Mezirow, J. (1991). Transformative Dimensions of Adult Learning［M］. San Francisco：Jossey-Bass, 5-68.

③ 伍叶琴. 教师学习的现实深描与学者想象［J］. 教师教育研究，2013，（3）：14-20.

④ Mezirow, J. (2000). Learning to Think Like an Adult：Core Concepts of Transformation Theory［A］. In J. Mezirow & Associates（Eds.），Learning as Transformation：Critical Perspectives on a Theory in Progress［C］. San Francisco：Jossey-Bass, 3-33.

变和发展不是一个简单的过程。二是要充分重视教师的"自我"和主体性。要让教师相信自己是可以改变和发展的，激发其发展的内在动力。教师发展的具体措施要与教师已有的经验相结合。最关键的因素在于教师的自我审视和反思。① 三是要提供支持性的外部环境。性格特质的稳定决定了改变需要更多的个人努力和更加有力的环境支持，要关注教师所在环境的问题。

通常而言，教师发展项目的影响至少体现在实践、教学思想、专业态度、项目和领域五个方面。② 对实践的影响，指教师是否从发展项目中获得了可以在课堂上使用的工具、理念、策略和材料；对教学思想的影响，指教师是否形成了对专业知识的思考和反思的能力，而非仅仅是行为技能的获取；对专业态度的影响，指教师是否产生了职业认同感，是否感觉处于群体的社交网络中，有归属感，有责任心；对项目的影响，指教师是否有改变项目理念、结构和程序的机会和能力；对整个领域的影响，指教师是否能够促进其他教学实践者和政策制定者的专业知识进步，以及为构建和形成更广阔范围的职业社交网络做出努力。不同的项目对不同的教师产生的影响存在较大差异，其原因是多方面的，但与缺少教师主体的自主性、态度、能力、以往的经验等有很大关系。

高校教师的工作具有高度的创造性和变革性。就教学而言，"照本宣科""一言堂"的教学模式已很难满足求知欲和学习能力强的当代大学生的需求，只有专业化程度高、知识更新快的教师才能"长青"于与世界联系越来越紧密的讲台。就科研而言，自主性和创造性是科学研究的基础和保障，由此，也使得教师自我导向的发展和自我指导的学习成为可能。因此，高校教师发展应建立在将高校教师作为成人学习者的信任基础之上，了解并触动教师本人的经验和想法，邀请他们参与到有意义的学习过程中来，使教师成长为自我指导型的学习者。

综合上述理论，本书围绕高校教师出国访学的初衷、在国外期间的访学体验和回国后的发展影响，形成初步的概念框架，如图 2 - 2 所示。

---

① 秦冠英. 20 世纪 70 年代美国大学教师发展的理论与实践 [M]. 北京：社会科学文献出版社，2016：58.

② Belzer, A. (2003). Toward Broadening the Definition of Impact in Professional Development for ABE Practitioners [J]. Adult Basic Education, 13 (1)：44 - 59.

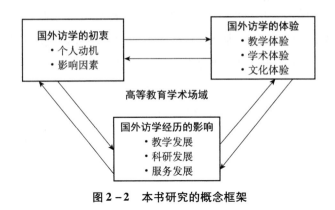

图2-2 本书研究的概念框架

第二节 研究设计

一、质的研究方法

研究方法的选择，取决于研究者关注什么样的研究问题及研究目的。若研究问题重在探讨事件发生的过程，以及人们对此过程的意义诠释，即涉及"如何"与"为什么"的问题时，通常宜选用质的研究方法。质的研究方法是以研究者本人作为研究工具，在自然情境下采用多种资料收集方法对社会现象进行整体性探讨，使用归纳法分析资料和形成理论，通过与研究对象互动对其行为和意义建构获得解释性理解的一种活动。质的研究方法具有探索社会现象、阐释意义、发掘整体和深层社会文化的作用。[①] 本书关注的是高等教育国际化和质量提升背景下，国外访学经历及其对地方高校教师发展影响的感知和探讨。研究者尝试倾听和理解地方高校教师如何认识国外访学的意义，他们基于何种目的出去，经历了怎样的体验，教师本人及其重要他人如何阐释这些经历和影响，属于"如何"和"为什么"的问题。

通常而言，质的研究有以下特点：一是遵循自然主义的探究传统。质的研究注重在自然情境下进行，研究者往往以被研究者的"现实生活世界"和社会组织的日常运行作为研究对象。二是对意义的"解释性理解"。质的研究的

---

① 陈向明. 质的研究方法与社会科学研究［M］. 北京：教育科学出版社，2000：12.

核心目标在于对研究对象的个人经验和意义建构进行"解释性理解"，同时，站在研究对象的视角和立场去理解和认识被研究者的行为。三是研究是一个不断演化的过程。研究过程中，研究者与被研究者始终处于变化的状态，质的研究面对的是持续变化的现实，并对此予以长期探究。四是自下而上地分析资料。质的研究主要采取归纳方式分析研究资料，据此建构类别分析和理论假设，并借助相关验证逐步得到充实和系统化。五是重视研究关系。质性研究通常遵循"解释主义"的研究路径，尤为重视研究者与被研究者之间的关系，特别需要注意伦理道德问题，包括尊重研究对象的隐私、关注个体和人文关怀。①

由于在质的研究内部同样存在不同的学术立场和理论倾向，质的研究自身也受到不同研究范式的影响。研究方法的选择取决于研究者关注什么样的研究问题及研究目的。总体原则应把握方法是为解决问题服务的，针对特定的问题，使用它的目的是为了澄清观念，解决问题，解放而非限制研究者的想象力。

二、案例院校的选取与基本情况

案例研究是一种经验主义的探究，它研究现实生活背景中的暂时现象；在这种研究情境中，现象本身与其背景之间的界限不明显，研究者只能大量运用事例证据来展开研究。② 此外，案例研究并不是去验证某一项理论假设，而是旨在通过对资料的归纳性分析，增进对研究对象的理解。案例研究通常遵循"目的性取样"原则，即抽取那些能够为研究问题提供最大信息的研究对象。考虑获取研究资料的可行性与便利性，相对于研究对象的数量，目的性取样更关注所选对象能否为研究问题提供详细、深入的信息，且个案的选择标准在于能否透过活生生的独特案例，较为完整地回答研究问题。

基于目的性取样和便利性相结合的原则，为保证研究的顺利开展，有效地

---

① 陈向明. 教师如何做质的研究 ［M］. 北京：教育科学出版社，2001：10 - 12.

② ［美］罗伯特·K. 殷. 案例研究设计与方法 ［M］. 周海涛，主译. 重庆：重庆大学出版社，2004：23.

获取丰富的研究资料和真实的数据，本书选择中部地区一所地方高校作为案例院校。

案例院校是一所历史悠久的以财经管理类学科为主的本科院校，发展定位为教学研究型大学。学校现有经济学、管理学、法学、工学、文学、理学、艺术等 7 个学科门类，7 个博士学位授权一级学科，14 个硕士学位授权一级学科，70 个二级硕士学位授权点，17 个专业硕士学位授权点，52 个本科专业。专任教师 1294 人，其中正副教授 701 人。

伴随着高等教育国际化的进程，案例院校也逐渐深化了对高等教育国际化的认识，并积极推动国际化办学。2002 年，学校创办了国际学院，作为学校国际化办学的门户和排头兵；2013 年，学校召开全体校领导参加的"高规格"国际化办学推进会，提出"面向世界 赢得未来"的口号，全面推进学校国际化办学，教师国际化作为其中的重要内容，明确要加大"引进来"和"派出去"力度。2015 年，学校按照"扩总量 调结构 抓重点 上层次"的国际化办学思路，积极推进国际化办学；2017 年，学校党委第五次代表大会明确了建设"基础厚实、特色鲜明、人民满意、国际知名的高水平财经大学"的奋斗目标，建设"国际知名"大学正式确认为学校发展的战略目标之一。

近年来，案例学校教师国际化取得了显著成效，在所属省份省组织的本科高校国际化评估中连续四年位居第一，国际化师资（获得国外院校博士学位或具有国外访学 6 个月以上经历的教师）占全校专任教师的比例从 2013 年的 12.25% 上升到 2018 年的 25.22%。学校出台了相关的制度，如职称评审、国境外访学管理办法等对教师出国访学提出了硬性要求。例如，在教师职称评审办法中，明确规定年龄在 45 周岁以下的教师参评正高职称，除马克思主义、体育等个别学科外，均需要有国外院校访学半年以上的经历。《深化新时代教育评价改革总体方案》实施后，案例院校将国外访学经历设置为教师职称晋升的加分项。此外，还对赴国外访学的教师给予经济上的支持，包括鼓励教师申报 CSC 项目（并对获得 CSC 资助的教师给予一定额度的奖励），单独设置学校公派项目（资助标准上参照 CSC 项目标准执行），并对教师报名参加雅思、托福等国际性语言考试的费用在达到一定语言分数后予以报销；在学校开设英语强化培训班，对参加培训的教师予以一定课时量的冲抵或减免；对国外访学的教师视同在岗，绩效工资奖励和福利发放不予减扣；等等。

学校 2013～2017 年共计 153 位教师赴国外访学（见表 2-4）。从学科来看，理学、管理学、经济学等学科教师占学校出国访学教师总人数的比例超过了 70%，凸显了案例院校的学科特点；从年龄分布来看，36～45 岁的中青年教师居多，这一群体是高校未来发展的主力军；从访学时长来看，绝大部分教师选择的是访学 12 个月；从访学所在的国别来看，选择前往高等教育"中心"和英语为母语的国家的教师占比超过 90%；从访学院校的世界排名来看，有超过三成的教师进入排名前 200 的院校访学。

表 2-4　　　　案例院校 2013～2017 年教师国外访学情况

指标	2013 年	2014 年	2015 年	2016 年	2017 年	合计
男女比例	14：3	16：5	25：13	16：17	31：13	102：51
年龄分布						
25～35 岁	0.00%	0.00%	5.26%	5.26%	5.26%	7.19%
36～45 岁	52.94%	52.38%	71.05%	71.05%	71.05%	62.75%
46～55 岁	47.06%	47.62%	23.68%	23.68%	23.68%	30.07%
学科分布						
管理学	35.29%	28.57%	26.32%	12.12%	20.45%	22.88%
理学	29.41%	28.57%	18.42%	30.30%	29.55%	26.80%
经济学	5.88%	38.10%	21.05%	18.18%	22.73%	21.57%
文学	17.65%	0.00%	23.68%	30.30%	18.18%	19.61%
法学	5.88%	4.76%	10.53%	9.09%	9.09%	8.50%
其他	5.88%	0.00%	0.00%	0.00%	0.00%	0.65%
访学时长						
6 个月	0.00%	0.00%	0.00%	0.00%	13.64%	3.92%
7～11 个月	0.00%	0.00%	0.00%	0.00%	9.09%	2.61%
12 个月	100.00%	100.00%	100.00%	100.00%	77.27%	93.46%
出国访学前职称						
讲师	5.88%	9.52%	31.58%	45.45%	22.73%	26.14%
副教授	64.71%	71.43%	60.53%	48.48%	63.64%	60.78%
教授	29.41%	19.05%	7.89%	6.06%	13.64%	13.07%

续表

指标	2013 年	2014 年	2015 年	2016 年	2017 年	合计
访学国别						
美国	47.06%	52.38%	71.05%	36.36%	50.00%	52.29%
英国	23.53%	23.81%	7.89%	24.24%	20.45%	18.95%
澳大利亚	5.88%	0.00%	7.89%	18.18%	11.36%	9.80%
加拿大	17.65%	4.76%	2.63%	6.06%	9.09%	7.19%
新加坡	0.00%	4.76%	2.63%	3.03%	2.27%	2.61%
其他	5.88%	14.29%	7.89%	12.12%	6.82%	9.15%
访学院校世界排名						
前 100	23.53%	14.29%	21.05%	21.21%	13.64%	18.30%
100 ~ 200	5.88%	4.76%	13.16%	30.30%	6.82%	13.07%
201 ~ 500	17.65%	28.57%	15.79%	15.15%	20.45%	18.95%
500 +	52.94%	52.38%	50.00%	33.33%	59.09%	49.67%
派出项目类别						
国家项目	52.94%	28.57%	36.84%	60.61%	29.55%	40.52%
学校项目	47.06%	61.90%	50.00%	39.39%	36.36%	45.10%
其他项目	0.00%	9.52%	13.16%	0.00%	34.09%	14.38%
出国访学前已获学位						
博士	100.00%	95.24%	86.84%	84.85%	86.36%	88.89%
硕士	0.00%	4.76%	13.16%	12.12%	13.64%	10.46%
其他	0.00%	0.00%	0.00%	3.03%	0.00%	0.65%

资料来源：根据案例学校国际处、教师教学发展中心、人事处提供的数据整理得出。

案例院校教师国际化虽然取得了明显成效，但与组织预期还有距离，还存在诸如教师访学效益不高、效益扩散机制不健全等问题。在 2018 年案例院校组织的中青年教师英语强化班开班仪式上，学校时任 L 校长作出了"学校教师的国际化程度和水平还不高，能够开设双语课程的师资比例还不能满足学校国际化办学需要"的判断，并表示，鉴于案例院校所处经济欠发达的中部省份，受地域和财力限制，在日益激烈的"人才抢夺战"中对海归高层次人才的吸引力并不占优势，因此，更多地采用选派本土教师到国外知名院校访学的方式来提升教师国际化水平，仍然是案例院校未来一段时期推动教师发展和国际化办学的重要任务。

三、访谈对象的选取

在访谈对象（教师）的选择上，主要考虑以下因素。

专业/学科。每个专业学科都有自己的历史、发展轨迹、行为习惯和评价标准，形成了不同的学术部落和领域。例如，基础学科强调发现、解释和理解；应用学科强调针对实际问题，产生出一定的技术、产品或程序。不同的知识体系本身的这种特征，决定了不同专业领域教师发展的方式不同。

职称状态。职称是一种等级化的体系结构。国内高校教师通常按照助教、讲师、副教授和教授四级职称体系，教师在职称体系中所处的位置，是一种制度化了的文化资本，是被公认的、合法化了的资质和权威存在。它在一定程度上代表着高校教师在其职业群体中的"学术地位"，标志着他们已有的学术成就在多大程度上获得了学术共同体成员的认可。不同职称身份的教师对国外访学的需求以及访学院校的选择等方面存在差异，对其发展路径的选择也不同。

回国后的时长。考虑到教师发展成长具有时间性和延续性，特别是在论文发表、职称晋升等方面需要一定的时间，根据部分受访教师和管理人员的建议，在确定访谈对象时更多考虑回国后2～3年的教师。

国外访学院校的声誉。根据2018年英国《泰晤士报》公布的世界大学排行榜，对教师国外访学的院校排名进行了前100、101～200、201～500、500＋四种类型的区分，其中，前100的院校在访谈对象选择时又进行了细分（前10、11～20、21～50、51～100）。地方高校教师在访学院校选择上有何独特性，结合国外访学院校的声誉（世界大学排行榜）情况，在访谈中予以考虑。

性别。国外有较多研究关注高校教师群体中性别因素的作用，认为性别对他们的工作任务分配、职业发展机会、工作兴趣都会产生影响。国内目前这方面的研究并不丰富，是否有相似的影响，有待进一步探索。但由于访学教师在国外期间远离家人，而女性教师在国内更多的承担着家庭责任，特别是小孩的培养照顾，因此，在访谈对象选择时对性别因素也加以考虑。

此外，在考虑样本可获取、交流效果等基础上，对教师出国前的语言水平、访学时长、访学国家、家属陪同访学、资助项目类别等情况都予以综合考虑。

同时，结合访谈所了解到的信息与案例院校涉及教师国外访学回国后考核和发展密切相关的部门（教师教学发展中心、科研处、人事处）负责人进行了访谈，以期对访学教师所提供的信息进行论证。具体访谈对象的主要信息见表2－5。

表2－5　　　　　　　案例院校访谈教师主要信息一览表①

代称	性别	访学时年龄	访学时长（月）	学科	出国访学前职称	访学国家	访学院校世界排名
GLX－01	女	44	12	管理学	副教授	新加坡	11～20
GLX－02	女	37	12	管理学	讲师	英国	21～50
GLX－03	男	42	6	管理学	教授	英国	前10
GLX－04	女	36	12	管理学	讲师	英国	前10
GLX－05	男	34	12	管理学	副教授	美国	500＋
LX－01	女	36	12	理学	副教授	美国	201～500
LX－02	男	46	12	理学	副教授	英国	500＋
LX－03	男	30	12	理学	副教授	英国	51～100
WX－01	男	40	10	文学	教授	英国	201～500
WX－02	女	36	6	文学	讲师	英国	21～50
WX－03	女	38	12	文学	讲师	美国	500＋
FX－01	男	46	12	法学	副教授	美国	11～20
JJX－01	男	36	6	经济学	讲师	新加坡	201～500
JJX－02	男	36	12	经济学	讲师	澳大利亚	21～50
JJX－03	男	41	12	经济学	副教授	美国	前10
WX－04	女	37	12	文学	副教授	新西兰	101～200
JJX－04	男	36	12	经济学	讲师	美国	201～500
WX－05	男	44	12	文学	副教授	澳大利亚	201～500
LX－04	男	32	12	理学	讲师	美国	21～50
JYX－01	男	42	12	教育学	副教授	美国	51～100

① 访谈对象详细信息参见附录3。

续表

代称	性别	访学时年龄	访学时长（月）	学科	出国访学前职称	访学国家	访学院校世界排名
GLX - 06	女	45	12	管理学	副教授	西班牙	101～200
LX - 05	女	38	6	理学	副教授	美国	500＋
JJX - 05	女	32	12	经济学	讲师	美国	101～200
WX - 06	女	34	6	文学	讲师	英国	前10
WX - 07	女	39	12	文学	讲师	澳大利亚	101～200

备注：1. 根据受访教师所在学科字母作为代称，如管理学为 GLX，同一学科的教师在后面标记不同的数字以做区分，如 GXL - 01，GLX - 02。

2. 访学院校世界排名根据《泰晤士报》世界大学排行榜（2018 年）发布的数据整理得出。

四、资料收集与分析

本书的资料收集主要采用半结构性访谈的方法，辅以一部分文本分析。米什勒（Mishler）认为，访谈是一种研究性交谈行动，是受访者与访谈者共同建构意义的过程。[①] 受访者并不是将已经存在脑中的记忆或感受直接呈现，而是通过语言表达、沟通和反省，在互动过程中建构起彼此都能理解的意义。本书采用半结构性访谈，目的是能够依据自己的概念框架对受访者提出一些基本的问题。根据研究的需要，主要访谈问题包括以下内容（访谈提纲详见附录 1）。

（1）访学的主要目的以及在访学过程中面临的阻碍因素。

（2）访学任务/计划和院校是如何确定的。

（3）在国外期间所经历的学术和非学术方面的差异体验。

（4）回国后，在教学、研究和服务行为方面的变化。

（5）对国外访学经历与自身专业发展的认识和理解。

研究过程中先后访谈了 25 位来自经济学、管理学、理学、文学等不同学科的教师和 3 位学校职能部门的管理者。在访谈过程中，研究者会根据与受访对象的交谈情况进行相应的调整和补充。此外，通过撰写备忘录和研究反思，

---

① Mishler，E. G. （1986）. Research Interviewing：Context and Narrative ［M］. Cambridge，MA：Harvard University Press.

对访谈过程中出现问题不合适的地方，在与其他受访者访谈时进行改进；对有所遗漏的地方及时与受访人进行追问。因进一步收集信息的需要，对少数受访教师进行了多次访谈。同时，通过微信、参加学校相关会议等方式获得了一些正式访谈过程中难以获得的重要信息。研究者对每位受访对象的访谈时间为 1～3 小时，在征得受访教师同意后都进行了录音，在整理录音和本书写作过程中，研究者通过微信、电话等方式与部分受访教师进行了补充交流，对转录过程中出现的问题进行了澄清，并对访谈中未能涉及的有关问题进行了询问。有学者指出，访谈应提供机会让受访者充分表达意见；使用适当的动作语言和保持必要的沉默，表现倾听的耐心；提供时间让受访者组织他们的想法；弹性调整访谈内容，不拘泥于既定的框架；尽量避免论说型和评价型回应；同时，勇于向受访对象暴露自己的弱点，分享困惑，在分享和相互激励的过程中收获更多的信息。①

本书收集的文本资料主要包括访学教师回国后提交的总结体会、案例院校关于教师国外访学的相关制度文件、案例院校校领导相关讲话材料等，通过文本分析，有助于研究者更好地了解访学教师在外期间的经历，从而实现与访谈资料的互相印证和补充，并有助于研究者更好地发现与受访教师进行访谈时的切入点，让受访教师能够结合当时的情境予以说明。

资料分析是将原始的访谈文本逐步集中和浓缩，并进行意义诠释，最终转化为研究发现的过程。在具体开展研究的过程中，研究者首先对所有的访谈录音进行逐字转录，并分别加以编码。其中，访谈资料和文件资料的编号由三个部分组成：资料类型—受访者身份—受访者序号。各部分的代码具体含义如下：（1）资料获得途径包括访谈（I）和文件档案（R），如教师国外访学总结、学校制度规定、领导讲话资料，如无特别说明，均指访谈资料；（2）按照访学教师的所在学科拼音字母进行缩写编号，如管理学受访人为 GLX、经济学为 JJ、理学为 LX、文学为 WX、法学为 FX；当受访者的学科信息相同时，笔者在资料编号后面加上教师序号（1、2、3……）以示区别，如管理学第一位受访人为 GLX –01。院校管理者按照部门缩写表示，如人事处负责人为 RSC – C。

———————————

① 陈向明. 教师如何做质的研究［M］. 北京：教育科学出版社，2001：70.

本书在资料分析的过程中，对资料进行了三级编码。编码的过程就是用集中和浓缩的方式将原始资料反映出来，并进行系统化和条理化，形成一个有一定结构和内在联系的意义系统。在第一级编码中，研究主要采用浓缩的手段，通过多次阅读，进行类属的命名和划分。在第二级编码的过程中，编码的归类需要寻找类属之间的相关关系，将不同的类属合并成类群，这一过程不仅遵循资料本身的条理，也结合研究的概念框架进行调整，是一个研究资料与概念框架进行对话的过程。最后一级编码，则是直接结合研究问题，对编码系统进行调整和整合。①

五、研究可靠性与研究伦理

关于研究的可靠性。传统的实证主义量化研究将信度和效度作为判定研究质量的标准，而质的研究者因其关注的不是客观分类计量、普遍法则的寻找或因果假设的证实和推论，而是社会事实的建构过程以及人们在不同的、特定的文化脉络下的经验和解释，因此，质的研究可靠性问题有别于量化研究的信度与效度，它不太关注量化研究所指的"客观现实"的"真实性"本身，而是关注被研究者眼中所看到的"真实"、他们看待事物的角度和方式，以及研究者和被研究者之间的互动关系对理解被研究者眼中的"真实"所发挥的作用。

为提升研究的可靠性，在质的研究过程中，首先通过研究者个人的"反思"来增加研究的可靠性，包括研究者与被研究者关系之间的反思，研究者的角度和资料解释之间关系的反思，研究书写的风格和所用资料表达、说辞和权威性的反思。同时，考虑运用三角校正，尽可能收集丰富的原始资料，提升研究的可靠性。尤其是在访谈过程中要避免"所说非其真实所想"，研究者在选择访谈对象时，在兼顾其他考虑因素的基础上，尽量选择与研究者熟识的人员，以打消其顾虑，尽可能收集到最为真实的数据。同时，通过收集与受访教师相关的客观数据，如学生评教的分数、回国后新课程开设情况、论文发表情况等，以及在对相关部门负责人的访谈中对受访教师谈及的共性问题予以确认或追问。

---

① 陈向明. 质的研究方法与社会科学研究［M］. 北京：教育科学出版社，2000：332－334.

关于研究伦理。在研究过程中，首先，对受访者公开研究者的身份和目的，在征得受访者自愿参与研究的情况下，进行资料收集。访谈录音需事先征得访谈对象的同意。其次，尊重受访者的隐私，研究资料不外泄或用于研究之外的其他用途。在写作过程中进行匿名处理，并省略任何可能暴露受访者身份的相关信息。再次，尊重受访者的感受和意见，不强加自己的意见和感受，建立平等互信的良好关系。最后，对访谈对象的参与和贡献心怀感激。通过耐心倾听、在研究中公正表述他们的感受和意见、分享研究成果等方法给予回馈。在研究结束后，与大多数受访者仍然保持密切的联系，并在他们取得发展成就的时候及时送上祝福，分享他们的成功和喜悦。

第三章

抉择：高校教师国外访学的影响因素

本章论述了高校教师国外访学所面临的时代背景，概括了教师国外访学的特点，深入分析了影响教师国外访学的驱动力，并区分出了不同类型的访学动机。同时，对教师国外访学过程中所面临的阻碍因素进行了归纳，并深入探究了地方高校教师如何赢得世界名校青睐进入理想院校访学，由此体现出地方高校的特性。

第一节　高校教师国外访学的现实背景

一、步入新时代的高等教育

我国高等教育已步入普及化阶段。在经历了大规模扩张后，高等教育发展在战略上迫切需要从以规模扩张为主要特征的外延式发展，转到以质量提升为基本特征的内涵发展上来。[①] 进入新时代，高等教育被赋予更多的期待和使命，被视为是"一个国家发展水平和发展潜力的重要标志"，期许"我国高等教育发展方向要同我国发展的现实目标和未来方向紧密联系在一起"。[②]

高等教育质量问题受到越来越多的关注，而教师无疑是提升质量的关键

---

①　杜玉波. 新时代高等教育的历史方位和发展走向 [J]. 中国高教研究, 2018 (12)：1 - 4.

②　习近平. 把思想政治工作贯穿教育教学全过程 开创我国高等教育事业发展新局面 [N]. 人民日报, 2016 - 12 - 9 (01).

主体，也是实现高等教育高质量发展的第一资源和依靠力量。英国教育学家怀海特在20世纪30年代就提出，大学组织的全部艺术，就在于供应一支用想象力点燃学问的教师队伍。这是大学教育所有问题的重中之重。① 通过提升教师在学术研究、教育教学、社会服务、国际交流合作等方面的能力和水平，满足高等教育高质量发展的需要，逐渐成为一种理论共识，并转化为现实行为，高校通过何种路径助推教师发展成为新时代高等教育的一个重要命题。

二、绩效偏好理念的高校管理

自20世纪80年代新公共管理主义理念被引入高校后，曾经一度被认为是最具稳定性的学术职业，也难以保持其以往相对平稳的节奏，在《国家中长期教育改革和发展规划纲要（2010—2020年)》和"双一流"建设规划等国家重大政策文本中，都明确提出了"以绩效为杠杆"的基本原则。有学者认为，"构成当前学术创新环境不尽如人意的根源，主要是目前广为盛行的绩效与指标性评价和管理体制，以及几乎延伸到教师整个学术职业生涯的各种竞争性制度安排"。② 尽管存在不少批判的声音，但现实中，绩效管理已被广泛运用于高校管理实践。"绩效"的英文单词为"performance"，本意是行为表现、表演，即把要实现的目标、要做的事情转化成一系列可表现、可被观察的行为，以方便后续利用评估的手段对其进行测量，最终用具体数字（得分多少）来衡量其结果。

在绩效至上的管理思维和体制下，高校教师发展的绩效偏好得以强化，以可测量、可监督、可比较等为特点的标准化评价贯穿于高校教师发展的方方面面，对教师发展环境带来了深刻的影响，甚至让高校教师在绩效压力下淡忘了学术发展目标，或者说，错把手段当成追求的目标和方向。由此，对教师带来的影响是：在行为上，教师会按照评估指标来确定和规范自身的行为，规定了的就做，没有规定的就不一定做；在观念上，教师会慢慢接受那

---

① ［英］怀海特. 教育的目的［M］. 庄莲平，王立中，译. 上海：文汇出版社，2012：130.
② 阎光才. 学术职业压力与教师行动取向的制度效应［J］. 高等教育研究，2018（11）：45 - 55.

些被选出的可测指标就代表教育的全部，而"忽视与可测量价值无直接相关的社会性的、情感性的、道德性的发展活动"①；在心理上，教师会产生"非赢即输"的对立观念，从以前强调"不甘落后"的主动状态变为"不敢落后"的被动状态。②

三、走向国际化的学术职业

国际化已成为当代学术职业发展一种不可回避的潮流，"决定一所大学国际化程度的，并不在于其规模、位置、预算，而是教师的能力和参与"③。由于教师发展是高校发展的核心，国际化活动理应以促进教师发展而不是以完成国际化指标为旨归。学术职业国际化也只有在以教师发展为前提时才是有效的，它的实现必须以教师的主动积极参与为前提和基础。美国学者索斯奈丽（sorcinelli）等认为，当前的"协作者时代"正是以活跃的国际交流合作实现教师发展的时代。④ 奥哈拉（O'Hara）认为，学术职业的发展和变革，增加了对国际学术流动和合作的需求，要求教师在日常工作中具备开放和积极的心态，敏锐地捕捉国际前沿的学术信息，主动地学习和积累，在教学和科研中吸纳国际化的内容，引入国际先进的学习和研究方法。因此，国际化成为教师学术职业发展的本能需求。

在推动教师学术职业国际化的过程中，应注意到国际化带来的挑战。国际化本是现代大学的应有之义。但当教师的聘任要求过于强调"海归"尤其是来自欧美名校时、当不区分学科将在英文期刊上发表论文视为学术评价的唯一标准或最重要的标准标杆时、当任何专业的教师晋升教授时都必须具备国外访学经历时，国际化的内涵已然发生了变化。在"与国际接轨"的口号下，我国高校教师正在自觉或不自觉地成为以美国为主导的学术市场的

① Ball, Stephen J. （2012）. Performativity, Commodification and Commitment: An I-spy Guide to the Neoliberal University ［J］. British Journal of Educational Studies, 60（1）：17 - 28.

② 操太圣. 高校教师评价标准化的问题及反思 ［J］. 大学教育科学，2019（2）：17 - 18.

③ Harari, M. （1981）. Internationalizing the Curriculum and the Campus: Guidelines for AASCU Institutions ［M］. Washington, D. C. : American Association of State Colleges and Universities, 29.

④ Sorcinelli, M. D, Austin, A. E., Eddy, P. L. & Beach, A. L. （2006）. Creating the Future of Faculty Development: Learning from the Past, Understanding the Present ［M］. Bolton, M. A. : Anker Publishing Company, 2 - 5, 157.

蹩脚的尾随者，甚至不断丧失自主独立的学术精神、宽松自由的学术氛围、立足本土的学术情怀，以至于学术"成果"在大量涌现、学术真金却在不断萎缩，学术市场热闹非凡、学术空气却异常浮躁。

第二节　高校教师国外访学的动机分析

一、高校教师国外访学的特点

国外访学作为高校教师学习提升的途径，与一般的教师在职学习相比存在以下特点。

（一）学术性

高校教师主要通过专门性的教学、科学研究和社会服务工作，以实现高深知识的传播、发现和应用。因而，高校教师职业天然带有学术性特征。国外访学是高校教师传播、发展、综合和应用高深知识的过程，以获取学术知识为目的，以参与各种教学科研活动（如参与合作导师项目、旁听课程、学术讲座等）为载体的非学历教育，并在访学结束后通常需要完成一定的学术任务或达到一定的学术目标，因而具有学术性特征。

（二）独立性

访问学者的选拔并非经过通常意义上的入学考试，而是由教师根据自身的外语条件、学术背景、研究成果和旨趣向国外院校提出访学申请并获得邀请函后，再结合自身实际主动向国家留学基金委或所在省厅相关部门、学校申请项目资助。从访学的流程来看，教师访学的国别、院校、时间和时长等基本都由访学申请者自主决定，因而每一个访问学者背后都有着自己独特的选择。且访学基本是脱产学习，但没有具体的学分要求，国外的合作导师并非严格意义上的指导老师，不会提出明确的任务要求，在外访学期间，活动基本上是由访学教师自行安排，因而有更多的可自由支配的时间，具有很强的独立性。

（三）自为性

"自为"是因为高校教师作为主体的"存在"是一种"有为"的存在，

是一种可以"自由选择"的存在。① 高校教师在访学过程中不再满足于固有的层面，不再固化为参与的客体，不再停留在被动接受和适应的处境，而是一种双向的交流，不仅是与国外同行进行学术对话，更要考虑如何向国际友人传播展示中华文化和中国国家形象，积极且高质量地介绍一个真实的中国以及主动了解访学所在国家的风土人情和跨文化差异，是教师作为意义主体的"人"的一种具有能动性和自觉性的"自为"活动。

（四）文化性

每个国家和民族都具有自身特点的文化与传统，有传承和传播其自身文化的使命。从文化传播的角度来看，高校教师是本国文化基因的携带者，到国外访学本身就是一种文化的交流过程，是一种自觉或不自觉的文化传播和输出过程，在这个过程中，通过其与国外同行师生的交流传递本国文化的理念和价值。此外，在国外访学过程中，由于语言文化差异以及对所访学国家的习俗理解不同，访学教师通常都会经历跨文化冲击和文化再适应过程。②

二、高校教师国外访学的驱动力

丹尼尔·平克认为，人类行为的驱动力分为外部驱动力与内部驱动力。外部驱动力来自外在动机，即做出特定行为时外部会带来奖励或惩罚；内部驱动力来自人的生物本能的内在需求以及人类发现新奇事物、进行挑战、拓展并施展才能以及探索和学习的内在倾向。③ 地方高校教师国外访学同样受制于各种内外驱动因素。

（一）学校制度约束的外部驱动

制度经济学的基本原理认为，制度环境构成了人们行为的外部约束条件，通过制度设计或调整能够有效引导人们的行为变化。为派出更多教师到国外访学，案例院校首先通过系列制度强化教师的外部约束。

---

① 魏薇，陈旭远，高亚杰. 论我国高校教师专业发展"自为"的缺失与建立 [J]. 国家教育行政学院学报，2011（2）：17－20.

② McNamee, S. J., Faulkner, G. L. (2001). The International Exchange Experience and the Social Construction of Meaning [J]. Journal of Studies in International Education, 5 (1): 64－78.

③ ［美］丹尼尔·平克. 驱动力 [M]. 龚怡屏，译. 北京：中国人民大学出版社，2012：3－5.

2008 年，案例院校出台了《教职工出国访学管理规定》，明确国家公派和学校公派两种类型的出国访学方式，并"鼓励具有副高以上专业技术职称的专职教学、科研人员申报国家公派项目"。同时，学校安排专项经费为未能申请到国家公派项目的教师提供访学经费支持，并对教师出国访学的费用和待遇予以了明确：报销教师办理签证的差旅费、签证费和访学的学费，对教师获得国家公派项目按照项目经费额度予以 10% ~ 15% 的配套奖励；此外，对教师在国外访学期间的学校待遇（工资、福利等）视同在职人员。

这意味着，教师在访学期间不需要承担教学、社会服务等任务的基础上，还享有和在校在岗期间一样的待遇，减缓了教师对访学可能影响到经济收入的担忧。当然，就某些与市场结合紧密的专业而言，如金融、会计、工商管理等，由于专业属性与社会经济高度结合，在服务社会的过程中会给教师带来一定的经济收益，因此，在一定程度上可能影响了这些专业教师赴国外访学的积极性。访谈中，有管理者在解释学校经管类专业的教师出国访学积极性不高时就曾直言不讳地指出，少数教师缺乏压力和对学术的追求，还面临着出国将损失 10 万元以上的现实，所以没有出国访学的动力。

学校在政策中体现出的导向对访学教师是一种外在驱动，但这种驱动力中也闪烁着人文关怀。多位受访教师表示，在访学期间曾与其他高校的教师交流，相较于国内很多院校要么缺少访学费用支持，要么严格限制访学名额等规定，案例院校所采取的访学政策制度设计，赢得了访学教师的普遍认同，并在与其他院校教师的对比中提升了对案例院校的忠诚度和自豪感。一位在英国访学的老师回忆当时的情景很有感触，认为案例院校这一做法好于其他学校：

> 在华东师大进行英语培训，学员中来自浙江、江苏高校的教师，谈到出国后学校会将工资全部给停掉。当得知我们学校的政策时，好羡慕我们。……对我们青年教师而言，你别小看这几千块钱工资，用途还是很大的，至少让你觉得自己家里没有后顾之忧。（受访教师 LX－03）

将访学经历作为专业技术职称晋升的基准门槛被认为是推动教师赴国外访学最具约束性的驱动力。职称是关乎高校教师学术声誉、地位和经济收入的大事，因而也成为高校教师行为选择和时间投入的"指挥棒"。案例院校在 2010

年教师职称晋升的文件中规定，"所有学科教师自 2016 年起晋升教授职称必须有在国外访学 6 个月以上的经历"，后续根据实际情况适当放宽了对若干学科的要求，2017 年的《学校专业技术职务评审办法补充规定》中提出，对马克思主义学院、体育学院（社会体育除外）、法学院（国际法除外）、人文学院、外国语学院（专业外语除外）、艺术学院的教师，在其申报晋升正高职称时，对于国外访学经历不做统一要求。而对其他专业教师而言，"6 个月以上的国外访学经历"是职务晋升的一个基准门槛。

学校制度安排中将访学经历与职称晋升挂钩的设计，成为击溃那些对"出国访学"抱有迟疑或消极态度教师的"最后一根稻草"。"出国访学"在案例院校对大多数教师而言已经不再是"要不要"的问题，而是"怎么去""如何去""何时去"的问题，于是纷纷把"出国访学"列入职业生涯规划和日程安排中。

（二）学术职业发展的内部驱动

高校教师作为一种专门的职业，具有专业自治的特性，同时，作为学术共同体的一员，教师首先应大力提升知识资本和文化能力，将其智慧、时间和精力全部放在学术上，通过提升学术地位来提高和改善其社会地位。而学术职业的工作性质是围绕着特殊的理智材料——知识组织起来的，也就是说，高校教师发展不仅需要一定的知识积累，而且需要有效的知识增长和更新机制。只有通过各类学术发展机会，才能源源不断地实现教师个体知识的累积、更新。为此，高校改革特别是人事制度改革应该为教师安心学术创造良好宽松的环境。然而，当前很多高校在进行改革时遵循的基本思路是：通过大幅度提高学术职业的不稳定性和风险性，让教师在不安中相互竞争，以刺激其发挥最大能量，获得最高产出。[1] 在这种改革背景下，高校教师时常感到难言的压力和莫名的焦虑，在尚未实施学术休假的地方高校，国外访学可能带来的闲适时光、学术机会无疑为处在成长焦虑中的教师提供了一个难以拒绝的诱惑。

正如阿特巴赫所指出的，世界知识体系内存在不平等现象，这种不平等不

---

① 叶赋桂，罗燕. 高等学校教师地位分析［J］. 河北师范大学学报（教育科学版），2006（6）：79－85.

仅体现在语言方面，还体现在知识创造和传播的整体框架中。发达国家控制着知识、学术和文化霸权，掌握着知识的生产、分配和流通，它们的大学处于世界高等教育体系的中心，有世界最顶尖的学者，拥有最雄厚的科研经费，掌握着世界最主要的学术刊物，控制着影响最大的学术团体，决定了世界绝大多数学科和领域的学术标准、学术方向，处在国际学术的顶层。而欠发达国家大学的教师在某种程度上则成为发达国家大学教师的跟随者，消费他们生产的知识。① 基于国际学术职业分层的现状，到学术中心去感受科研前沿、缩短知识差距、结识本领域的国际学术大咖等学术职业发展的愿望，成为高校教师出国访学的内部驱动因素。

三、高校教师国外访学的动机类型

动机是由一种目标或对象所引导、激发和维持的个体活动的内在心理过程或内部动力，是人类大部分行为的基础。人的任何活动都是由一定的动机所激发的，动机是人们行动的理由，高校教师出国访学的行为也是由动机所激发并维持的，动机在引导教师更好地适应国外访学期间可能面临的学术文化、规则、期望以及实现访学目标等方面发挥着重要的决定作用。② 通过对国外访学回国教师的访谈和相关文献梳理，本书将高校教师赴国外访学的动机细分为五类：职称晋升动机、求知兴趣动机、关照家人需求动机、社会责任动机和学术关系动机。

(一) 职称晋升动机

职称在一定程度上代表着高校教师在其职业群体中的"学术地位"，标志着他们已有的学术成就在多大程度上获得了学术共同体的认可，并且与薪酬待遇密切相关，因而也是高校教师们孜孜以求的标的。目前，我国高校通常设置助教—讲师—副教授—教授的职称体系，不同职称在待遇上有着明显的差异

---

① Altbach P. G. (1998) Comparative Higher Education：Knowledge, the University and Development [M]. Hong Kong：Comparative Education Research Centre, The University of Hong Kong, 443.

② Mo Xue, Xia Chao & Aaron M. Kuntz (2015). Chinese Visiting Scholars' Academic Socialization in US Institutions of Higher Education：A Qualitative Study [J]. Asia Pacific Journal of Education, 35：2, 290 - 307.

（如表 3－1 所示）。同时，职称的划分还在多种差异性对待的制度安排中得以强化，决定了高校教师可以获得多少资源和支持。如申请课题（项目申报中对教师职称的资格要求）、指导博士生、参与咨询与决策、收入和资源分配等。①

表 3－1　　　　　　　案例院校教师职称等级与绩效工资匹配

专业技术岗位	基础性绩效对应分值	专业技术岗位	奖励性绩效对应分值
正高二级	1.80		
正高三级	1.70	正高	55
正高四级	1.65		
副高五级	1.60		
副高六级	1.55	副高	38
副高七级	1.50		
中级八级	1.45		
中级九级	1.40	中级	29
中级十级	1.30		

资料来源：根据案例院校绩效工资分配办法整理得出，每个分值对应相应的金额。

　　在某种意义上，职称是一种等级化的体系结构。高校教师在职称体系中所处的位置是一种制度化了的文化资本，是被公认的、合法化了的资质与权威存在。有受访老师向研究者讲述了他对这种等级关系的认识：

　　　　现在什么都与职称挂钩。申报课题，没有副高职称的，还得请两位具有副高职称的教师推荐；要想指导博士生，在地方高校，招收名额少，甚至博导数量比博士招生数量都多，分配时是粥多僧少，没有教授职称想都不敢想；此外，还有学术资源和话语权，都是不可同日而语的。（受访教师 WX－01）

　　由于案例院校对教师职称晋升设置了明确的准入门槛，要求必须具备在国外访学 6 个月以上的经历，才能申请正高职称。因此，对意在晋升职称的教师而言，出国访学是其必备的资历条件。来自公共管理专业的受访者老师在访谈

① 李琳琳．成为学者——大学教师学术工作的变革与坚守［M］．上海：华东师范大学出版社，2016：113－114.

时开诚布公地谈到自己去国外访学的目的是因为评正高职称需要满足这个硬性条件，因而是一个"刚性的现实需要"。在访谈中，多数教师把职称晋升作为出国访学初衷的首选，说明案例院校这一制度性规定对教师产生了强有力的驱动作用。

部分受访教师还表示，到国外访学尤其是到世界一流高校访学对教师而言是一种能力上的认可，可以视为一种符号资本，将给教师带来一种"隐性筹码"，有助于提升其在今后职称晋升中的竞争力：

> 你能申请到前 100 的院校访学，回来后就可以在自己简历中写上一句，曾在××大学做过访问学者，这个材料在评职称时就是个亮点，就像博士毕业于北大清华等名校一样，至少让评审专家有个好印象。（受访教师 GLX – 02）

由于职称与教师的工资收入等密切相关，直接决定了教师的物质生活质量。而高校教师兼具"经济人"和"学术人"双重属性[①]，"经济人"是教师身份的第一属性，是高校教师作为"人"的本质的体现，需要实现和满足自身的正当利益。而作为知识场域的参与者，高校教师还具备"学术人"的属性。所谓"学术人"，是指以探求真理为终身事业，以知识的研究、创新、整合与传播为己任的人。[②] 要真正成为"学术人"，必须超越基本的经济必需品要求，为此，需要具备两个条件：一是要有一种能够摆脱日常生活的顾虑以便与观念打交道的知识分子惯习；二是要有必不可少的参与知识场域竞争的文化资本。[③] 但是，没有物质基础，体面尊严的生活无从保障，经常要为日常琐事而烦扰，教师自然无法潜心于学术工作。特别是随着竞争取向、绩效关注与项目驱动等机制的引入，不仅改变了学术界的生态，也影响了高校学术人的心态和行为。[④] 高校教师受制于职称晋升"指挥棒"的影响，而出国访学是其遵照

---

① 周玉容，沈红. 现行教师评价对大学教师发展的效应分析——驱动力的视角 [J]. 清华教育研究，2016 (5)：54 – 61.

② 刁彩霞，孙冬梅. 大学教师身份的三重标识 [J]. 现代大学教育，2011 (5)：22 – 26.

③ 张俊超. 大学场域的游离部落——大学青年教师发展现状及应对策略 [M]. 北京：社会科学出版社，2009：134.

④ 阎光才. 象牙塔里的阴影——高校教师职业压力及其对学术活力影响述评 [J]. 高等教育研究，2018 (4)：48 – 56.

现实逻辑的理性选择。

我们不能将教师职称晋升与国外访学经历进行简单的因果推断，部分受访教师认为，国外访学特别是名校访学经历所带来的符号资本，以及访学期间对学术发展的积极影响（论文产出、研究方法等）都对自己后续的职称晋升带来了潜在优势或直接效用。

（二）求知兴趣动机

高校教师作为学术职业者，天然有着求知学习的需要。随着信息化时代的到来，教师如何推动教育教学形态、学生学习方式的变革，以适应信息化时代的教学需要，满足学生个性化需求，培养学术自主学习能力，成为教师改进教学方式的重要动机。[①]

在国内教学科研发展进入"瓶颈"期时，教师希冀通过国外访学了解国外课堂教学是如何开展的、某研究领域的进展情况如何，以进一步拓宽自己的专业视野，提升自身的专业素养。通过国外访学提升自身能力、获得更丰富的知识、明确今后学术努力方向的内心诉求，体现了教师访学过程中的一种内在兴趣，故命名为求知兴趣动机。教师强烈的求知欲在访谈中得到了体现。多数受访者表示，在从事一段时间教学科研工作后，为避免知识储备变得陈旧和枯竭，希望通过国外访学来进行补充更新。来自管理学的一位受访老师，其本科、硕士、博士教育都在国内高校，没有出国前只能通过少量间接渠道去了解国外高校的教学模式，所以她觉得有必要去亲身体验一下国内外教学方法的差异，"找找差距"。

阿尔特巴赫曾用"中心—边缘"的关系来描述国际知识系统的不平等，处于中心的大学多数是发达国家享有盛誉的研究型大学，也是国际知识系统的重要组成部分，因而处于学术系统"金字塔"的顶端而起着领导作用；而处于"边缘"的大学，往往照搬国外大学的模式，很少产出原创性成果，一般不会涉足知识前沿，从某种程度上重复进行在"中心"大学已开展过的研究，依靠"中心"大学为其提供革新模式并指明发展方向。就案例院校教师而言，借助到国外知名院校访学，有机会抵达知识的"中心"（从案例院校的数据

① 缪静敏，汪琼. 高校翻转课堂：现状、成效与挑战［J］. 开放教育研究，2015（5）：74－82.

看，申请到 QS 世界排名前 200 的院校进行访学的教师占比为 31%），通过与国外学术同行的交流学习，有助于他们提升科研能力，深化已有的研究领域，推进教师的专业发展。

访谈中，不少受访教师表示，自己是兼顾多种目的选择国外访学，既有达成职称晋升的准入需要，也希冀能通过在国外访学期间拓宽研究领域，找到今后研究的发展方向或切入点。此外，还有受访教师表示，随着英语成为世界语言，"优秀研究者"的概念也越来越多地与"良好的英语水平"联系在一起①，而在真实的语言环境下，更有利于英语能力的提升，因此，希望通过国外访学提升自身英语运用能力。

无论是找差距、学习国外的教学模式、拓宽研究领域还是提升英语的运用能力，都表达了一种对自身能力提升的诉求，是高校教师求知兴趣的体现。

（三）关照家人需求动机

除了专业发展的目的外，多位受访教师还提到个人或家庭相关的动机，且以国外访学期间携带家人陪同访学的教师群体尤为明显。步入新时代，我国教育发展不充分不平衡的现状与人民群众对高质量的教育需求还存在不小的差距。高校教师中的部分群体在现实权衡中另辟蹊径，借助国外访学的机会，携带小孩（基本上是处于小学阶段）去国外体验下异国文化，感受发达国家的基础教育，让小孩与来自世界各国的同龄人一起学习生活，提升英语和跨文化交流能力。一位选择去美国访学的受访教师坦陈，当时选择国外访学的重要原因就是想让小孩能出去感受下不同的教育和文化，培养孩子的全球视野，在该教师看来，让小孩在儿童时代有一段国外的经历和体验，其意义远胜于自身专业的发展。

鉴于英、美等发达国家可为国际访问学者携带的子女提供人性化的教育政策，公立学校可以免费就读甚至会提供免费的一对一辅导服务，帮助小孩适应新环境和新课程的学习，因而不少教师在访学期间携带子女同往。一位曾在美

---

① Hyland K. (2009). Academic Discourse: English in a Global Context [M]. London: Continuum, 180.

国访学的女教师，在谈到小孩在国外期间的适应和变化，感觉很有收获：

> 一周后，他会和外国小朋友在一起玩；三个月以后，英语可以慢慢地日常交流，六个月以后，简直是质的飞跃……，小孩子的语言学习能力太惊人了。同时，他很明显感觉到与国内教学的差别，比如老师经常会蹲下来和他说话，这让他感觉自己是一个受尊重和平等的对象。……孩子太适应了，都不想回来。（受访教师 WX – 03）

从案例院校访学教师的年龄来看，36 ~ 45 岁的青年教师占比高达 71%，这一年龄段的教师既要在学术生涯中扮演学者的角色，又要在家庭中扮演好父亲/母亲的角色，并承担着不同类型的社会期待所要求的义务与责任。在访谈中，多位女性教师反复强调，应该从人性化的角度来看待携带家属访学，倘若在孩子的成长阶段中缺失一年母爱，对小孩的成长是非常不利的。而访学期间有小孩在身边就有"家"在的感觉，减少思乡念家的情愫，有助于在外期间的心情平和。受访教师还表示，由于小孩在国外学校中午可以托管，自己与孩子的时间基本上是同步的，所以不会影响访学期间学术活动的安排。

从文化的角度看，中国人的"自我"不是一个独立的个体，而是与其家庭密不可分的"家我"。[①] 个体中的"自我"概念不仅包括自己，而且包括对自己在家中相对位置的意识以及家中的其他成员。因此，中国人在心理上对家有一种难舍难分之情。

当然，也有受访教师表示将小孩带到国外访学而不适应国外学习的情形，并用"失败"总结这段经历，用"煎熬"来描述当时的心情：

> 当时把女儿带去了，但后来却成了我一个沉重的心理负担。首先她是抗拒出去的，她说听不懂英文，为什么要出去。……在国外她其实过得并不愉快，前三个月每次送她上学，分开的时候一定会哭，哭了三个月，当时我心里真的是挺"煎熬"的。再加上饮食不适应、小孩性格等原因，现在看来，我觉得带她出去挺失败的，甚至有可能会影响她今后对国外的向往。（受访教师 WX – 02）

---

① 杨宜音. 试析人际关系及其分类 [J]. 社会学研究，1995（5）：19 – 22.

高校教师携带家属到国外访学已不再是新鲜事，尽管有院校出台"禁令"，但真正执行落实的并不多。而从文化认知的视角来看，在国外访学期间借助小孩参与当地的社区或学校活动，从而结识更多外国朋友，了解真实普通的国外生活，的确有助于访学教师更深刻地感受体验异国文化和教育，拓展了访学教师的社会交际领域。① 在美国访学的一位管理学老师谈道：

> 很多学术以外的社交活动是因为小孩而展开的。比如去学校做义工、参加义卖活动，可以结识很多朋友，打开更大的生活圈子，让你更好地融入和了解当地的社会。如果没带小孩过去的话，交际面太窄，生活会比较贫乏。（受访教师GLX－05）

林语堂曾指出，"中国人明确认为：人生的真谛在于享受淳朴的生活，尤其是家庭生活的欢乐和社会关系的和睦。……幸福首先应在家里找到，家是中国人文主义的象征"。② 由此可见，国外访学教师对家庭的眷恋和重视与文化传统密切相关，家庭是生活的真谛所在，因此，携带家人陪同访学也符合中国人的家庭观念。

（四）社会责任动机

教师国外访学具有一定的社会责任目的，在追求个人发展的同时，也希望能为国家和所在单位的事业发展作贡献，是一种社会责任的体现，故将此类情形命名为社会责任动机。特别是教师所在的国外访学院校与国内派出院校存在合作交流关系，访学教师作为激活或推动校际间交流的方式而存在，这也是案例院校领导所鼓励的一种方式。在案例院校2019年教师公派出国访学的行前教育会上，该校分管国际化的校领导在讲话中就明确谈到，希望教师能够选择与学校建立了合作关系的院校进行访学，以便更好地激活已有院校伙伴关系。

前往英国访学的受访教师GLX－03谈到，自己出国访学前就已经有了教授职称，因为担任了学院分管国际化工作的领导职务，所以出去主要是抱着一种"加强交流、拓展合作"的目的，通过与国外的同行交流，为推进学院国

---

① Shimmi, Y. (2014). Experiences of Japanese Visiting Scholars in the United States: An Exploration of Transition [D]. Boston College, 86.

② 林语堂. 中国人 [M]. 郝志东，沈益洪，译. 上海：学林出版社，1994：110－117.

际化办学做点贡献。这体现在访学期间，该教授主动去拜访其他院校的同行，洽谈合作事宜，希望建立校际合作关系，并在回国后积极推动校际间的合作，包括推荐学生赴国外学习交流、邀请国外的同行来校短期授课或开设工作坊等。还有部分受访教师表示，最初并没有将推动校际合作作为访学初衷，但在抵达访学院校后，因为巧合和条件，也积极地为推动学校国际化办学特别是校际合作关系建立而努力，甚至促成了两校间的校级领导会谈，并签署了合作备忘录。

访学教师认为，自己受到国家和所在学校的资助，理应在提高自己的同时，为培养自己的单位做出一定贡献；而访学派出单位也对教师有一定的访学任务要求，比如回国后，要通过讲座等方式来汇报访学成果或开设一门新的英语授课课程。因此，社会责任动机使教师内在的服务意愿和外界要求双重特征在受访教师中得到非常明显的反映。同时，教师作为教学改革行动的主体，对当前教学方式抑制学生学习动机和学习体验的现实有更深刻的认识，由此产生了改变教学现状与促进专业发展的需求。

而对于具有行政职务或者有机会与派出院校管理层进行交流的访学教师而言，考虑到访学教师前往的院校有不少是世界名校或国际化程度较高，希望通过访学深入了解世界名校的运行机制，以便向国内院校管理层提供应对国际化办学或推进学校治理的方案与建议。在英国访学的一位受访教师负责案例院校MBA 教育的推广工作，在访学汇报中谈道：

> 访学的商学院通过了三重国际认证（AACSB/EQUIS/AMBA），希望通过访学能深入了解与一流国际商学院的差距在哪里，并反思目前商学院管理中存在"教师与管理设计不协调""管理与学术诉求不协调""学术与培养方案不协调"等问题，同时结合访学期间的思考，在回国后向学校提出了 MBA 教育要在"标准化"的前提下，加强"信息化"建设，通过"国际化"提升办学层次的建议方案。（受访教师 GLX – 02）

（五）学术关系动机

比彻（T. Becher）和特罗尔（P. Trowler）认为，根据学科和领域的不同，学术职业内部被划分成了不同"部落"，学者基于学科知识和学术专长界定自我，对学科的认同强于对学校的认同。① 鲍德里奇（J. V. Baldridge）指出，大学的专业人员具有"世界主义"的倾向，即忠诚于全国（全世界）范围内的自己学科同行，此种特征使大学专业人员具有强烈的与同行沟通和交流的愿望，从而促进了频繁的国际学术对话和人员往来。学者间通过国际交流合作，获得相关研究领域的前沿信息，并通过观点碰撞产生灵感，从而解决自身研究过程中的困惑和难题。② 访学教师在追求个人学术资本获得的同时，也希望通过访学期间与国外同行建立联系，掌握更多的社会资本，为自己今后的学术发展搭建国际学术网络、积攒国际学术"人脉"，因此，对此类访学教师的目的命名为学术关系动机。

有研究指出，与发达国家国外同行的科研合作是提升非发达国家教师研究能力的有效方式。③ 部分受访教师表示，会尽量选择自己专业领域排名或国际排名靠前的院校作为访学院校，同时，选择该校中的"大咖"作为自己的访学合作导师，即所谓的"名校名导"。而在访学过程中，访学教师有机会通过利用身在国外可以与同行面对面交流的机会，接受新的研究方法，丰富自己的国外学术资源，搭建更宽广的国际学术网络，实现国际合作研究或国际论文发表。

此外，尽管通过参加国际学术会议等途径可以与国外同行进行简短的会面或交流，但在国外访学所提供的一段时间，特别是通过面对面的交流，有助于教师与国外同行建立更深入的联系。受访教师 LX－03 坦言，这种深度的学术关系是在国内或者仅仅通过参加一两次国际学术会议所无法实现的。此外，在访学期间，具有学术关系动机的教师还会通过积极主动加盟科研课题、与国外合作导师联合发表英文国际论文等方式深化与国外同行的联系。

概言之，上述五种教师国外访学动机的分类并非是完全分离的，不少教师在做出国外访学选择时，很大程度上是多种复杂动机融合的结果。因此，在认识和分析教师出国访学动机时，应注意到其多重性和复杂性。动机对教师访学

① ［英］托尼·比彻，保罗·特罗勒尔. 学术部落及其领地［M］. 唐跃勤，等译. 北京：北京大学出版社，2008：23.

② 夏辽源，曲铁华. 我国高等教育国际化"内涵式"发展探析［J］. 东北师大学报（哲学社会科学版），2018（2）：154－160.

③ Numprasertchai, S., Igel, B. （2005）. Managing Knowledge through Collaboration：Multiple Case Studies of Managing Research in University Laboratories in Thailand［J］. Technovation，25（10）：1173－1182.

行为的影响，不是直接地卷入认知的相互作用过程之中，也不是通过同化机制发生作用，而是依靠激发或唤起，去影响认知的相互作用过程。从受访教师的反馈来看，学术和求知动机强烈的教师，往往会将更多的时间和精力花在学术交流和提升上，表现为会选择更多的课程旁听、积极主动地搜寻学术资料和数据、参与研讨会和学术会议等，而其他类别的教师则更加注重照顾家庭，进行文化体验等活动。

第三节　高校教师国外访学的阻碍因素

一、语言资格和运用能力

（一）语言资格：国外访学的门槛条件

作为一种国际化的语言，英语在学术交流中占据着主导地位。尽管我国外语教育发达，高校教师的英语学习几乎不间断，但其语言应用能力并不尽如人意。而要出国访学，首先要通过语言关。CSC 对申请访学项目的语言条件有着明确的规定。[1] 对大部分教师而言，只有通过参加托福（TOEFL）、雅思（IELTS）、公共英语 5 级（PETS5）等英语考试或教育部委托相关院校组织的英语培训并获得证书后，方可取得申报资格。

无疑，良好的语言基础是国外访学取得成效的前提条件。受访教师一致认为，只有语言过关，才能更好更快地融入和适应国外的访学生活。而从与国外导师的交流合作来看，具备熟练的语言运用能力，对双方开展合作显然是基础性条件。已有关于国际访问学者的研究表明，语言交流障碍是影响访问学者与国外导师开展合作的重要因素。[2][3] 在谈及对后续出国访学教师的建议时，多位受访教师特别强调出国前外语要过关，在他们看来，在国外访学时间其实

---

① CSC 项目申请的语言条件是：托福（TOEFL）、雅思（IELTS）和公共英语 5 级（PETS5）的成绩或者外语专业本科（含）以上毕业、近十年内曾在同一语种国家或地区连续留学 8 个月（含）以上，或连续工作 12 个月（含）以上以及在教育部指定出国留学人员培训部参加相应语种培训并获结业证书。

② 李迎新，李正栓. 基于交往行为理论的国际研修合作双方主体间性研究 [J]. 外语教学理论与实践，2018（1）：81-89.

③ Zhao, R.（2008）. Factors Promoting or Hindering the Academic Adjustment of Chinese Visiting Scholars in an American University [D]. Columbia University.

并不长，如果语言没过关，适应期要 2 ~ 3 个月，就没有时间能够深入地与外国同行交流、融入当地环境。如此访学，充其量就只是浮在表面上，甚至有的老师因为语言沟通不畅而干脆把到国外访学当成换个安静的地方写论文。

部分受访教师谈到，从时间成本来看，参加语言培训需要耗费教师不少精力，通常英语培训要求 360 个学时，培训时长达半年之久，再加上烦琐的签证准备，让不少老师感到出国访学并非易事，甚至在出国前一年几乎啥事都没干，就是忙着准备语言培训以及签证等相关材料。

由于国家留学基金委认可的语言培训资格证明以及托福、雅思等国际语言考试成绩都具有时效性（通常为两年），很多教师在拿到成绩证明后，才能申报出国留学项目，有了项目资助后才能申请赴外访学、办理签证等事宜。所以出国项目申请、邀请函获取、签证办理等环节必须环环相扣、顺利通过，才可能在规定的时限内出去。由此导致不少教师因为时间紧迫而无暇在选择国外访学院校和合作导师方面进行有针对性的匹配。部分受访教师表示，为了避免语言资格证明过期而作废，要在短期内获得访学邀请函，只能按照"怎么直接、怎么简单就怎么来"的原则，"一切只为能出去"，甚至有受访教师用"饥不择食"来形容自己当时的急迫心情。

（二）学术用语与日常用语的差异

就语言来讲，还存在专业用语和日常用语的差异。虽然访学教师在出国前拿到了语言资格证明，但并不意味着能够很好地满足学术和专业的语言要求，以及在国外的社会交往需求，尤其是在办理租房合同、开通银行账户、购买保险、考取驾照这类日常活动中，访学教师在国内培训时所掌握的语言在这种实际场合尚不足以从容应对。在美国访学的一位受访教师是这样向研究者描述其因对国外俚语或习惯用语知之不多，导致沟通交流时的窘境：

> 交流过程中经常对老外的"笑点"感到茫然，特别是老外聊起一些生活趣事或者艺术方面的话题，根本就搭不上话，有时候还是挺尴尬的。（受访教师 GLX - 05）

除了日常交际用语外，因为访问学者的专业性非常强，还面临着专业交流的问题。很多学者虽然阅读文献甚至写作都没有太大问题，但在听力和口语方面比较薄弱，导致在课堂上、组会中无法流畅地参与学术问题的交流，甚至一度只能成为"倾听者"，从而影响了访学教师在国外访学的学术适应。① 此外，语言水平还与自信心等联系在一起，特别是中国人习惯了"圈子"生活，当处于"游离在外"的生存环境中，人们在使用不熟练的语言，以及需要遵循不了解的社会规范时，总会感到相当大的压力，通常容易产生退缩行为。

就访学教师而言，不能娴熟地掌握英语和缺乏自信心彼此之间相互作用，妨碍访学教师与国外同行的有效交往。多项关于中国访问学者的研究证明，英语能力不强影响了与国外同行的交流，而良好的语言能力则有助于适应国外的研究环境。② 由此可见，英语流利程度对教师在新的学术环境中适应具有重要的影响。

二、邀请函获取与实现理想院校访学

除了语言条件外，对访学教师而言，国外院校的访学邀请函也经常是"一函难求"。从高校教师获取访学邀请函的途径来看，大致有以下类型：一是广撒网型。通过向国外院校或教师海投简历，一份简历发向所有邮箱，但这种类型收效甚微甚至杳无音信的情况比较普遍。二是借力型。通过借助学校国际合作交流部门向国外合作院校推荐或利用学术朋友圈的网络关系与国外院校取得联系。三是技巧型。通过事先做好"功课"，精准选择国外合作导师或院校进行简历投递，提升邀请函获取概率，缩短等待时间。

尽管对高校教师尤其是地方高校教师而言，获得访学邀请函并非易事。但在案例院校，研究者却发现一个颇为有趣的现象：2013～2017 年赴国外访学教师的数据显示，申请到 QS 世界排名前 200 院校访学的教师达到了 31%。学术交流在某种意义上是一种对等的交流，任职于一所在国际上并不知名的中国

---

① Zhu，J.（2016）．Chinese Overseas Students and Intercultural Learning Environments：Academic Adjustment，Adaptation and Experience［M］．London：Palgrave Macmillan，21.

② Zheng，X.，Berry，J. W.（1991）．Psychological Adaptation of Chinese Sojourners in Canada［J］．International Journal of Psychology，26（4）：451－470.

地方高校的教师，是如何获得世界高端院校的垂青从而获得访学资格，成为研究者希望能够解答的疑虑。在与受访教师的交流中，研究发现，教师的研究旨趣和学术背景、适恰的联系方法、重要他人和强烈的名校访学意愿等因素是获得理想院校访学邀请函的重要影响因素。

（一）研究旨趣相匹配

与国际访学进行学术交流与合作，可以互通有无，共同学习与促进。一项对加拿大院校的研究表明，国外院校接收方导师主要是以谋求自身发展、丰富自己的经历为出发点。[①] 教师接收访学的原因和动机主要是想通过国际访学的交往合作获得益于自身发展的积极因素，提高自身业务、教学和学术水平。经过与来自世界各地的访学者的交流学习与交往，从而使自己的职业成长更加国际化。

随着中国日益走近世界的舞台中央，中国问题研究同样为国外同行所关注。国外同行希望能够通过接收来自中国的访问学者，进一步了解中国的情况，从中批判性地获取有利于自身发展的积极因素，使自己的教学实践更加国际化，提高专业、学术和教学水平。由此可见，国外合作导师与访问学者既有指导与学习的关系，同时又是研究与合作的关系，利益是相互的。不能纯粹地认为访学是国外同行给自己学习机会，而应该是"各取所需"，"能让导师从自己身上获取到他所希望的"是获得理想院校访学邀请函的关键：

> 在网上找到了剑桥大学土地经济系的教师名单列表和简历，发现访学导师和我所做的方向很相似，而且与中国学者有过合作。……我猜他可能对中国问题是感兴趣的，于是就写了一封邮件给他，并把自己的研究设想告诉他。一周左右就回复同意接收我访学。（受访教师 GLX-04）

哈贝马斯主体间性理论指出，"主体之间以语言为媒介，进行交流与互动，在互相理解的基础上协调彼此间的行动"[②]。也就是说，主体间是相通的，

---

① 李迎新，李正栓.基于交往行为理论的国际研修合作双方主体间性研究［J］.外语教学理论与实践，2018（1）：81-89.

② ［德］哈贝马斯.交往行动理论——行动的合理性和社会合理化［M］.洪佩郁，等译.重庆：重庆出版社，1996：187.

利益是相互的，交流与合作是建立在彼此平等、互助、互通有无的基础之上的。就访学教师和国外合作导师而言，访学教师以主体的身份在访学过程中和导师学习如何发现问题、解决问题及科研过程中各种复杂情况的处理，从而提高自身的科研水平和能力。同时，导师也是以主体身份通过与来自他国的学者进行交流与沟通，从访学教师的教学思路、思维方式以及学术等方面获得启示与参考。

因此，作为一种兴趣的匹配，国外同行接收访问学者，同样是希望有一个向访问学者学习或者想要了解中国学术的目的，这就提醒有意出国访学的教师在投递访学简历时不仅要站在自身立场陈述"希望获得什么"，更应站在对方立场考虑和阐述"我能为你带来什么"，唯有如此，才有可能赢得国外院校同行的青睐。

（二）采用适恰的联系方法

除了研究方向一致或能够提供让国外同行感兴趣的研究选题外，访问学者通过合适的路径寻找国外访学导师和推介自己也是非常重要的环节。多位受访教师表示，通过学术研究关键词定位等方式，即在学术期刊数据库，用自己的学术兴趣和学术研究的关键词去检索相关论文后，论文中一般都会有作者的电子邮件，然后有针对性地给作者发电子邮件；或者认真查询相关学校上关于教师的学术简历，选择研究方向契合度高的老师来发送邮件……从而实现在投寄简历过程中"对号入座"。

当然，也有老师谈到自己能拿到理想院校的邀请函更多的是一些"偶然""意外"因素。其中，一位拿到理想院校访学邀请函的受访教师向研究者谈道：

> 能拿到××大学的访学邀请，真的可能是比较幸运。之前也投了很多学校，一些一般的院校也有各种原因拒绝了我。所以××大学接收的原因真的不确定因素比较大。（受访教师 WX－06）

从后续的访谈和其他教师的交流中我们得知，这位"幸运儿"其实也是做了很多功课的，比如简历就花了很多心思，写的很不错，而且对牛津大学的相关教师研究领域进行了深入分析，提供了让对方感兴趣的材料，而这也与之前分析提及的"研究旨趣一致"密切相关。

（三）发挥重要他人的作用

在邀请函获得过程中，多位受访教师谈到通过已有的学术关系，如国内导师、学术同行进行推荐，也是获得国外理想院校访学邀请函的方式之一。正是得益于这些"贵人""关键人物"的推荐和相助，才实现了理想院校访学的目标。此类教师访谈中所谈及的关键人物在教育社会学界被称为"重要他人"。该概念源于1953年美国学者米德的自我发展理论。美国社会学家米尔斯明确指出，"重要他人是我们加以关注的他人，他们的评价会反映在我们的自我评价中；权威的他人的评价能裁决或支持我们的行为和愿望"①。

重要他人在教师获得名校邀请函中扮演着重要的角色。结合访谈资料，了解到案例院校获得世界名校访学邀请函的受访老师大部分拥有国内知名院校的博士学位，因而可以通过借助国内导师的学术网络与世界名校的教授取得联系。此外，访学教师的重要他人还包括在国外获得终身教职的华裔教师，这类华裔教师与国内或多或少存在着学术交往，在语言交流、文化认同、爱国情感等方面有着天然的优势，因而成为教师国外访学邀请人或推荐人的首选。在受访教师看来，华裔教师能够获得国外大学的终身教职在一定程度上说明了其学术水平，而语言、文化等因素更有助于今后双方开展合作。

当然，访学教师本身良好的学术素养和能力也是帮助其获得理想院校邀请函非常重要的前提。不少教师在学术上已有一定的造诣，如主持立项了国家级课题、发表了高水平的研究论文等。因此，虽然他们就职于地方院校，但在重要他人的推荐下，凭借着自身不俗的学术表现，顺利获得理想院校的访学邀请。

（四）强烈的名校访学意愿

排名越靠前、学术声望越高的大学，对学术人员的吸引力越强，声望高的

---

① Hans Gerth, C. Wright Mills (1953). Character and Social Structure：The Psychology of Social Institutions [M]. New York：Harcourt Brace Jovanovich, 95.

大学能够吸引更多高声誉大学教师任教。对访学教师而言，在确定访学目标院校时世界大学排名是一个重要的影响因素。① 世界名校有好的平台和环境，聚集了一批名师大师，引领着学术发展方向，选择到"名校"访学，不仅仅是为了"镀金"，更能通过感受名校大师的风采和氛围，发现差距，提升自己。在世界一流大学访学可以掌握更好的科学研究方法，结交更多同领域的学术精英，触摸到本学科研究的前沿，借助"同伴效应"推进自身的专业发展。而为什么中国访问学者绝大多数选择到西方英语国家进行访学，这一推断从阿特巴赫的"中心—边缘"理论也可以进行解读，因为在高等教育机构中存在金字塔结构，顶层的研究型机构大部分都在西方发达国家，在引领学术发展的同时，也为其他国家的学术机构树立了典范。② 因此，不少受访者都表达出了一种很强烈的"追求世界高端院校"的想法，希冀访学经历能"有所值"，在选择访学目标院校时会注重院校排名或专业排名：

> 院校的选择标准首先是要有这个专业的，然后学校一定要有档次。所谓"有档次""好"的标准，就是在全球排名至少在前50或者是前100的院校，但事实上，我后来发的申请邮件基本上是排名前20的院校。……并不是说定那么好的院校是自己有多了不起，而是觉得出去一次不容易，你必须要觉得值。（受访教师 FX－01）

学术声望有利于提升学术人员的科研生产率，高声望大学有利于营造开放交流和合作研究的氛围，从而有利于学术人员的知识生产。访问学者前往国外学术声望高的机构学习和科研，有利于了解学科前沿、追踪学科发展，从而促进自身融入学术共同体。在英国剑桥大学访学的 R 老师在访谈中表示，既然要出去访学，就要在知名的高水平大学中进行体验。

"名校访学情结"是教师不甘平庸心态的体现，也是学术自信的一种体现，正是因为内心有了对名校的向往，在选择访学院校时不将就，并为之做好准备和努力，才有可能获得理想院校访学的机会。而获得名校邀请函，在某种

① Shimmi，Y.（2014）．Experiences of Japanese Visiting Scholars in the United States：An Exploration of Transition ［D］．Boston College，29.

② Altbach，P. G.（1989）．The New Internationalism：Foreign Students and Scholars ［J］．Studies in Higher Education，14（2）：125－136.

意义上意味着访学教师的学术得到了认可。这种认可是学术共同体内部最有价值的无形资源，它不仅决定了个体在整个学术系统中的等级、权力和地位，也在间接意义上，影响了个体在具体组织机构中对各种有形和无形资源的占有。[①]

三、访学任务和组织支持

（一）访学目标的设定与任务考核

申请出国访学项目，无论是 CSC 项目还是学校公派项目，每位教师都要填写一份出国访学任务书，明确自己访学期间或回国后要完成的工作，只是在清晰和详细程度上存在差异。就访学目标和任务而言，多位受访教师表示，要让自己的国外访学成为一次有价值、有回报的经历，在访学前有一个明确具体的任务目标有助于更有效地利用国外的时光和资源，这既是在外期间一种提醒和鞭策，也是保证访学取得更大收获的有效方法：

> 目标肯定是要有的，出去一趟不带任务的话，没有压力，可能稀里糊涂地度过了这半年或一年的时间。访学期间，应该制定一个周详的学习和工作计划，具体到每一周应完成的学习和科研任务，并努力按计划执行。（受访教师 WX－02）

此外，要提升研究能力，访学教师应该告知合作导师自己的研究背景，以及想要开展的研究内容和目的。总体而言，提前设定明确的目标有助于访学教师在学术表现上取得不断进步。

涉及具体的访学任务的确定看似由教师自主选择，其实从显性的要求来看，并没有太多的选择空间，案例院校规定，教师访学的任务主要包括：听课、研究和高水平论文发表。从访学教师回国后反馈的情况来看，其访学任务的完成主要体现在旁听专业课程、发表学术论文、参与学术交流、回国后进行课程改革或开设双语课程等方面。

针对访学考核任务的设定，多位受访教师都同意应该有任务要求，但具体到每个人时，则可以差异化，并从信任教师的角度来设定任务。特别是回国后的考核，尽管量化标准成为一种不可避免的方式，但可以增强考核的灵活性，确定的任务范围宽一点，不拘泥于已有的套路，让教师能结合自身实际选择性完成其中一项或几项任务。特别是对访学回国后一定要求发表论文很值得商榷。有受访教师谈到：如果没有发论文，但在教学上或推动校际交流、合作办学等方面都做出了很大的成绩，是不是可以替代论文的任务呢？

从澳大利亚访学回国的一位受访者在谈及学校对其访学任务的考核时，正是因为没有完成规定的CSSCI论文，也不能用其他成绩来冲抵，表示"无奈"和"不解"：

> 学校组织的考核两次都没让我通过。……最后实在没有办法，我就去找分管的副校长，放了一首歌（访学期间创作的）、用了一本教材和一个纵向课题的结题证明、两封访学院校感谢信，算是通过了考核。（受访教师WX-07）

派出院校在制定访学任务时，应注重教师参与、对话，帮助教师了解自身发展的优缺点，协助教师适应教育环境的不断变化，为教师职业发展提供最佳动力，并考虑到学科专业的差异性，尽量避免以"一刀切"的标准来规定访学任务。

（二）访学过程中的组织支持

教师赴国外访学离不开来自组织层面的支持和关注。组织支持是指在高等教育场域中教师经由各种社会关系的交往从而获得教师个人专业发展所需的外部环境支持与帮助的过程。[①] 通常而言，组织支持主要来自两个方面，分别是国内派出院校和国外接收院校。尽管访学教师能从国家或派出院校得到经济资助，但非经济方面的支持并不多。而对大多数第一次出国访学的教师而言，在访学前的准备过程中，获批签证的焦急等待和对未来陌生国度生活的恐惧，甚至在某种程度上会诱发教师出国访学行前焦虑综合征。如

---

① 李娜. 高校教师专业发展过程中组织支持的缺失与应对［J］. 现代教育管理，2016（8）：79-83.

果在此过程中缺乏有效的组织支持，将使得国外访学成为一件非常具有挑战性的事务。

访谈中，大部分访学教师提到，在抵达访学国家和院校后，首当其冲的困难就是找到一间合适的住房（费用、地理位置等），尽快在一个新的生活环境中安顿下来。如何找到适宜的住所是头等大事，对第一次出国的老师而言，到一个不熟悉的国家，衣食住行要从头开始，看似租房等日常生活中的琐碎事情，都可能影响到访学成效。此外，各类费用缴纳、银行卡办理等国外生活中将面临的事情，在出国访学前，受访教师表示这些方面都缺乏有效的指导和帮助。而访学教师对访学国家的制度、合作研究应该注意的跨文化差异以及教训等信息了解也不够全面，只能靠自己摸索，还存在因为不熟悉情况可能诱发潜在问题的风险。

就案例院校而言，相关职能部门每年会针对出国访学的教师组织两次行前教育会，并安排若干名已回国的教师在会上进行访学经验交流分享。但受访教师认为，派出院校还可以做得更好，比如，将已出国教师的联系方式进行分享，特别是针对前往相同国家访学的教师，在签证办理、文化差异、租房、日常生活事务处理等方面可以进行专门的交流，甚至可以请教师提供相应的技巧，以方便后续出国访学的教师；学校还可以在简历的指导和海外校友会的资源等方面为教师提供支持，为教师获得访学邀请函和更好地适应国外生活给予支持。

就国外接收院校而言，可以通过为访学教师提供相应的交流平台、选修课程、文化和语言培训等方面的指导和帮助，让访学教师更快地适应国外访学生活。在美国访学的一位受访者认为，国外访学院校通过提供租房信息网站和组织访问学者联谊会等做法对其提供的帮助很有效：

> 访学院校有一个网站是专门为学生和访问学者提供住房信息的，而且附带房间设施图片，我觉得这个服务很不错，在没有抵达美国之前，就把房间租好了。……学校开学初会组织迎新会活动，为访问学者间搭建交流平台，让大家可以更快更有效地凝聚在一起，分享交流信息。（受访教师JJX－04）

此外，国外接收院校对还可以考虑充分发挥留学生联合会等组织的作用，为访学教师间的沟通和交流提供平台，并以文本资料等形式传承有益的经验。相关研究发现，有效的组织支持对留学人员减轻文化适应压力至关重要，这种支持可以源自有着相似经历的人们，通过分享快乐与悲伤、提供鼓励与安慰，彼此间形成互信、互助的关系，这有助于提升个体在文化适应过程中的安全感和自尊。① 国际访问学者在某种程度上承担着中国形象的诠释者和中外文化的交流者的角色，可以为国外接收院校的国际化和所在社区的文化交流发挥作用，并有望建立长期的合作关系②，因此，国内派出院校和国外接收院校都应该充分认识到访学教师所带来的积极影响，为他们的国外访学提供有力的组织支持。

四、文化差异的调适

国外访学的过程，不单单是学习科学知识和先进技术的过程，更是一次与异国文化全方位接触的过程，即文化适应，在抵达一个新的文化环境后，大部分教师还存在着跨文化适应的问题。利兹格德（Sverre Lysgaard）、奥伯格（Kalver Oberg）等提出文化适应的"U"型曲线假说，认为文化适应要经历四个阶段：首先是蜜月期，在这个阶段，个体为新文化所迷恋，对一切新奇事物都感到兴奋；其次为文化冲击期，个体由于必须每日应付新文化情境中的事务而遭遇到幻灭感；再次为恢复期，个体逐渐适应新文化，并学会如何根据环境需要进行恰当言行；最后为适应期，能够在新文化中自如地处理日常事务。"U"型曲线的四个阶段虽然并不适应于每一个人，且每个阶段经历的时间因人而异，但总体而言，对陌生文化的适应至少需要一年。③ 一位在美国访学受访教师总结自己一年国外访学生活时将其分为好奇迷茫、适应调整、提高升华三个阶段，直到第三阶段才逐渐掌握了分寸，有得心应手的感觉。面对异国文

---

① 陈向明. "旅居者"与外国人：留美中国学生跨文化人际交往研究［M］. 长沙：湖南教育出版社，1998：418.

② Miller, Marilyn Dr. & Blachford, Dongyan R. Dr. （2012）. A Model for a Sustainable Partnership：Connecting Chinese Visiting Scholars, the University and the Community［J］. Canadian and International Education / Education Canadienne et Internationale, 41（1），3.

③ Black J. S., Mendenhall M. （1991）. The U-Curve Adjustment Hypothesis Revisited：A Review and Theoretical Framework［J］. Journal of International Business Studies, 22（2）：226–229.

化差异，曾在澳洲访学一位受访教师在其访学总结报告中用如同坠入"黑洞"一样来描述其当时的感受：

> 到了国外如同掉进一个永不见底的黑洞里，抬头看见国内传说的蓝天白云，但身下是由于文化隔阂、个人身份重建、深层次歧视的黑洞，中国人常年以来的集体生活、人情社会对身在其中的人来说是那么地纠缠不清、难以挣断，一旦远离尘嚣，到达国外这种完全不同的文化境遇以及由之而来的非人情社会，大多数国人都感到难以适应。（受访教师WX-05）

正如陈向明教授所分析的，跨文化交流是一种文化与另一种文化之间撞击、冲突和适应的过程。对个人而言，这种文化的撞击既给他们带来了认同危机，同时又孕育着自我身份的超越。① 中国人相对稳定的情绪来源于在人际关系中获得的情感支持。个人在家庭、工作单位以及学校形成的关系组成一张巨大的人际关系网，为个人提供了一种安全保护，在缓和和调整个人情绪上发挥着重要的作用。而在国外，访学教师由于失去了这种人际安全网，处于"局外人"的位置，容易产生"不安全感"。

研究表明，初到海外的留学师生普遍会经历文化冲击，对国外的风俗习惯和社会文化感到陌生和不适；出国后与原有的社交圈疏离，又不能在访学地迅速建立起新的社交网络，所以常会产生孤独寂寞的情绪。② 甚至有受访教师，用"大跌眼镜""心里发慌"等词语来形容文化差异带来的震撼。

除了情感上的离别和生活方式不适应外，访学教师的性格等特征也是影响其内心情感的重要因素，适时的主动表达和乐观的心态对教师适应国外访学生活是非常有益的。一位来自教育学的受访教师分享了他在美国访学期间感受到的文化差异：

> 访学院校并未专门对访问学者旁听课程提供更多信息。一开始，我碍于情面没有去找学院的行政人员询问，后来通过求教其他访问学者才明白

① 陈向明. "旅居者"与外国人：留美中国学生跨文化人际交往研究［M］. 长沙：湖南教育出版社，1998：334.

② 刘姝殷，蒋林浩. 公派赴美联合培养研究生文化适应挑战及提升策略［J］. 黑龙江高教研究，2017（7）：92-96.

流程。现在看来，这不是一个针对国际访问学者的服务问题，而可能更多的是美国文化：除非你主动提出问题或寻求帮助，否则别人不会告诉你，不要期望别人会来找你。所以，我建议大家在出国前应对访学国家的文化和教育有一些适当的了解。（受访教师 JYX－01）

通常而言，不同教师个体在文化适应的过程中会采取不同的策略，通过调整自己的态度和行为来应对跨文化接触中遇到的问题，缓解异文化压力。密尔顿（Gordon Milton）在提出国际交流者的概念时指出，外向型性格更有利于跨文化适应。[①] 采取积极融入策略的个体通常比那些被边缘化的个体文化适应状况更好，有着更好的身体和心理状态。

其实，国外能吸引国人的无外乎环境、教育和社会福利等方面，从绝对值上来观察，这些方面是西方发达国家的强项。然而，人的复杂性在于，这些所谓的绝对值在具体个人面对具体生活的时候，却幻化为非常抽象虚无缥缈的海市蜃楼。良好的自然环境，在一个天天为生机奔波、文化上感到被排异的人眼中，就可能只是一种难以享受的奢侈，有时候反而加深了那种落寞，成为某种失败的嘲笑和暗示，且身处其中日久，环境就变得熟视无睹，为之烦恼的仍然是日常琐事。访谈中，也有教师表示通过积极参与社区活动、加入体育兴趣小组等方式，找到排遣寂寞的途径，并在活动中结识了新的朋友，为自己单调的访学生活增添了新的色彩，在较短时间内适应了国外的访学生活，甚至在回国后一段时间出现逆文化冲击。[②]

概而言之，在新时代高等教育背景下，绩效管理和学术职业国际化是当前高校教师发展的场域特征，教师在选择赴国外访学时面临着多重驱动力，既有来自学校制度层面的激励，也有出于学术职业发展的内在志趣，由此形成了职称晋升型、求知兴趣型、关照家人需求型、社会责任型、学术关系拓展型五种具体的访学动机，相互交织共同形成了教师的访学初衷。除此之外，教师赴国

---

① Milton，G.（1964）. Assimilation in American life［M］. London：Oxford University Press，276.

② 逆向文化冲击是指出国人员离开本土相当一段时间，在经历了异文化的冲击、适应过程后，回到母国时对于曾经熟悉、现在却可能是陌生的母文化环境产生的类似于进入新文化后的不熟悉、误读等现象。转引自：李晶. 逆向文化冲击中的文化适应——对上海市归国留学人员的实证研究［D］. 上海：复旦大学，2008：8.

外访学过程中，还面临着来自语言、访学邀请函、访学任务、文化差异等着阻碍因素，由此决定了教师出国访学是一个相对艰难的抉择过程。此外，地方高校教师能否具有国外访学经历，不仅与教师的性别、学科、社会资本等个体因素相关，还受到其他诸如院校、地区差异等因素的影响，因此，在将国外访学经历作为职称晋升的准入门槛时还应注意公平性问题。

第四章

在场：高校教师国外访学
期间的体验收获

本章从教学、学术和文化三个维度详细分析了高校教师在国外访学期间的收获体验。高校教师国外访学过程中对国外教学的体验主要通过旁听课程获得，学术的体验主要通过与国外合作导师和其他同行的交往获得，文化的体验则通过感知国外访学院校的学术服务支持体系以及在语言习得和文化差异适应中获得。同时，结合受访教师的观察和对比，对国外访学过程中体验到的差异进行了思考分析。

第一节 高校教师国外访学期间的教学体验

旁听课程是大部分教师出国前的访学任务之一，课堂教学成为教师在国外访学期间接触最多的专业活动，并在感受国外课堂教学的过程中深化了对课堂教学的认识。关于什么是好的课堂教学，曾有研究提出大学课堂教学的五重境界：第一重境界叫沉默（silence），课堂上很安静，老师讲学生听或做自己感兴趣的事，互不干扰，一片祥和。第二重境界叫回答（answer），老师提一些非常简单的问题让学生回答。第三重境界叫对话（dialogue），有情感和内容的交流。第四重境界叫批评（critical），有批评质疑的味道在其中，学生不仅和老师有互动，还能针对老师的观点提出自己的看法，可能跟老师还有点小争论。第五重境界是辩论（debate），有争论、争辩，甚至还有争吵，老师讲的学生可以不同意，学生可以讲自己的看法。① 尽管教师们访学所在国别不同、院校不同、旁听的课程不同，对好的课堂教学判断标准不完全一致，但透过其访学心得和与他们的访谈交流，也可以获悉其对国外课堂教学形成的相对共识。

一、学习准备：学生主体性参与

教学是教师和学生两个主体互动的过程。课堂教学质量的提升无疑需要教师投入更多的时间和精力，而学生的学习状态和课前预习等准备是否充分，同样发挥着重要的作用。学术界有观点认为，由于诸多方面的原因，高校尤其是研究型大学的教师在本科教学的投入上严重不足，甚至导致了本科教育质量的整体滑坡。而有研究发现，我国高校教师在教学上投入不够的说法或许并不成立，并认为现有研究中少有关注学生投入与教学质量的因果关系。② 事实上，作为课堂教学的主体之一，学生对课堂学习的投入和参与对于学习结果具有积极的影响作用。

学习是一项持续性活动，需要在课堂内外共同发力。相关研究表明，增加课堂外学习时间投入对提高学习成绩有显著积极影响。③ 在交流过程中，多位受访教师向研究者感叹"国外学生学习很辛苦"，要真正学好一门课程，往往需要课余大量阅读。国外学生花大量时间进行学业准备的情形，让访学教师印象深刻、备受震撼。

> 让我印象极其深刻的是，教学计划中，老师把每次课的内容进行了说明，罗列了大量的自主阅读材料，学生必须在每次课前完成，几十上百页的资料不仅要熟读，还要归纳整理。否则既不能完成作业，也无法参与课程讨论，而这些最后都会计入学生的最终成绩。……课余要花数小时的时间进行广泛的阅读，只有这样才能跟上节奏，因此在国外经常会看到学生

---

① 吴岩．建设中国"金课"［J］．中国大学教学，2018（12）：4－9.

② 阎光才．高水平大学教师本科教学投入及其影响因素分析［J］．中国高教研究，2018（11）：22－27.

③ Brint S.，Cantwell A. M.（2010）．Undergraduate Time Use and Academic Outcomes：Results from the University of California Undergraduate Experience Survey 2006［J］．Teachers College Record，112（9）：2441－2470.

熬夜学习的情景。（受访教师 JJX－04）

学习还是学习者主动进行知识建构过程和主体参与的过程。学习者参与的深度和质量会对其知识习得的水平和知识迁移的水平产生显著的影响。[①] 所以，学生必须付出足够多的时间投入学习中，这也不难理解，国外学生一学期可能最多选修 5~6 门课程，而在国内，高校一学期修十几门课程的学生大有人在，这其中有不少课程被学生视为"水课""刷分课"，因为这些课程没有太多课业负担，也不可能对学生的智慧和思维带来强有力的挑战。

在国内课堂上，学生提不出有深度的问题或者缺乏参与的积极性，经常是授课教师的"独角戏"，从学生的学习时间和精力投入偏少似乎可以给出一个较为合理的解释。因此，即便教师安排时间讨论，但在学生课前没有准备的情形下，讨论课就不会有成效：

学生课前事先根本不做任何准备的，都是带着空白的头脑过来！……课前案例通常都有二三十页，如果学生根本没看，即便安排讨论时间，也讨论不出啥来。（受访教师 GLX－02）

现代教育理论认为，"教学并不是教育的逻辑必要条件，有时没有教学，教育同样发生，比如自学，而学习是教育的逻辑必要条件，任何教育都离不开受教育者的学习"。[②] 高校课堂应注重学生自主与主动地探究知识，强调学习方式从被动接受向主动发现转变，教师只是起一个引导、帮助的作用。课堂教学的功能更多是提纲挈领的总结、提出问题、讨论、答疑与评价，课程教学的更多功夫是在课堂之外，是学生的自主探索与学习。访学教师的关于国内学生课余学习时间投入少于国外学生的这一主观感受与相关已有的研究[③]得到了例证（如图 4－1 所示）。

谈及国内外学生学习参与自主性差别的原因时，多位受访教师表示，鼓励引导学生进行主动学习是方向，但国外的这种教学方式要求学生在学习上加大

① 罗燕，等. 清华大学本科教育学情调查报告 2009——与美国顶尖研究型大学的比较［J］. 清华大学教育研究，2009（5）：1－13.

② 李奉儒. 教育哲学：分析的取向［M］. 台北：扬智文化事业有限公司，2004：209.

③ 吕林海，张红霞. 中国研究型大学本科生学习参与的特征分析［J］. 教育研究，2015（9）：51－63.

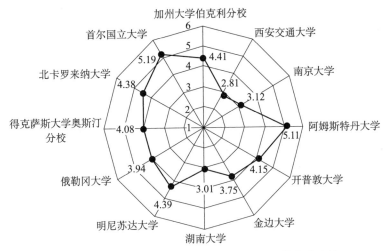

图 4-1 本科生在"课外学习时间投入"上的全球比较

投入，可能在国内并不一定能得到学生的认同，缺乏实现的"土壤"和"环境"。尽管国内不少高校也开始实施学分制、选课制等制度，但是整个大学教与学运行体制的根子和骨架还是传统的一套，固定的班级意味着大家基本同时毕业，极低的挂科率意味着大家学习轻松。师生惯常做法是，教师考前给学生划定考试范围，标准答案教学而非批判思维训练，被动灌输而非让学生主动自学，以及松弛的学术规范要求。①

人是类（特有文化种群）、个体（自身）、社会（当下处境）三者交互循环构成的复杂模式②，且人的心理基因自出生开始就被浸润其中的文化种群特征深深地形塑。文化的不同使学生的课堂行为也有所不同。对于学习，东方文化强调的是听话和接受，西方文化强调的是批判和质疑。"东方文化的学习强调个性和美德的培养，强调对自我的改变，强调课堂的倾听和接受，培养的是'不情愿的发声者'；西方文化的学习强调心智和思维的磨砺，强调好奇心引发的探究，强调批判与质疑，培养的是'唱反调的人'"③。相关研究表明，中

---

① Zhang，C.（2014）．Plagiarism in Their Own Words：What Chinese and American Students Say about Academic Dishonesty［J］．Chinese Journal of Applied Linguistics，37（3）：373-391.

② ［法］艾德加·莫兰．社会学思考［M］．上海：上海人民出版社，2001：2.

③ Jin L.（2012）．Cultural Foundation of Learning：East and West［M］．New York：Cambridge University Press，7.

国学生在课堂上不像西方学生那样爱提问，原因在于，中国文化将教师看作学生的导师、标尺和楷模，师生之间不是双向的讨论与辩论的关系，而是单向的传授与接受的关系。①

鉴于中西思维和文化的持久延续的深层差异，要推动修复学生在学习参与的"土壤"，引导学生由被动接受学习向主动探究学习发展，不仅需要教师的努力，更需要学校乃至高等教育整体环境的改善。近年来，教育部提出要对大学生学业合理"增负"，通过增加学业挑战度，激发学生的学习动力，改变以往学生轻轻松松就能毕业的情形，真正把内涵建设、质量提升体现在每一个学生的学习成果上②，并先后出台了《关于加快建设高水平本科教育全面提高人才培养能力的意见》《关于进一步规范和加强研究生培养管理的通知》等文件。不少高校开始取消"清考"等制度，清退超期或不合格研究生，探索对学生进行"增负"，系列举措的落地，对在校学生产生了极大的触动，强化学生学习主动的环境明显改善。

二、学习偏好：追求实用与享受过程

"什么知识最有价值?"是19世纪英国教育改革家斯宾塞提出的问题。随着科学技术的迅猛发展，知识生产和更新速度不断加快，人工智能、大数据的兴起，更是对未来工作方式乃至职业种类的重要变迁。在当下的时代背景，"什么知识最有价值"这个命题仍然值得我们认真研究。③ 事实上，当前大学生中有些人已深深地陷入实用主义价值观。而历史告诉我们，人类文化宝库里的大多数东西，没有实际用处，但没有实际用处的东西要比有直接实际用处的东西的知识含量大得多，无用之学到最后才有大用处。④ 有些知识看起来没有直接用途，但其演绎出来的副产品可能对人类文明带来变革性影响。罗素甚至

① David W, & Biggs J. (1996). The Chinese learner: Cultural, Psychological and Contextual Influences [M]. Hongkong: University of Hongkong, 45 - 67.

② 陈宝生. 坚持以本为本推进四个回归，建设中国特色、世界水平的一流本科教育 [EB/OL]. http: //fyayc7b6b508be544d84be0f6eb45de36e1ehfnu05bff9bf56n6f. fbhx. lerms. jxufe. edu. cn/jyb _ xwfb/gzdt _ gzdt/moe_ 1485/201806/t20180621_ 340586. htm.

③ 田学军. 深入学习贯彻党的十九大精神 努力答好新时代中国教育的"时代之问"[J]. 教育研究，2018（1）：4 - 10.

④ 郑也夫. 与本科生谈：论文与政治学 [M]. 济南：山东人民出版社，2008：23.

主张"一切伟大的进步起初都是纯理论的，只是后来才发现能够实际应用""即使有些辉煌的理论永无实用的可能，它们本身就是有价值的；因为认识世界是最大的用处之一"①。

在探究为什么西方国家的学生在一些非常关键、更加深层的参与行为（课堂讨论与创新、师生互动与交流、批判性思维与推理等）会强于国内学生时，一位在英国访学的受访教师向研究者讲述了自己的思考和判断：

> 中国学生追求实用性，权衡注重"所学的东西有什么用"，这是很多中国学生在选择上一门课时考虑的重要问题。甚至有些学生来选择这门课程主要是因为时间匹配，冲着学分来的。（受访教师 GLX－02）

当然，这一现象也并非只是中国学生如此。美国哈佛大学前校长博克曾分析道：以往的经验表明，（美国）学生选择课程并非仅仅为了发展自己的心智技能或满足学术兴趣，他们往往有其他目的。有些学生会选择简单的课程，以便有更多的时间从事其他活动；有些学生盲目跟风，只为与朋友一起上课；有些学生则带有一定的功利性，希望为以后找工作或进入研究生院学习做准备。而在今天的大学里，在选课时越来越多的学生是出于职业的考虑，希望为以后的职业生涯做准备。②可见，在学习目的上，国内外学生进行选择时都有着同样的实用主义倾向，只是相比之下或许国内学生显得更为功利。在美国访学的理学教师谈到学生对基础课认识有偏差，在学习态度上较为浮躁，偏好"短平快"的课程：

> 基础课学生不爱听，因为觉得今后用不到。上课之前，学生就问，这课的用处在哪？老师告诉他，这是专业基础课，如何重要……，但学生觉得不是手里摸得到的，所以学的热情不高。再加上就业形势严峻，学生学习目标并不明确，没有认识到知识的贮备和能力锻炼对其发展重要性，偏好选择"短平快"的课程。（受访教师 LX－01）

---

① ［法］罗素，B. 自由与学院［M］. 郭义贵，译. 上海：生活·读书·新知三联书店，1988：131.

② ［美］德雷克·博克. 回归大学之道（第二版）［M］. 上海：华东师范大学出版社，2012：175.

在访谈中，部分受访教师向研究者谈到现在学生中信奉"读书无用论"的大有人在，学生追求的是"直接有效果"的学习，功利、浮躁的心态体现在学生热衷于考各类"从业资格证书"（就业时可以为雇主所青睐），而不愿在基础课程学习上投入时间和精力。

在部分受访教师看来，国外学生"很爱学，不是为了应付考试"，更多的是享受学习过程，按部就班，全靠自己摸索。国内学生在国外的课堂学习"目的性很强"，追求的是高分，知道如何"投机取巧"，如到网上搜寻"攻略"、找高年级学长求"借鉴"，所以从得分上来看，中国学生往往比外国学生普遍要高。

不同的学习目的，直接体现在学生的课堂行为表现上。在大多数访学教师看来，国外学生课堂投入专注，少有玩手机的现象，与自己在国内所教的学生表现有着较大的差异。一些访学教师用"认真""爱学""感兴趣"等正面反馈词语，表达他们对国外学生学习主动性的肯定评价。如何解读这种差异现象，有受访教师认为，国内"保姆式"教育对学生的独立性和自主性培养欠缺是一个重要原因：

> 中国学生在主动性、自主性方面确实有差距，总等着或希望导师来安排任务。而在国外，老师觉得这是学生自己的事情。……中国大学更像是一种保姆式教育，每个学院有专门的辅导员、班主任，天天围着学生转，关注类似早点起床、注意卫生、上课不要迟到之类的问题，督促学生加油，现在不努力将来找不到工作……，这种全方位的呵护、保姆式的陪伴教育，很难激发出学生的主动性。（受访教师 FX - 01）

秦春华教授在美国访学期间曾就美国顶尖大学学生的学习情况进行了深入调查，在他看来，美国顶尖大学的学生学习不偷懒的原因与学校的选课制度（小班讨论课和讨论课学分比例限制）、读书费用高、美国就业市场的多样性以及社会诚信等紧密联系在一起。[①]"为了兴趣而读书"使学习过程本身充满快乐，也是效率最高的学习路径。漠视学生兴趣的教育模式通常只能严格依赖功利奖赏以及无处不在的有效监督和相应的五花八门的惩戒，迫使学生"努

---

① 秦春华. 不偷懒的美国大学生给我们的启发［N］. 光明日报，2014 - 6 - 24（013）.

力学习"，产生规制性学习参与行为。

美国卡耐基教学促进会主席舒尔曼（Shulman）提出"认真对待学"，并认为关注的行动主体不仅是教学过程的教师，而且更关注学的主体——学生的反映，包括：如何增加学生在学习过程中的投入，如何启发学生的自主性学习、增进对内容的理解深度，如何通过改进学业评定的方法和工具来改善学生的学习成绩，如何提升学生学习满意度等。[①] 因此，如何充分考虑文化在塑造学习者特征的基础上，引导学生形成正确的学习习惯，提升学生学习的主动性，加大学习投入，可以成为提升课堂教学质量的探索路径。

三、教学方式：相对自由活跃的课堂

课堂教学不仅是一个认识活动系统，还是一个社会活动系统，课堂教学过程也是一个涉及教师与学生的动态的人际交往过程。[②] 如何调动学生的积极性、让学生主动参与课堂，是提升教学质量的重要环节。正如布兰斯福特所指出的，人类的学习是一个主动积极的知识建构过程和主体参与过程……理想的学习者是一个主动的参与者和探究者，参与的深度和质量对其知识习得的水平和知识迁移的水平会产生显著的影响。[③] 而受中西方文化差异等因素的影响，总体来说，中国的大学生在课堂上显得内敛保守，欧美大学的学生显得活跃主动。宽松活跃的氛围、师生互动频繁是受访教师们对国外课堂的一个共识。在访学教师看来，与中国课堂的教学活动不同，西方国家学生会积极主动地提问，大胆自信地与老师交流，甚至打断教师的授课，提出各种问题。学生这种主动学习知识的积极性和勇于提出自己质疑的精神与中国课堂教学模式有显著的差别，令人印象尤为深刻。

（一）注重师生对话与交流

大学课堂中的对话需要课堂主体依靠语言符号系统进行交往，并强调主体

---

① Walker, J. D., Baepler, P., & Cohen, B. （2008）. The Scholarship of Teaching and Learning Paradox: Result Without Reward [J]. College Teaching, 56 (3): 183 – 189.

② 张春莉，马慧珍，吴加奇. 师生人际关系对教师教学反馈及学生行为的影响研究 [J]. 教育学报，2015 (2): 28 – 34.

③ [美] 约翰·D. 布兰斯福特，等. 人是如何学习的——大脑、心理、经验及学校 [M]. 上海：华东师范大学出版社，2002：2 – 3.

之间平等地交流、碰撞。巴西著名教育家保罗·弗莱雷（Paulo Freire）认为，真正教育的前提是交流，交流的前提是对话。① 在受访教师看来，因为注重师生平等关系的构建，国外学生的课堂参与程度比国内要高：

> 学生在课堂上对相关问题有疑问或不同意见时，一般当场就可举手发表自己的看法；老师也会安排专门的讨论，小组活动、总结发言、汇报等多种形式的方式，鼓励学生在课堂中随时提问。（受访教师 WX－07）

教师的任务终究是促进学生学习。教师可以通过提出问题、布置作业等方式促进学生学习，要努力将灌输的课堂转变为交流的课堂，增加学生之间、师生之间交流的时间。当然，如果课堂互动形式仅仅是让学生提问，或者毫无组织地让学生随意讨论，并不能获得预期的教学效果，而必须让参与的学生意识到：通过大家相互依靠才能收获更多；团队合作必须是面对面的；每个小组成员都必须承担一定的责任，避免"坐享其成"或搭便车者；定期讨论每位同学对小组的最终成果做出了哪些贡献，怎样做才能更有成效。②

总体而言，学生是课堂教学的主体之一，学生在课堂上的表现和态度对教师的课堂表现会产生重要的影响，并直接影响到课堂教学效果。因而，有受访教师表示，国内外课堂教学氛围的差异，主要还是在学生，学生的学习热情，包括学生对老师的提问是否有积极的回应，学生的状态会影响到老师的状态。当然，也有受访教师谈到，从小教育体制和培养方式的不同，是课堂差异产生的重要原因：

> 以美国为例，学生从幼儿园开始接受的就是一种"互动"的教学模式，学生不将教师当成"传道、授业、解惑"的权威。在中小学就开设讲演课，作业最常用方式便是让学生做"项目"，然后根据自己的理解加以组织与综合，最后给全班做讲演，将所学东西融会贯通。（受访教师 JJX－05）

---

① ［巴西］保罗·弗莱雷. 被压迫者教育学［M］. 顾建新，赵友华，何曙荣，译. 上海：华东师范大学出版社，2001：41.

② David W. Johnson, Roger T. Johnson, Karl A. Smith (1991). Cooperative Learning: Increasing Collgeg Faculty Instructional Productivity［J］. ASHE-ERIC Higher Education Report, (4)：6－8.

长期在"互动"的教学氛围下培养出来的学生相对而言对课堂的参与度会更高，师生间互动频繁，课堂气氛活跃，老师期待学生积极参与课堂讨论和活动，把课堂讨论作为成绩评定的重要组成部分。① 反观国内的课堂教学，仍多是以"听者"为中心和主导的沟通方式，大部分时间是教师在讲解、提问或反馈，师生之间的互动一般采用老师提问—学生回答—老师反馈的方式。具体表现为学生参与课堂讨论不多，较少表达自己的观点或提问题或与老师互动。而要营造自由活跃的课堂氛围，一方面，需要在物理空间如教室布置、座位排列上的灵活变通，消除师生之间的主次、尊卑之隔；另一方面，要求教师尊重学生的独特性、信任学生、创造条件让学生积极参与课堂活动，要激发学生学习兴趣、增强学习热情与动机，要对学生的想法和感情加以肯定和支持、使其对成功有信心、获得创造性发展。② 因此，需要教师为学生创造一个主动学习的环境，不仅要向学生提问，鼓励学生的质疑精神，更要激发学生用所学知识去探究解决各种问题。

（二）注重实践性和挑战性

大学课堂教学具有对象性、时代性、专业性等特点，在课程教学中，应尽可能提供各种机会，让学生置身于真实场景中，直面在真实生活世界中可能要面对的问题，并寻找问题解决的方法。要鼓励教师和学生走出课堂，走出校园，到社会中去学，到自然中去学习，到社会的各种组织机构中去学习，到生产生活的过程中去学习，真正做到理论联系实际。在英国访学的一位文学老师向研究者分享了她旁听的一门跨文化交际实践课程的教学情况：

> 课程实践环节要求每个学生必须到某个社区、机构或组织找到一份实习工作，体验在实际的跨文化环境下对理论的应用。学生要在课堂上陈述工作过程中发生了什么事让自己的印象比较深刻，当时是怎么处理的并反思处理方法如何，后续遇到类似情形有什么更好的方法。这种安排让学生是真正在实践中去学习如何在跨文化交际环境中处理各种事务以及如何与

---

① Lee, J. Y, Ciftci, A. (2014). Asian International Students' Socio-cultural Adaptation: Influence of Multicultural Personality, Assertiveness, Academic Self-efficacy, and Social Support [J]. International Journal of Intercultural Relations, (38): 97 – 105.

② 李太平，王超. 个性课堂及其建构 [J]. 高等教育研究，2015（12）：63 – 70.

人交流。(受访教师 WX－02)

类似课程还具有一定的挑战性，课堂教学对师生而言都不轻松。通过利用内容的有用性、学习的真实性、任务的挑战性、环境的社会性、过程的互动性，激发出学生学习的积极性和主动性。而让学生在课堂学习过程中能够有机会了解社会，将专业知识与实践相结合，除了设置相应的内容让学生去体验外，还可以邀请多位教师包括行业专业人士与高校教师组成互补型团队进行授课，由此将课程分成很多模块，每个人讲自己擅长的模块，而对学生而言，就不会面对一个老师，信息量就比较大。

正如有学者所指出，大学的正式课程并非教学的全部，在教师指导下开展研究和实践活动越来越成为大学本科教育不可或缺的环节。① 美国哈佛大学的调查也表明，对学生而言，最难忘的学术活动并不是在课堂内。课堂外的学习活动特别是宿舍以及课外活动（如艺术活动）中发生的学习行为，对学生来讲至关重要，统计数字表明，所有对学生产生深远影响的重要的具体事件，有4/5 发生在课堂外。②

在受访教师看来，将严肃的学术课程与学生个人的生活价值观以及生活经历有机结合起来，学习已经远远超出它本身的意义。通过诱导学生将抽象思想与个人实际生活和实践联系起来，使这些思想伴着强烈的情感进入学生的意识，加深了他们的理解，还保持了学术水平，无疑，这种教学方式是令人欣赏和值得借鉴的。

四、学业评价：严格且多元的评价

（一）学业评价的要求和方式

在受访教师看来，考核严格、方式多样，注重过程评价以及强调公正性是国外院校对学生学业评价的重要特征。首先，严格的课程考核要求，教师会规定每次交作业的时间，抄袭和迟交都是不允许的。学生必须认真对待每次作

---

① 阎光才. 大学教学成为学问的可能及其现实局限［J］. 北大教育评论，2017（4）：155－165.

② ［美］理查德·莱特. 穿过金色光阴的哈佛人［M］. 范玮，译. 北京：中国轻工业出版社，2002：8.

业，因为这些都要计入最后的课程成绩，只有全力以赴来获得学分，考前临时抱佛脚是不可能通过的。

而要实现这种严格的考核，与高标准的学业评价规则是密不可分的。必须通过制定详细的评价规则，将过程性评价在学业评价中找到科学合理的依据，以指引性设计促进学习的评价等。

此外，学生学业评价方式多元化，评价方式有小作业、大作业、阶段性考试等。通过进行定期的评价，让学生及时获得学业反馈，对下一步自己要努力的方向、进一步提高需要做什么能有比较清晰的把握，让学生知道自己错在哪里、哪些地方需要改进。受访教师表示，国外的学业评价更关注学生的学习态度和学习表现，并进行多维度考核。

其次，注重过程考核和形成性评价，通过过程性的成绩评定使学生在学习的过程中逐渐掌握知识，对学生的学习判断不是通过"毕其功于一役"的期末考试成绩来判定，而是注重对整个学习过程的评价。例如，有受访教师谈到，国外学生一门课程的总成绩一般包括十余次的平时测试、期中测试、期末测试、项目与论文、成果展示、讨论参与情况等，并认为过程性考核对学生的学习自主性发挥着决定性作用：

> 以"Business English"为例，学生在一学期内必须严格按照要求完成5篇小作业，隔周进行一次汇报，并参加若干次考试。小作业、报告、考试的结果全部严格评价并记录在案。学生在任何一次考核中不合格就不能通过课程考核。严格的过程评价让学生积极利用课余时间自学，充分发挥其主动学习的能力以达到学习目标。(受访教师 WX-06)

此外，还有受访教师谈到，实践教学项目在学业评价中所占比重较大，因为这类项目通常是团队合作的成果。重视团队合作成果的考核，有利于培养学生的团队意识和合作能力。

而国内的学业评价偏重于终结性评价，在案例院校，课程考核一般是在学期或学年结束时进行，期末考试成绩往往占到课程总成绩的60%以上。因此，很多学生习惯于临时抱佛脚，通过死记硬背来应付考试。

学生的学业成绩应该是由学生投入的时间与精力、学校促进学生投入程度两个方面共同决定的。要提高人才培养质量，就必须要下大力气促进学生增加学习投入，而学业评价则是一个有效的抓手。因此，教师需要用心地设计学业评价标准，以更好地实现课程目标。比如，考虑在教学实践中及时公布课程成绩构成及各自分值，让学生能够清晰地知晓和查看平时成绩、期末成绩、实验成绩的占比和分值；强化对学生平时作业和测试的及时反馈等。如果计算总成绩时只考虑期末考试的分数，这样的学业评价方式削弱了教育意义，更多的是将学生排出座次，为用人单位和研究生院选拔学生提供便利。

（二）学业评价的公正客观

在学业评价中，一旦遇到不公正的评价，学生可能会沮丧、不满、愤怒甚至反抗，并最终影响学习兴趣和学习投入。研究表明，当启动不公正信念时，个体计划学习投入时间显著减少，同时伴随娱乐等其他时间增加。[1] 因此，建立一个公正的学业评价体系，对提升高校教学质量意义重大。访学教师认为，学业评价也是一种激励的方法，教师如果评价不公正、不客观的话，可能会形成负激励，让学生觉得做好做坏都是一回事，从而降低学习的热情，而国外院校在进行学业评价时注重公正性的做法，值得借鉴：

> 访学院校有专门的作业系统，类似国内的论文查重系统，作业传上去马上显示复制比例多少，超过了一定比例就无法提交。另外，过程性评价也比较客观，要求有比较详细的记录和指标为依据。（受访教师 WX – 05）

国外的教学管理模式是建立在"教师是课程教学的真正专家以及教师能自觉履行职责"的假设基础上的。学校不干涉院系的教学活动内容和活动方式，院系对老师采用的教学方法、考试方式和考试时间也不会进行标准化管理。当然，国内院校也为教师探索新的教学方式方法包括教学评价提供了空间，比如，有些课程可以由所在学院自行组织考试。通过比较国内外高校的学业评价后，部分受访教师认为，国内的学业评价缺乏对学生过程性评价的依据，考核执行也不够严厉，得出了"国内学生评价压力指数不强"的判断：

> 教师在给学生打分时存在多种顾虑，怕影响学生毕业就业，还有人情

① 张梅，黄四林，等. 公正世界信念对大学生学习成绩的影响：时间管理的解释 [J]. 心理发展与教育，2018（3）：330 – 337.

因素上的考量，而补考、缓考、清考等形式往往是"放水"居多，流于表面。考核评价要求低，缺乏挑战性，没有"压力指数"，学生考入大学后就像进入了"保险箱"，可以相对轻松地拿到学分和毕业。（受访教师GLX－02）

目前，高校对学生的学业评价主要是通过以考试为主的方式来给予学生应得的分数或等级的活动。一直以来，大学生学习研究不断地证明着学业评价对于学生学习的影响①，学业评价过于依赖与关注考试对学生的负面影响包括肤浅性学习、突击学习、舞弊、对课程的误解、失去通过学业评价调整自己学习的机会②。但在某种意义上，准确评价学生学业是一种误解和想象。刘易斯（Harry R. Lewis）认为，分数绝不可能成为准确比较不同学科成绩的标尺，即使在一门课程内，分数也是不准确的。③ 因此，在对学生进行学业评价时，应明确评价的首要目标是为了促进学生的学习而不是为了测量，即形成分数或等级。制定良好的学生学习评价活动的第一条原则是：评价学生的学习必须从教育的价值开始，公正评价学生学业应该被理解为实施为了学习的评价，使学生获得最适当的教育。④ 在学业评价中，如果发生不公正客观的评价，会诱发学生的不满甚至反抗情绪，并最终影响其学习兴趣和学习投入。

五、学业辅导制度与教学技术运用

（一）开放交流时间制度

师生互动在任何大学都是学生学习经历中必不可少的部分。课堂是师生交往的主要结构形式，但交流易受时间、学生数量、学生心理或者参与积极性等因素的限制，因此，除了课堂时间外，北美地区大部分高校都要求教师提供包

---

① Nightingale, P., Te Wiata, I., Toohey, S., Ryan, G., Hughes, C., Magin, D. (1996). Assessing Learning in Universities [M]. Sydney: University of New South Wales Press, 117.

② David Carless, Gordon Joughin, Ngar-Fun Liu (2006). How Assessment Supports Learning: Learning Oriented Assessment in Action [M]. Hong Kong University Press, 2.

③ ［美］哈瑞·刘易斯. 失去灵魂的卓越 [M]. 侯定凯，等译. 上海：华东师范大学出版社，2012：117.

④ 刘声涛. 为了测量还是为了学习：高校公正评价学生学业内涵探析 [J]. 大学教育科学 2015，(1)：59－63.

括开放交流时间在内的多种课外交往模式。①

开放交流时间是指教授在课堂教学之余安排固定的时间和学生交流，讨论在课程教学内容或者其他与学生兴趣有关的学习内容。这些与课业相关的讨论包括诸如请求学业辅导、探寻呈现在课堂上的资料阐释，以及跟进在课堂上发现的感兴趣的内容，进而采取后续措施。学生也可以讨论专业与学习计划、毕业要求，还有校外实践、考研以及校园事件等其他更多内容。② 从目前检索到的信息看，国内高校推行这一制度的并不多，主要有中山大学、苏州大学、南昌大学、深圳大学、上海财经大学、哈尔滨工业大学等，清华大学于 2017 年开始推广这一制度，目的是建立有温度的校园文化、强化师生互动、促进跨学科交流。随着交流活动的展开，开放交流的内容也在不断丰富：一对一答疑、微沙龙、座谈讨论等交流形式纷纷出炉；办公室、教室、校内咖啡厅，都能看到师生交流的身影；课程答疑、专业指导、考硕考博、转专业、出国计划、时事热点、个人成长、人生选择、个人感情……学生们不仅能听学术建议，还能听师长们讲故事、聊生活。③ 这一制度在访学教师看来，值得提倡。一位在美国访学的受访教师向研究者分享了他所感受的开放交流时间：

> 访学院校的教师安排专门的开放交流时间为学生进行答疑，学生则充分利用教师给予的这种便利，积极地向教师询问自己遇到的问题，经常看到的情形是，当本人与任课教授进行 15 分钟左右的讨论，办公室门口已经有 3 ~ 4 位前来咨询问题的学生在等候。（受访教师 JJX - 04）

通过开放交流时间，教师可以更明白学生的困惑，在课堂上可以有针对性地为同学答疑解惑并及时修改教案。在大学教育中，师生间的人际交往、思想碰撞和相互合作，是促进学生发展和专业成熟的最重要的条件。开放交流时间对创造良好的师生关系来说是至关重要的，对师生成长都很有帮助：

---

① Nadler, M. K., Nadler, L. B. (2000). Out-of-Class Communication between Faculty and Students: A Faculty Perspective [J]. Communication Studies, (2): 176 - 188.

② Learning Strategies Center of Cornell University. What are Office Hours. [EB/OL]. http://fyay3e969e719232495b9588a33ebfd7055ehx0w6ouxoc5kx69bu. fbhx. lerms. html.

③ 清华大学推出"开放交流时间"制度 [EB/OL]. http://edu. people. com. cn/n1/2017/0413/c1053 -29208852. html.

对老师而言，通过与年轻的思想交流总能碰撞出更多智慧的火花，启发更多的想法，达到教学相长。我在和一些来英国留学的中国学生交流时，他们表示来英国留学后也适应了这种辅导方式，觉得对自己的帮助还是很大的。(受访教师 GLX － 04)

当然，开放交流时间要真正发挥效用，关键还是学生要有"问"而来。正如有的受访教师分析的，对爱学习、爱思考的学生而言，这绝对是一个好制度，但如果学生没有对自己遇到的问题进行深入的思考，甚至缺乏参加的意愿，其效果将大打折扣。

当前，国内高校师生课后交流情形正如陈平原先生曾经描述的：现在的大学校园里，梅贻琦所说的那种"大鱼领着小鱼不断地游，游着游着小鱼就变成大鱼了"的情形难觅踪影，只有小鱼们自己在游，没有年长的带，全是同龄人，这样的"大学生态"很不理想。[1] 教育心理学研究也表明，师生交往的时间频率、场合以及交往过程中的情感投入都会对师生关系产生直接的影响。[2] 因此，通过开放交流时间，可以解决学术中的疑惑，让学生有机会跟老师沟通学术研究项目进展，相互增进了解，保持良好关系。从国外的实践来看，教师更偏爱带着问题来、提前深刻思考过的学生。与此同时，有受访教师认为，国内学生缺乏预约意识，自己经常要接待"突来"的学生访客，开放交流时间的实施，也有助于学生养成良好的预约意识，让师生提前规划好自己的时间，免于被打扰和尴尬。

此外，在实践中，开放交流时间由于受文化背景、观念认识、配套机制和监督保障等因素的影响，该项制度在运行过程中也存在一些待解决的问题。[3] 在美国访学的一位受访教师认为，一项制度从形式上借鉴不难，但实施过程中应考虑中外差异，要做到"教师有动力，学生有需求，学校有配备条件"，并指出该制度在地方高校推广应用尚需时日：

就教师而言，美国老师会把提供开放交流时间理解为自己分内理所应

① 陈平原. 大学有精神 [M]. 北京：北京大学出版社，2009：101.
② 冯维. 现代教育心理学 [M]. 重庆：西南师范大学出版社，2005：256.
③ 胡天佑. 江西高校制度的应用探究 [D]. 南昌：南昌大学，2011：43.

当的责任，事关学校和教师个人的责任和名誉。同时，由于老师科研等压力且受限于一些硬件条件（不是每个教师都有自己独立的办公室），老师未必有时间、有动力来做这件事。

从学生而言，美国学生学习积极，探索问题的热情高；而中国学生历来含蓄、内敛，普遍不愿提问题，不愿发言，这也可能导致即便老师愿意提供开放交流时间，但是参与的学生很少。（受访教师 JJX－06）

总体而言，通过设定教师开放交流时间制度，让学生能在需要的时候找到合适的老师，增强师生间的有效互动，可以在一定程度上对学生的学习起到督促的作用，提高学习效率。尽管国内大部分高校没有固定的开放交流时间或者进行制度化推广，但通过更多便捷的信息途径如微信、QQ 等方式方便师生间的沟通，且地点不局限在固定场所。因此，作为一项鼓励师生交往的制度，交往本身不是目的，更重要的是促进师生双方的专业发展与成长。

（二）反思教学技术的运用

近年来，随着慕课的兴起，翻转课堂、虚拟仿真教学、混合教学等概念层出不穷，高校教学模式的变革似乎到了不改就难以为继的地步。而在课堂呈现形式上，越来越有技术化的倾向，PPT 是大学课堂最基本的元素，课堂一度成为教师们展示授课技巧和信息技能的舞台。[①]

国外课堂教学对教学技术的运用如何？学生对教学技术的适应情况如何？带着类似的疑问，访学教师走进了国外的课堂。但在不少受访教师看来，国外的课堂教学其实并"没有像我们想象的那样""教学方式比较简单，案例教学、研讨课等方法在国内课堂上也经常用到"。国外授课过程中对信息技术的运用与国内差异并不大，尤其是逻辑推理较强的内容，还是以传统的板书为主。甚至在一些世界名校如牛津、剑桥大学的英文专业的课堂依然是以"教师课堂讲授为主"，借助非常朴素的 PPT，并没有过多的技术含量，信息技术的运用没有特别的地方。

对比目前国内高校大力提倡教育信息技术，在英国访学的 GLX－02 老师

---

① 林小英，金鑫. 促进大学教师的"卓越教学"：从行为主义走向反思性认可［J］. 北京大学教育评论，2014（2）：60.

认为，现在国内高校的课堂要求通过教学方式的"新颖"和"花样"来"吸引学生"，在她看来，国外的课堂教学并没有这么复杂。有学者曾尖锐地提出，要警惕中小学教育中的"伪创新"与"真折腾"①，当下国内高校课堂改革创新教学方式的"口号"似乎一直不断，各类教改课改新模式新技术层出不穷，与中小学课堂相比有过之而无不及。诚如哈佛大学前校长博克所指出的，改变教学方法要比改变教学内容付出更多的努力，因为改变教学方法意味着教师们必须改变长期以来的教学习惯，掌握一些并不熟悉的新教学技巧。②因此，对教师而言，回避对教学方法的讨论和改变，或许是一种自我保护的本能。

当然，教师充分运用良好的信息化平台辅助开展教学的情形在国外也是非常多见的，如通过网络平台提前将授课的课件发送给学生，与学生进行线上交流答疑等。如在澳大利亚访学一位受访教师认为访学院校的网络教学平台对教学很有效：

> 任课老师把教学资料、课程讨论、课程作业等在网络教学平台上以文字、视频或链接的形式展现。该平台是课后教师和学生互动的平台，成为配合课堂教学的很好的网上辅助设施，是课堂教育与网络教育的结合点。
（受访教师 WX-05）

总体而言，教师在国外访学期间，深刻地感受到了国内外课堂教学的差异。在学习准备上，国内外学生的差异明显，访学教师认为，国外学生课堂主体性参与强，课余投入的学习时间更多。在学习偏好上，国外学生注重享受学习的过程，而国内学生的学习功利性明显，追求所学的"实用性"。在教学方式上，访学教师普遍认为，国外课堂氛围更活跃，课程教学注重与实践相结合，从而让学生更加受益。就学生学业评价而言，考核严格、方式多样、注重过程评价以及强调公正性是国外院校对学生学业评价的重要特征。同时，在学业辅导和教学信息技术运用等方面，国外实行的开放交流时间制度通过设定教

---

① 褚宏启. 警惕教育中的"伪创新"与"真折腾"[J]. 中小学管理，2017（4）：58.

② ［美］德雷克·博克. 回归大学之道——对美国大学本科教育的反思和展望（第二版）[M]. 上海：华东师范大学出版社，2012：32.

师开放交流时间，增强师生间的有效互动，可以在一定程度上对学生的学习起到督促的作用，提高学习效率。而在教学信息技术运用方面，一方面，国外院校先进的教学平台系统值得借鉴，另一方面，也要防范为技术而技术，避免在技术层面过多的口号，特别是通过行政权力自上而下地推广教学技术，在实质上形成对教师的折腾。

第二节　高校教师国外访学期间的学术体验

一、闲暇与单纯的学术环境

（一）孤独是访学教师国外期间的物理常态

人是环境的产物，在特定的社会和组织环境中，个体既可能为环境如文化、制度所塑造，从而对环境形成一种依赖与归属感，同时，因为个体所具有的能力、偏好、价值取向以及其他自主性需求与环境要求之间存在非一致性，个体与环境之间也可能发生不协调甚至冲突现象。① 国外访学并非常人所想象的那样风光，对教师而言，访学期间需要面对远离家人和熟悉的朋友圈，接受异国文化的冲击。从案例院校的情况来看，约78%的教师未携带家属赴国外访学，因此，从物理空间形态上讲，独自一人是教师在国外访学生活的常态。

从某种意义上讲，访学教师在国外期间处于空间的转移与跨文化适应情境下的个人成长同步进行，教师体验着异国异文化环境中的生活，更隐含着由此引起的复杂情感体验。情感是态度的一个重要构成，对认同及融合行为的发生起着决定性作用。对于长期习惯在群体生活的国人而言，国外访学实质上就像突然切换到一个陌生的独处环境，要独立地面对语言突破关、人际交往关、生活适应关……，各种不适接踵而来，如果不能妥善处理，为自己多创造些接触外界的机会，孤独的侵蚀会让人无处藏身，一位受访教师的表述代表了大多数访学教师群体的心声：

在国内的生活，身边有很多朋友圈，有困难可以寻求他们的帮助。但

---

① 阎光才. 象牙塔背后的阴影——高校教师职业压力及其对学术活力影响述评［J］. 高等教育研究，2018（4）：48－58.

到国外后，感觉到自己的生活圈子突然变小了，周围的人认识的很少，生活上的所有事情都需要自己亲力亲为，也没有人能倾听自己的忧愁和烦恼。从满怀希望和激情踏上访学之路，到随之而来的孤独寂寞，我想每个出国的人大概都能体会到这种滋味。（受访教师 JJX － 05）

人的普遍社会本性不仅驱使人们寻求自我实现的机会，同时也希望寻求依靠的机会。多位受访教师谈到到国外后，游离于国外的主流社会而成为"局外人"，发现圈子突然变小了，周围的人认识的很少，甚至被人"忽视"，一不小心滑到了社会的边缘，形成了较大的落差。正如成人学习理论所指出的，在面临新的环境时，人们最常见的反应是借助原有的习惯方式，因此，必须将新的外部环境与教师的内在需求和潜力有效对接起来，才可能实现发展。

（二）寂寞闲暇是学术成长的条件

耐得住孤独寂寞是学术人成长的必备条件，所有伟大的作品都是点滴积累的结果，而这种积累则必须避开日常生活中往返琐碎的交际获得。学术工作作为一种探索性的活动，其发展需要学术工作者的闲暇和寂寞。德国学者洪堡（W. V. Humboldt）曾指出，"寂寞和自由"是大学赖以生存的两大根本原则，大学的整个组织应以此两点为根本出发点，并认为闲暇、自由以及与纷扰的社会间的距离是学术机构的基本生存条件。[1] 寂寞是从事学问的重要条件，闲暇并非一个纯时间的概念，而是可供自由支配的时间与特定的精神状态的结合，它意味着摆脱社会的纷扰，与周围的生活环境保持一定的距离，潜心于高尚的、特别是思辨性活动。

学术工作具有不规则和非计划性的特点，需要学者有时间上的自由，能够自由支配其时间。在国外访学期间，教师的自主时间和社会关系相对国内而言，可供自由支配的时间充裕了许多，进入异国陌生环境后社会关系简单了许多，没有在国内工作期间的"杂事"烦扰，在这样单纯的环境中，感觉状态很好：

在国外没有复杂的社会关系要处理，也不用操心学校和院系里的杂

① 陈洪捷. 论寂寞与学术工作 ［J］. 北京大学学报（哲学社会科学版），2002（6）：137－142.

事。国外合作导师也不会强制要求你做什么事情，留基委也没有具体的考核要求，所以整个人完全就是放空的，感觉状态很好。（受访教师GLX - 01）

从学术工作的角度来看，大学的教师应甘于寂寞，不为任何俗务所干扰，完全潜心于科学。有学者甚至指出，寂寞"是学术必要的制度性条件，是认知易爆物的绝缘层。寂寞是必要的，作为象牙的象牙塔，作为思考的防爆层"[①]。在国外访学期间，访学教师没有强制的学业要求和管理约束，工作任务相对单一，生活简单而有规律，有教师在访谈中使用了"失联"一词，用以表达在外访学期间的社会关系和社交活动，认为自己在国外一年有足够的时间去完成自己的计划，并指出这种环境不仅是情感上的"寂寞"，更在某种意义上讲是一种对自己从事学术工作有益的"寂寞"。

学术本质上是精神的，是与寂寞相伴相生的，也要求学术工作要能够抵制功利的诱惑。所以，寂寞的能力实质上就是一种自觉抵御功利诱惑、专心于学术职业，并在学术上"有所为"的能力。国外的访学生活，简单而纯粹，让访学教师暂时远离各种纷扰，在相对陌生的环境中获得了一段安静的时间，有更多高质量的学术投入时间，给未来职业生涯中进行学术积淀提供重要养分。不少受访教师表示，国外访学是一次潜心学习提升的良机，让自己有机会跳出惯有的思维、方法和路径，促进科研创新能力，为后续发展提供新的动力，产出高质量的科研成果。

怀海特曾指出，想象力和知识的融合通常需要一些闲暇，需要摆脱束缚之后的自由，需要从烦恼中解脱出来，需要各种不同的经历，需要其他智者不同观点和不同才识的激发。[②] 从某种意义上讲，国外访学所提供的环境与怀海特所提到的条件高度契合，有助于访学教师才识和知识的激发。从案例院校访学教师回国后取得的成绩看，经历了一段闲暇纯粹的时光，不少教师在学术职业发展方面有了显著进步。

① 张志勇，高晓清. 寂寞的能力——关于学术自由的另一种思考［J］. 现代大学教育，2009（7）：60 - 63.

② ［英］怀海特. 教育的目的［M］. 庄莲平，王立中，译. 上海：文汇出版社，2012：130.

二、学术乐在其中的平和心态

许纪霖先生认为，"过度的升等压力和生存竞争，使得国内的学者们特别是年轻学者忙于应付升等的量化指标，生产达到发表及格线的短平快作品，没有闲暇和耐心细细打磨学术精品"①。类似的情形在国外学者中是否也一样存在，如果有差异，体现在哪？受有哪些因素影响？

（一）做科研不着急

在访学教师看来，国外从事学术工作的同行，没有把"科学研究当成是压力，而是将其视为一种帮助人们积极思考的生活方式"，相对于国内对教师考核周期短、评价指标科研占比重、重数量轻质量等弊端，国外的评价考核体系或许更易于教师养成平和的心态，"做科研不着急"，对自己研究领域十分专注，不会轻易"追逐热点"，发些"应景文章"。

访学教师其实都认识到"浮躁"心态不利于学术的发展，影响到科研的质量，在他们的话语中经常出现"迷茫""纠结""焦虑""没办法""无奈"等词语。但在绩效考核的压力下，有时候顾不得文章的质量和研究的深度，只能先适应：

> 如果没有一篇文章发出来，就一分（科研分）都没有。……顾不得考虑文章的质量，只能在保证文章数据真实、是自己完成的前提下，先把它扔出去（投稿）……。没办法，只能先适应它，然后去谈其他的东西。（受访教师 LX-01）

老一辈的大家曾告诫年轻人：要做大学问，就要耐得住寂寞，厚积薄发，养成大气。一有心得就发文章，气散能尽，成不了大学问。但多数受访教师表示，现在学校老师的薪酬待遇都与任务指标分值完成情况挂钩，如果自己一年不发文章，没有科研分，绩效工资收入就会明显降低，生活质量就可能出现问题。面对职业生涯发展和收入津贴的压力，许多教师不得不在"多的成果"与"好的研究"之间做出抉择，向前者妥协成为审计文化下的

---

① 许纪霖. 回归学术共同体的内在价值尺度［J］. 清华大学学报（哲学社会科学版），2014（4）：78-81.

生存理性。①

诚如有学者所描述的，如今中国高校学者间最为流行的日常表达句式便是：中了个某某项目，发表了几篇几区 SCI、SSCI 论文……。每年年底考核，点数计分，几家欢乐几家愁，已经是高校习以为常的现象。② 在访学期间，教师们感受到，尽管国外教师也有考核，但考核的内容不仅仅是科研，更不会单纯局限在论文的数量上；国外同行虽然也面临着职称晋升的压力，甚至在"非升即走"的残酷现实中，压力比国内普通院校教师恐怕是有过之而无不及。然而，在平和的学术心态方面，从访学教师的访谈中，研究者感受到国内教师似乎显得更为急迫和焦虑，"拼命赶""短平快""等不到深度就发表"类似情形与国外同行"沉得住气"形成了较大反差：

> 国外的同行研究很专注而且很沉得住气。在研究过程中只要有一点疑问，都不能也不会去发表，而不像我们拼命赶改，先发表了再说。……怎么会不赶呢？虽然现在年度考核分不高，但每年不发几篇，后面评职称数量上不去就没希望。所以，在这样的大环境下，大家都很浮躁，急功近利，赶紧出成果。(受访教师 LX－02)

在学术浮躁的大环境中，即便是在国外访学期间，有所触动、受到震撼，但回到国内后，部分受访教师表示很快又被同化了，没有心情向国外那样做科研，就希望"短平快"，先完成工作量。所以一篇文章可能做到第一个深度，没有时间做到第二个深度，就先发出来了，或者采取"稀释"的策略，将浓缩为一篇学术精品的论文拆分为数篇论文分别发表。此外，有受访教师谈到一些耗时长、沉潜性的研究不受青睐，或暂不顾及。

平和不着急的心态，在受访教师看来，不仅仅体现在国外同行不急于在科研上出成果，还体现在注重发表的质量，瞄准的都是高端学术期刊，即使发表数量少，也足以奠定自己的学术地位。

学术研究是慢活细活，需要细火慢煨，不能有暴富心理，学术研究的确需

---

① 沈文钦，等. 科研量化评估的历史建构及其对大学教师学术工作的影响［J］. 南京师大学报（社会科学版），2018（5）：33－42.

② 阎光才. 谨慎看待高等教育领域的各种评价［J］. 清华大学教育研究，2019（1）：1－4.

要有效率，但更需要有品质，而品质提升如陈酿，需要好的文化与环境来慢慢发酵，时间上急不得，否则适得其反。在分析国内外教师对学术发表的定位差异时，一位受访教师的观点颇有代表性：

> 在国外学者看来，研究面太宽，涉足的研究领域太杂，发表的东西太多，会让人觉得学风不正，搞机会主义，捡到篮子里就是菜。这种做法在二流学校可能很有市场，因为二流学校的领导往往希望凭借数量取胜，而如果想进一流学校，有滥竽充数之嫌的发表记录就可能会成为学者致命的短板。（受访教师 LX-04）

不可否认，当前国内高校中把论文、职称、奖项作为学术研究目标的教师不在少数。如果盲目迎合这种以数量为首要目标的考评取向而以质量平平的成品凑数，对不少有学术发展潜质的青年学者而言，无异于"自废武功"，甚至可能失去宝贵的学术声誉。

（二）出于兴趣的研究

学术研究需要学者们发自内心、毫无杂念的好奇和热情，真正出于兴趣来做。英国学者贝弗里奇说："从事研究的人必须对科学真有兴趣，科学必须成为他生活的一个部分，被他视为乐趣和爱好。"① 学术人才也无法靠行政力量"培养"出来或"考核"出来，只能是在适合人才生长的环境中成长起来。

当前，不少高校针对教师的制度政策仍重在"管理"和"约束"，对教师发展的自主权和信任缺乏尊重。在案例学校教师分类改革管理的一次会议上，学校分管人事工作的负责人就谈到通过年度考核激发教师的活力以确保学校科研成果产出的"高位运转"，以此维护学校的社会声誉：

> 三年聘期只考核一次，……人总是有惰性的，年度考核能够起到督促的作用，让那些不求上进的老师有压力，……如果没有年度考核，学校很多指标的排名就会下滑，社会对学校的印象没有大年小年之分，连续几年下滑，就会带来不良的社会影响。所以，必须保持高位运行，通过年度考核把教师的活力激发出来。（管理人员 RSC-C）

---

① ［英］贝弗里奇. 科学研究的艺术 ［M］. 北京：科学出版社，1979：159.

高校行政管理希望或要求教师年年有良好的业绩表现，而教师的学术发展却难以做到每年都有优秀成果的诞生，两者之间必然会形成矛盾，如何在两者间寻找到一个平衡点，让学术与行政管理在合理的张力中维系平衡，为教师发展提供宽松的学术环境，使外在的制度、条件控制转化为教师内在的自我调节和自我控制。正如克拉克·科尔所言，大学需要创造这样一种环境，它给其教师：一种稳定感——他们不会害怕使他们工作分心的不断变化；一种安全感——他们不应担忧他们的工作和生活的结构会有重大的混乱；一种平等感——他们不应该怀疑别的人受到更好的对待。① 而案例院校通过对各级职称教师的最低课时量进行了明确规定，以及科研量化考核评价体系（对各类论文、课题、奖项、批示都进行了细分和计分），并在教师的聘任和晋升管理制度中制定了基本的表现性指标要求，从而实现了对教师的学术管理控制。

访学期间，一些受访教师认为，国外学术同行每天"为一件事而忙，为一件事而闲"，在耳濡目染的环境下，深切感受到出于兴趣和热爱的科研，人能够长时间地沉潜其问题之中，甚至对研究对象痴迷，而不为学术之外的种种利益所左右。有受访教师甚至发出"我希望今后能摆脱任务式的科研，从事自己感兴趣的研究项目"的感叹，并认为约见是国外院校学术生活中最平常的景象，同事之间、学生之间的交流学习就是在平常而频繁的约见中进行的，正是这种有忙有闲、自由选择的生活让大学充满活力，生生不息。

马克思曾指出，到了共产主义社会，劳动不仅仅是谋生的手段，劳动本身将成为生活的第一需要。对此，部分受访教师谈到，国外同行中具备"将学术作为生活第一需要"这一境界的大有人在，并认同"学者是从事学术活动的精神贵族，学术生涯是肩负使命的特权"：

> 做研究搞学问，要挖空心思、突破极限，天天做实验、查文献、分析数据、做访谈、整理数据资料，过程其实是痛苦的，但国外同行完全乐在其中。在他们看来，工作再长的时间都是在为发挥自己的天赋而奋斗，是为体现自己的能力和价值。同时，为了证明自己应该享有特权而努力，把自己的价值最大化，让自己乐在其中，不辱使命，把学术当成自己的第一

① ［美］克拉克·科尔. 大学的功用［M］. 陈学飞，等译. 南昌：江西教育出版社，1993：39.

需要。（受访教师 JYX – 01）

当然，这种学术心态的形成，离不开一个良好学术环境的影响。随着高校中表现性指标、绩效概念、量化考核、仿市场竞争等理念的流行，在一定程度上使得学术职业由原来的"天职"转变成为生存和生计谋虑的工作，甚至具有"学术锦标赛制"特征。这种机制通过利益激励使高校教师在追求"卓越"（由此带来科研数量的繁荣）之时，也捆绑了教师学术发展的灵魂。有学者尖锐地指出，繁荣的数据后面是大量的重复和堆砌，卓越的表象后面是被捆绑的灵魂，但真正的学术创新并不会因这种繁荣和卓越而得以产生，反而催生了更多急功近利的学术行为。① 有受访教师谈到，相较国内人文社科学者的研究多追新、追时髦、追前沿和"打一枪换一个地方"而言，西方学者更注重对某一主题文献的深度研读、思考与探索，他们往往对学术概念与理论的来龙去脉理解甚深，他们所采取的研究方法未必是最前沿和最先进的，但专注时间长，甚至数十年"磨一剑"，思考往往是相当有深度和有启发意义的。

如何让教师保有那种醉心科研的惬意，坚守"甘坐冷板凳"的学术传承，应该成为当下高校认真思考的问题。是什么力量能够让国外学术同行如此全身心投入并沉浸在自己的学术研究中？访学教师进行了自己的思考和分析，在美国访学的一位受访教师看来，在国外选择从事学术研究就意味着放弃对金钱的诱惑，真正以"学术为业"：

> 国内很多人读博士的考虑往往是希望找到一个好工作或者暂时逃避就业，希望通过读书改变命运。相比之下，在美国，不读研究生也能过得不错，蓝领的收入也挺高。如果选择进一步深造去读博士，就真的是出于兴趣爱好了。（受访教师 LX – 01）

斯坦福大学名誉校长唐纳德·肯尼迪（Donald Kennedy）曾指出："在几乎每一种职业里，人们都自然要考虑他们的收入。这是因为工资和资金是机构地位的象征，它们向公众显示别人如何看待一个人的价值所在。"② 高工资收

---

① 陈先哲. 捆绑灵魂的卓越：学术锦标赛制下大学青年教师的学术发展［J］. 教育发展研究，2014（11）：12 – 18.

② ［美］唐纳德·肯尼迪. 学术责任［M］. 阎凤桥，译. 北京：新华出版社，2002：41.

入是保证学术人员安心学术工作的基础，也是学术职业价值的体现。

因此，受访教师认为，要营造宁静、纯洁、高雅的学术氛围，应该在薪酬体制和经费支配办法进行改革，而学校现在的薪酬体系中，固化收入比重太小，竞争性、时效性的津贴部分比重过大，不利于教师安心做学问，可以尝试给教师发放能够维持体面生活的固定薪酬，让教师能够从容地开展学术研究：

> 英国高校老师的月薪或年薪是固定的，每年还为老师提供没有竞争性的书籍购买经费、参加学术会议的差旅费及其他研究资金，尽管金额不多，但每个老师都能享受。所以，即便老师没有所谓的课题研究项目经费，同样可以从容地开展日常研究。（受访教师 LX－02）

目前，国内高校在新公共管理多元化经费来源的理念下，教师的研究需要越来越多地通过科研项目的形式来获得政府和其他机构的经费支持，项目经费是指导博硕士研究生的经费来源甚至成为高校教师收入来源之一。在压力和诱惑之下，教师尤其是人文社会科学的老师，为了申请项目不得不经常变更自己的研究领域，甚至做很多与自己领域不相关、自己不擅长的研究，更谈不上围绕自己的好奇心，从事感兴趣的研究。

总体而言，访学教师认为，国外学术同行有着更为平和的学术心态，因而不急于发表，更注重产出高质量学术成果，并体现在日常沉浸学术的行为中，能够坦然面对"独上高楼"的孤寂、"消得人憔悴"的艰苦和"名利最为浮世重"的侵扰。

三、规范严谨的学术熏陶

学术蕴含着不容亵渎的尊严，规范和自律是学术发展和创新的前提，也是营造良好学术生态的前提。克拉克·克尔认为，"在科研中，诚实地探求真理是被绝大多数从事科研的学者非常认真地遵守的"。[①] 近年来，施普林格撤稿事件、南京大学梁莹学术不端事件、北京电影学院翟天临事件等引起了社会对

---

① ［美］克拉克·克尔. 高等教育不能回避历史——21 世纪的问题［M］. 王承绪，译. 杭州：浙江教育出版社，2001：170.

于高等教育声誉和学术职业地位的质疑。2015年，国务院办公厅《关于优化学术环境的指导意见》指出在高校教师层面"仍然存在科学研究自律规范不足、学术不端行为时有发生"的问题。2018年，中共中央办公厅、国务院办公厅印发《关于进一步加强科研诚信建设的若干意见》，表明国内学术规范建设仍是任重而道远。

（一）功底扎实的研究方法

规范严谨的学术，首先体现在研究方法上。对于人文社会科学学者而言，注重运用现代社会科学的实证方法，踏踏实实地收集第一手数据并进行认证的分析，清楚前人对问题的认识，方能对问题提出有创见的新认识。而在自然科学研究领域，强调任何结果都必须基于科学的观察和实验，当某研究者宣布一项研究成果时，不仅需要说明以前是否有人做过、用什么方法做的，而且必须详细说明他的研究结论是如何得到的，基于什么样的数据并做了什么分析，以便其他人可以重复实验过程，并对其结论作出检验。

在访谈中，多位受访教师强调国外学术研究中对社会科学研究方法的规范要求，并认为国外同行的理论和方法功底更为扎实，有的受访教师甚至萌生了要在国外院校攻读研究生学位的想法：

> 国内博士在培养过程中对研究方法的规范性要求与国外相比还是有差距。只要能完成博士论文，很多时候是靠自己判断、自己摸索，甚至对不对都打问号，因此，我们在研究的理论和方法方面还是有欠缺的。（受访教师 GLX - 04）

在访学教师看来，相比国内而言，国外教师学术的规范性和严谨性更强，更相信站在前人肩膀上的学术巨人，而对学术圈内"前不见古人、后不见来者"的新生事物总是抱有一种质疑的态度。在英国访学的一位受访教师特别强调国外同行"参考文献引用规范"对自己学术发展是一种纠正：

> 要求参考文献要把主要的观点列出来，尤其是重视这些文献给研究者论文思路的启发，并且指出论文的核心点应该在于解决了什么问题，提出了什么新观点，这是撰写论文首先要非常明确的工作。（受访教师 WX - 01）

在国外学术同行看来，"做学问"必须有规范的文献检索过程，穷尽之前所有类似的研究，证明自己研究的独特性和价值。[①] 从学术规范的意义上讲，文章写得好还不够，还要通过学术规范体现出对学术同行的尊重，唯有如此，才能体现出学术研究的积累性，同时，还应注意恰当引用可信的资料来源。文献是其他学者的作品，代表着研究领域的同行，所以对待文献的态度就是对待同行的态度。因此，所谓学问好，就是对其他学者做的东西非常清楚。所谓学风严谨，就是诚实对待其他学者的成果，不贬低别人，不抬高自己。[②] 有受访教师认为，扎实的研究方法还体现在研究过程各个环节的深入推敲，对实验步骤和结果进行认真、仔细的核查和讨论，并认为研究是为了解决问题的研究，而不是仅仅为了发表论文。

(二) 沉浸学术的精神洗礼

访学教师一致认为，在国外访学期间，国外学者对科学研究的态度和学术规则对自己的影响深刻长远，在国外导师和同行身上感受到他们在学术上"勤奋""奉献"，对"学术研究充满热情"，这与国内关于中国博士生国外交流学习经历的研究发现颇为一致。[③] 一位在美国访学的受访教师向研究者详细地描述了与国外合作导师开展研究的过程，并认为自己学术研究的态度和习惯养成受益于导师的言传身教：

> 国外合作导师是一位对学术研究非常认真和严格的学者，对于求教的每一个问题，都非常耐心细致地给予回答。对于数据分析中的每一个疑点都不会轻易放过，要求进行反复确认和稳健性分析，找出问题所在。所以，整个研究合作的过程让我受益匪浅。（受访教师 JJX－06）

也有访学老师谈到，在国外与合作导师合作发表论文过程中，从选题、数据的分析过程，到使用何种软件分析数据更加有效，再到论文框架搭建、文章的语言润色，甚至最后投稿的每一步细节上，合作导师是在"手把手地教自己做学问"。而国外同行真正沉浸学术，始终对学术充满热情，一心扑在研究

---

① 程星. 细读美国大学（第三版）[M]. 北京：商务印书馆，2015：318-319.
② 李连江. 不发表就出局 [M]. 北京：中国政法大学出版社，2016：19.
③ Wen-Qin Shen，Dong Liu & Hong jie Chen（2017）. Chinese Ph. D. Students on Exchange in European Union Countries：Experiences and Benefits [J]. European Journal of Higher Education.

上，在美国访学的 LX-01 老师甚至用"工作狂"来描述自己的国外访学合作导师，并表示让自己感到钦佩。此外，还有受访者从国外同行的工作时间投入、对研究中细小问题的争论和刨根问底、善于从细节中形成独特看法等方面感受其学术精神。并提到国外同行能够不受干扰地甚至"神经质"地专注于一项研究，一旦确认了自己所研究的大问题，就心无旁骛地追踪下去；对已经得出的结论，不会轻易相信，而是穷尽所有的文献，重新审视每一种说法，掌握充分的事实，经过客观严谨的分析，给出自己的判断或结论。

（三）同行评议制度的运用

同行评议是学术界普遍采用的一种学术评价体系，指由学术共同体内的同行对其他成员的作品进行判断，进而分配声望和荣誉、支持科研的奖金和资助、终身学术职位、在权威出版物发表成果的机会等稀缺资源[1]，是"内行人"为审核其他学者的作品质量而采取的一种以主观判断为主的，力求保证结果合理性、可靠性以及可信度的制度设计[2]。

部分受访教师认为，这种学术评价制度比较直接、客观，有学术影响力的终身教授在学术评价中往往能发挥更大作用，可以在一定程度上规避"圈子影响"，而现在一些高校在一些科研项目和人才项目申报时，进行所谓的推荐排序，这其中就有人为影响因素或专家的个人偏好（偏好学校主流学科或所谓的"更重要"的学科），并非真正意义上的同行评议。

我国现行学术评审制度，由于学术共同体缺乏科学的评价规范和深厚的评价文化底蕴，再加上东方文化"差序结构"中过于重视人情关系的影响，人情关系对评价的干扰在我国评价语境下更是被放大。因而，有学者断言，无论是科研项目、奖励的评审，还是科研成果的评价，目前都未建立起高效的同行评议机制[3]，而更多的是依赖核心期刊、来源期刊、SCI、SSCI、影响因子等科学计量工具。这些工具相对同行评议，评价强调依赖定量数据，具有客观、便

---

① ［美］米歇尔·拉蒙特. 教授们怎么想——在神秘的学术评判体系内［M］. 孟凡礼，唐磊，译. 北京：高等教育出版社，2011：1-2.

② 蔡连玉，吴文婷. 高校学术治理的双重绩效和同行评议［J］. 江苏高教，2019（5）：35-39.

③ 林培锦. 西方学术规范的演化及其与同行评议关系［J］. 福建师范大学学报（哲学社会科学版），2015（3）：148-152.

捷之特点，几乎横扫从学科、人才、项目、评奖、学位授予等所有有关评价过程。极尽能事的量化评价的运用又导致人们倒向追逐数量的狂热之中，把极为复杂的学术评价看成了简单计数。① 当然，也有受访教师认为，这种量化评价方式有其存在的必要性，在派系、山头、资历、师承、人际等"特殊主义"因素弥漫于学者的职业生涯中，学者需要投入精力来维系学界人情，以换取发展机会，而量化至少是一种形式上的公平，在一定意义上量多取胜依然是第一法则，只有在量多的基础上才能比质量。在学术评价模糊、在同行评议孱弱的体制下，非学术标准极其容易凌驾于学术标准之上。"多多益善""越多越好"也被不少受访教师视为在激烈学术竞争下面对不确定性的行动策略。

正如有学者所言，学术大师、一流学术成果、优秀研究团队、高价值研究项目，不是由媒体来加封的，也不是哪一级组织决定的，更不可能是社会大众一人一票评选的。权威、科学、严谨、公正的评价，只能来自学术共同体。② 同行评议制度要在国内高校中应用还有待不断努力和完善。

总体而言，访学教师在与国外合作导师及其他同行的深入交流中收获了关于"科学精神""学术规范意识"等隐性知识，感受到国外同行平和心态、敬业精神和同行评议制度的同时，提升了自己的学术视野和能力，同时，对营造我国学术体系进一步走向规范和成熟也发挥着积极的作用。

四、回归本位的学术交流

学术交流作为一种传统意义上专业化、系统性的交流形式，是科学研究所需要的学术环境构成要素，是促进和推动学术繁荣与发展不可缺少的条件。学术的生命就在于交流，学术交流最本质、最核心的作用与意义在于"激发与启迪"③，通过学术讨论、批评、质疑与争鸣，不仅获得新知识，更为重要的是能够启迪、激发思维，培养科研创新素质。因此，学术交流作为一种相互

---

① 姜春林，张立伟. 学术评价：同行评议抑或科学计量［J］. 中国高等教育，2014（15－16）：20－22.

② 韩启德. 学术共同体当承担学术评价重任［N］. 光明日报，2009－10－12（003）.

③ 高峡. 学术交流作用新解［J］. 学会，2007（1）：12－13.

之间思想智慧碰撞集成创新的过程，其内在价值和意义远远比形式和过程更
重要。①

好的大学都重视学术交流，注重为各种学术思想、理论观点以及学术灵感
提供一个交流的平台。受访教师在经历了国外的学术交流后，深刻地感受到学
术是思想的流转，学术讨论主要是思想的碰撞，而当前国内不少地方高校过多
地把它形式化了，甚至导致学术交流的形式大于内容。

（一）小众化的学术交流

学术讲座是学术交流的重要形式，关注的是思想的流转，而不是外在的形
式。多位受访老师向研究者描述了他们经历的国外学术讲座情形时认为，一个
共同点就是无论主讲人是资深学者，还是初出茅庐的研究生，大家都会非常尊
重他们的报告，在提问交流环节都直奔主题，不留情面；同时，主讲人和参与
人更多的是关注讲座中的观点交流，而不在意人数的多寡、领导的出席等外在
的形式：

> 在哪里开展学术交流，报告内容是什么主题，报告时有多少人参加，
> 是否有领导参加，谁主持，是否安排茶歇……，这些都不重要，重要的是
> 学术活动现场的互动与交流，参与的老师自己内心感兴趣才是关键。（受
> 访教师 LX - 04）

学术交流并不需要太多虚假的围观和喧嚣的热闹，师生根据自己的研究方
向和兴趣爱好有选择地参与。参加讲座的人数并不是越多越好，关键在于与会
者能否提出有建设性的意见。所以，部分受访老师认为，学术是小众化的，国
内一些地方高校要求学生参加学术活动的做法看似让讲座的听众场面热闹，但
并不见得是对学术交流的尊重和最佳方式，只有找到志同道合的朋友，有共同
的研究兴趣，学术交流才能够更深入。

> 举办学术讲座，我们学校的做法是：通知学生，包括研究生和本科
> 生，规定要来参加，甚至还要采用签到的方式。目的是要把场面要搞得热
> 闹、不能冷场，好像好多人对这个讲座感兴趣一样，似乎这样会让主讲人

---

① 都宁，刘梅华. 学术交流活动对高校科技创新能力的影响 [J]. 中国高校科技，2015 (11)：
20 - 21.

觉得有面子。在国外访学期间，有次参加一个讲座，听众总共就三个人，但主讲人依旧讲得津津有味，还不时地与听众互动交流。所以我觉得学术就是一个小众的东西，不需要大众化。（受访教师 WX－05）

此外，学术讲座的安排有计划性、学术活动制度化也是国外学术活动的一个重要特点。一些受访教师谈到，访学院校一学期所有的学术活动（时间、地点、主讲内容、主讲人等信息）在开学之初就全部张贴在小黑板上或发送给老师的邮箱，无须每次临时通知，可以方便教师根据自己感兴趣的主题提前安排好时间。

在具体的学术交流方式上，工作坊（workshop）、习明纳（seminar）是较为普遍的方式。在访学教师看来，作为一种学术讨论例会，工作坊进行过程中可以随时打断提问、辩论和交流，形式自由、气氛轻松，每位参与者都要简短汇报最近时间的研究进展情况或遇到的问题，通过向同行展示自己的研究进展能带来自我督促的效果，提高了展示和表现的水平和能力。而在参与的过程中，通过了解其他同行在做什么，使用什么工具和方法，对拓宽知识面、提高研究水平和提升研究技能以及了解相关领域的前沿研究趋势有很大的帮助，也是提升自身研究水平和能力的重要途径。

通过习明纳循序渐进地推进研究是国外学术交流的一个显著特色。在美国访学的一位受访教师向研究者分享了他所参与的一次经济学习明纳，认为主讲教授科学地设计经济学研究的流程，将教学与科研融合在一起，具体而又形象地从问题提出、题目拟订、数据收集、论文范式、论文陈述、学术海报制作等多个方面，对经济学论文的撰写流程进行了系统性的介绍，让参与者非常受益。

学术研究的高文化素养要求和学术成果的学理性特点，决定了学术活动永远是小众范围内的事，当然，这并不排斥关心学术、喜欢学术、崇尚学术、阅读学术的大众，小众学术如何与大众有效对接，让更多的人关心支持学术研究，乐于了解学术信息，将学术研究成果变为社会共享的财富，实现"小众学术、大众参与"，是一个值得进一步探究的话题。

（二）基于自愿共享的学术合作

伴随着知识时代的到来，学科研究领域也在不断细化，知识的专门化趋势明显，学术研究的范围也在朝着无限分割细化的方向发展。① 研究表明，现代科学已经进入大科学时代，大科学的发展不仅表现在科研规模的扩大，更多的还体现在越来越多来自不同地区、不同机构的学者之间学术合作关系的建立。② 教师在国外访学期间深刻地感受到合作在国外同行中的普遍，以学术论文的发表为例，不少受访教师表达了类似观点：

> 几乎任何一篇国外的专业论文都是多人合作的结果，独著的论文在高水平期刊编辑眼里总是奇怪的或有缺陷的，因为个人的成果总是存在视角盲区或偏见。（受访教师 JJX - 05）

当今时代，任何组织和个人都很难及时快速地掌握知识，并做到面面俱到和样样精通。因此，不论在自然科学还是社会科学领域，学者间的科研合作已经成为完成研究项目和获得研究成果的重要组织形式，科研合作扮演着资源整合的角色，可以减少人力、物力、财力的效率损失，促进不同科研人员或团队间的沟通交流，有效发挥各方才能，进而提高科研效率和成果质量。③

学者间的合作往往是建立在自由选择、自愿组合的基础之上，也是形成高效研究团队的有效途径。无须行政化的"拉郎配"，国外学者们往往会根据研究的需要自由组合团队，甚至是跨学校、跨学科地组合，并不断地变动团队构成，以满足不同研究对学科和能力的要求。在美国访学的一位受访教师对这种有效的团队合作进行了思考，在她看来，高效科研团队的出现与美国高校通行的"成果水平看刊物，成员贡献不区分，成果多少随人走"的科研考核制度密切相关：

> 既然合作成果和独著成果在绩效评价时是一样的，成员贡献都相同，那么为什么要单打独斗呢？为什么不通过合作研究使成果达到更高等级学术刊物的要求呢？制度设计对研究者产生了强大的合作激励。当然，要想

---

① 郑晓瑛. 交叉学科的重要性及其发展［J］. 北京大学学报（哲学社会科学版），2007（3）：141 - 147.

② Chompalov I., Shrum W. (1999). Institutional Collaboration in Science：A Typology of Technological Practice［J］. Science Technology & Human Values，24（3）：338 - 372.

③ Laband D. N., Tollison R. D. (2000). Intellectual Collaboration［J］. Journal of Political Economy，108（3）：632 - 662.

别人愿意与你合作或者你能自由选择高水平合作者，研究者自身必须有很高的学术能力，又促使学者们自觉提升能力，形成良性循环。（受访教师JJX – 06）

学术合作不仅需要学者间的合作意愿，也需要学校在组织架构、激励政策等方面有所作为。好的制度可以让研究者之间产生强大的合作激励，从而推动合作行为的产生。部分受访教师谈到，访学院校鼓励教师根据自己的研究兴趣形成不同的小组，并在学科经费管理方面，注重权力下放，尊重教师的自主选择是促进教师间学术交流合作的重要因素。

总体而言，学术是一种高层次的文化和思想的交流，学术研究需要高深的知识素养和理论素养，学术成果也通常是遵循专业规则由专业语表达成文本的，由此决定了学术小众化的特点。开展学术合作已成为当下学术发展的趋势，学术合作团队的形成应该是一种自由整合的过程，学校可以在制度设计上为跨学科交流和团队合作（如科研计分、经费支配等）提供相应的支持。

第三节　高校教师国外访学期间的文化体验

一、良好的学术服务支持体系

高校教师面临来自各方面的行政与非行政性的琐碎干预，忙碌、无序甚至成为其工作的常态，而教师的主要角色是教学者与研究者，过多琐碎行政事务的参与不仅会分散其从事主业的精力，也未必有助于效率提高，更何况现实情境之中教师其实并不一定对各类事务的参与兴致盎然。威廉姆斯（Don Williams）通过对美国有关教师调查研究文献梳理发现，当问及教师是否应该在高校的决策过程中扮演重要角色时，几乎大多数人的回答都是"应该"，而且是"强有力的""活跃的"和"有影响力的"，但问及是否为此付出更多时间和精力时，表现出的态度则是冷淡与漠然。①

因此，无论是从提升行政工作效率还是服务教师发展的角度来看，营造一

---

① William Gore, Charles Broches, Cynthia Lostoski (1987). One Faculty's Perceptions of Its Governance Role [J]. The Journal of Higher Education, (58).

个良好的学术环境，离不开相应的行政服务支持系统。访学教师大都认同，在教学设施、文献资源、实验室条件、科研环境、学术氛围等方面，国内不少高校与西方高校相比存在不小的差距。对比国内地方高校，甚至无法满足每个教师的办公需求，而科研经费难报销更是被教师们所诟病。一般而言，良好的服务支持系统在访学教师看来，主要包括行政服务和图书馆服务两个方面的内容。

（一）行政服务

大学从最初的知识分子行会发展至今，其职能从最初的"教授"拓展为"人才培养、科学研究、社会服务、文化传承、国际交流合作"。职能的增加、学生规模的扩大、内部事务的日趋烦琐，且与外界的联系也越来越广泛、密切，导致大学内部管理日趋复杂化，客观上要求大学有一套行政机构、组织和人员来专门处理大学的日常事务。在英国访学的一位受访教师对访学院校的行政工作予以了肯定，认为"高效的工作效率和专业精神"是良好的行政服务的重要体现，在这种服务下，教师只需做好自己的事情，一心一意上好课、做研究，其他事情都不用考虑：

> 访学过程中，有两件事情让我对其高效的工作效率和专业精神留下了印象的深刻。第一件事情是申请学校的用户以及登录图书馆使用权限，填完工作单后半小时，就有工作人员联系我，通过远程操作完成了更换；第二件事情是申请一个计算中心的账号，当天下午就收到 E-mail，工作人员还提供了许多合理化建议供我选择。（受访教师 GLX－02）

专业的行政管理人员可以帮助教师从繁杂的事务中解脱出来，安心做学问。相关实证研究表明，为高校教师配备秘书、教辅人员和研究辅助人员，将教师从行政杂务中解放出来，有利于增加工作满意感，减少教师的职业流动意愿。[①] 学术人员与行政人员"各司其职"，彼此尊重认同，由此大学才得以正常有序运转。行政服务的水平体现在日常的工作细节中，部分受访教师认为，大学不仅仅是获取知识的殿堂，更应该是个人素质和修养养成的场所。光有高

---

① 李志峰，谢家建. 学术职业流动的特征与学术劳动力市场的形成［J］. 教育评论，2018（5）：11－15.

楼和靓丽的外表，缺乏科学的人性化的管理和服务意识，只能说是徒有其表。这类受访教师对访学院校整洁干净的校园环境，尤其是卫生间的整洁程度颇有感触，国外高校大楼里的卫生间堪比星级宾馆，而国内不少高校的卫生间似乎永远是个被忽视的卫生死角，这种差别让不少访学教师一直无法释怀。

让身在校园的师生能够感受现代化气息的同时，构建方便、舒适的交流互动空间，也是一流高校的应有之义。例如，校园里的休闲桌椅设置、全覆盖的无线网络和人性化的公共交流区域设置让校园有"家"的感觉，可以放慢脚步随处随时坐下来，很方便地找到不妨碍他人又可自由交流的机会。除了高质量的硬件设施和整洁干净的校园环境，还有贴心细致的软环境服务：

> 宽松静谧的场合是很关键的，没有外人打扰，团队秘书随时准备好了甜点、咖啡及小食品等，各种打印设备也一应俱全，让教师无后顾之忧，可以全身心地开展自己的研究，这是值得我们学习的地方。（受访教师JYX-01）

高校行政服务的本质在于行政管理人员要将学术人员作为主要服务对象，将学术发展和大学整体发展作为组织核心目标，其存在的核心要义是通过行政力量提升学术事务效率和质量的需求。离开了服务的理念，高校行政管理就有可能导致行政权力强势而学术权力式微，背离大学的发展理念。在访谈中，有受访教师一再强调，行政后面不宜加"管理"二字，并认为一些地方高校现在的状况是"管理太多而服务不够"，导致行政权力过于膨胀，挤压了学术权力应有的空间，所以，应该少谈点管理，多谈点服务。

（二）图书馆服务

在国外访学期间，图书馆是教师必去之地，通过切身体验国外院校图书馆的服务，感受到了差异。在访学教师看来，图书馆不仅仅是一个图书借阅、自习的空间场所，应该发挥学术综合体的作用。有访学教师甚至将图书馆非常形象地比喻为是学术人员的"第二起居室"，并认为"生活在剑桥大学的人是多么幸运和富有，享有这么豪华的起居室"。

在谈及图书馆的服务时，大多数受访教师认为，访学院校图书馆的服务很周到，会让你就只想好好搞研究，否则感觉对不住图书馆宝贵的资源和服务人员。受访老师向研究者分享了其访学院校的图书借阅的流程，认为方便快捷令人感动，并激发了学习的兴趣和压力：

> 在图书系统中查询到要借阅的书籍信息，只需将信息发给服务中心，管理人员就会及时通知你，可以选择到离自己最近的任何图书馆提取和归还。如果需要复印的话，也只需将要复印的页码告知图书馆，有专门的人员复印好。如此好的人文环境和为知识学习者提供优质的服务，让人心生感动和敬意，更加珍惜学习机会。（受访教师 GLX - 04）

此外，对文献资料有任何问题可以随时找图书馆人员咨询或通过网络获得专业人员的帮助。多数受访教师表示，以前对于外文资料的使用不是很熟悉，特别是对英文 SSCI、SCI 期刊的检索、撰写摸不着门道，在访学期间，图书馆服务人员耐心细致的指导，特别是在查阅文献资料方面，甚至对一些科研数据库的检索，提升了自己的外文资料查找能力，对夯实科研基础、拓展学术素养和提高学术能力很有帮助。同时，也有访学教师谈到，高校图书馆效用的发挥不仅在于文献藏书丰富，更要在软件服务和提高使用效率上下功夫，包括图书的更新速度以及它的软硬件环境为借阅者带来的安静、舒适与便捷的体验。

图书馆的功效很多，关键在于怎么定位。部分受访老师谈及访学所在院校的图书馆定位时指出，图书馆是学习和工作的场所，是联络和集聚的场所。每年会举办若干次集会，传播本学科的知识，为大家创造交流机会。有受访教师谈到，图书馆每周都会针对不同人群，安排各种各样的与读书相关活动，如讲座、故事会、烹饪等，让人们能够找到志同道合的书友，共同分享阅读的喜悦。图书馆还是制作和创新的场所，是教学和展示的场所。图书馆里有学术交流中心、多功能教室等，可以做进行工作坊或团队交流的场所，可以提供数据资源和可视化服务。受访教师认为，最重要的是当进入图书馆时，能恢复人的单纯和天真，身处在这样的氛围中，感觉可以用知识傲视一切。

高校要将图书馆打造成舒适的多样化学术空间。首先，要打造好图书馆服务的"学术风景"，包括图书馆空间的灵活设计、创新的学术环境和多媒体技术；并学会倾听师生心声，打造能响应不断变化的用户需求与期望的学术服务团队，帮助师生适应日益数字化的学术环境，确保其拥有美好的服务体验。其次，通过卓越的服务保障，来实现全方位和开放的学术支持服务，从而进一步提高学术支持的品质保障，实现图书馆自身的学术价值。特别是"双一流"建设背景下，图书馆服务应更加注重发挥自身资源优势和情报服务职能，开展学科情报分析服务，发挥更大效用。

二、感受尊严：教师即大学

唐纳德·肯尼迪认为，"从历史的角度和它们现在的核心价值来看，高等学校是教师和学者集中的地方。从运作方式来看，大学在很大程度上等同于教师"。[①] 教师是高校中最重要的人，教师的知识和能力、学术和素养、精神和状态在根本上决定了高校人才培养的质量、学术研究的水平和社会服务的贡献。

（一）学者至尊的理念

在美国学术界，有一则关于艾森豪威尔将军的故事广为流传。艾森豪威尔在遇到1944年的物理学诺贝尔奖获得者拉比（I. I. Rabi）时向其表示祝贺，但因为称拉比为哥大的员工（university employee）而引起拉比的不满，并回应道："校长先生，教师并不是大学的雇员，教师就是大学（the faculty is the university）。"[②] 无独有偶，清华大学原校长梅贻琦也指出"大学者，非谓有大楼之谓也，有大师之谓也"。

无论是梅贻琦的中国式理念，还是"教师就是大学本身"的西方式理念，无不强调了教师对大学的意义。"一流教师成就一流大学"，已经成为现代大学理念的基本要义。教师在高校中的重要作用和地位，也从另一个角度说明，没有从事学术职业的教授，就没有大学。"学校的其他机构——比如行政机构——都是衍生工具，是派生出来而非原始的需求。……大学教师队伍在一个大学发挥着核心的作用"。[③]

因此，高校应树立起"学术至上""学者至尊""教授就是大学"等理念，让教师感受到尊严，彰显教师在高校办学中的主体地位。在美国访学的一位受

① ［美］唐纳德·肯尼迪. 学术责任［M］. 阎凤桥，等译. 北京：新华出版社，2002：31.

② John S. Rigden（2000）. Rabi, Scientist and Citizen［M］. Boston, M. A.：Harvard University Press, 238.

③ 张维迎. 大学的逻辑［M］. 北京：北京大学出版社，2004：5.

访教师向研究者描述了其访学院校以教授为主体的治学：

> 教授在学院发展和重大事项的决策等问题上具有举足轻重的地位。学院定期召集教授例会，听取教授的看法和建议。在教学方面，教授对课程的开设、教学内容及授课方式的选择、考核形式等都具有主导权，而学院则在课程的最后一周负责向学生收集教学评价意见并向教授及时反馈。（受访教师 FX－01）

高校行政管理应强化服务特性，行政人员应强调服务意识，但在我国高校尤其是地方高校的行政管理中，管理变成了对管理对象（教师和学生）的控制。高校教师自诩为"表哥、表叔"，深陷烦琐的非学术事务而无法解脱，与低效的行政管理不无关联，不少高校的行政人员缺乏必要的服务理念，在各类项目申报中动辄让教师提交纸质材料，"一次不跑、只跑一次"的行政服务理念和要求远未落实在实际工作中。访学教师在国外访学院校切身感受到行政管理提供的高效服务：

> 行政人员以服务教学科研为主。比如，教授上课需要20份材料讲义，你只要把材料发给相关的行政人员，他们都会准备好，直接送放到老师上课的教室。这样，教授就可以从许多杂事中解脱出来。（受访教师 JJX－03）

国外访学院校的行政人员真正做到了"以师生满意为宗旨"，工作人员都是微笑服务，耐心解答。从来不要带材料复印件，不能当场办结的事情都会让留邮箱，事情办好后会第一时间发邮件通知。行政人员中午不休息，师生中午时间可以随时去找他们办事，对于课程学习和研究任务重的师生确实很方便。

而在国内，尤其是在"官本位"氛围比较浓厚的地方高校，教师这种受尊重的获得感明显低了许多。一位受访教师谈及曾有一次在与学生课后交流过程中被教室管理员断电叫停、"轰出去"的经历，至今愤愤不平，认为学校的行政管理服务水平还是比较差，根本没有让教师感受到尊严。正如阎光才教授所指出的，在今天，高校教师期望纯粹满足精神上好奇的学术和学问已委实难得，企盼学术工作和生活状态的闲适更是奢侈，学人所期求的或许仅仅是一个有尊严的环境。①

（二）承载尊严的物理空间

大学管理目的是为学术提供保障与服务。缺乏公共的师生交流场所和教师工作场地等看似微小的事，却在一定程度上对教师造成了伤害，也体现了学校的行政服务水平。一位受访教师谈到国外访学院校为其提供了期盼多年的办公室：

> 在这里（访学院校），我终于有了一间办公室，可以承载我喜怒哀乐的办公室。……我不是特意夸大什么，只是觉得心酸，我期望了六年，期望学校（国内派出院校）能有一间独立的办公室，却是在异国他乡实现这个愿望。（受访教师 JJX－04）

曾在多所知名院校担任校长的徐显明教授曾深刻指出，教师在大学里工作，一定要有自己的尊严承载空间，如果一所大学没有给予老师应有的物理空间，那么他的尊严是没有着落的，由此可视为对老师尊严的伤害。基于从维护教师尊严的角度结合管理实践，他提炼出"一般椅子"理论，认为：尊严是靠空间进行支撑，没有空间的人就没有尊严。学校在行政人员入职时都会提供一把椅子、一台电脑、一个办公桌，而对教师却并没有完全做到，这是对教师的第一次伤害。当教师在不得已之时来行政机关办事，一定是遇到了不可克服的困难。来的时候，教师把自己的尊严带来了，如果办公室里只有一把椅子，那么这把椅子只有教师才能坐。②

在高校人才队伍建设中，管理者经常提及"感情留人"，特别是对于地域优势不明显、财力支持有限的地方高校而言，要在人才争夺战中保持好现有优秀人才不流失，"感情留人"不失为重要而有效的路径，但如果在工作中忽视对教师尊严的伤害，哪怕是不经意，也会让教师萌生不满和去意，以至一旦触碰到某个诱发点或临界点时，教师就会义无反顾地提出辞呈，选择离开。正如《退出、呼吁与忠诚》所描述的，一个人在组织里无非三种选择，一是效忠，

---

① 阎光才．尊严是变革时代大学必要的优雅［J］．探索与争鸣，2013（8）：80－83.
② 徐显明．推进体制机制改革 回归大学学术本位［J］．中国高等教育，2013（18）：18－20.

二是脱离，三是发声，就是表达自己的不满。① 前面提到的在国内访学派出院校一直缺乏一间独立办公室的 JJX-04 老师，在访学归国三年后，因对学校职称晋升结果不满而选择了离开。

尊重教师、让教师感受到尊严是一所大学应有的文化底色。"学术至上"和"学者至尊"的大学精神回归，不是空洞的说辞、虚无缥缈的理念，需要实实在在地落实在学校的资源配置、制度设计等方方面面，体现在学校日常管理的细微之处，如学校举行的庆典活动或会议的座次安排及来宾介绍中，应该是把知名教授放在前，而不是把行政管理人员放在前面。大学的善治应该是管理逻辑服从学术活动规律，而非凌驾其上。

三、语言习得和文化差异的适应

（一）作为思想表达和沟通工具的语言

英语是当代世界的通用学术语言。伴随着全球化、国际化的浪潮，国内学术界与当代交往日益密切，加上网络通信技术发达，国际影响成为衡量一个人学术水平的重要标准。尤其是对于 STEM 领域（S-科学，T-技术，E-工程，M-数学），到国际学术大会上用英文交流、在英文杂志上发表论文、被邀请到国外讲学等成为知名学者的基本选项。菲利普森（R. Phillipson）指出，当下存在英语语言帝国主义的倾向，在不断建立和重构英语同其他语言之间在结构和文化上的不平等，从而维持和加强英语在世界范围内的主导地位。② 致使如今中国的学者，不仅要全副精力投入学问，还要在做好学问之余找到并熟练运用合适的学问传播载体——语言。学不学外语，花多少时间去学，这个原本不是问题的问题，在今天全球化的世界中已无法回避。正如甘阳所描述的"一个中国人一个美国人，两人都是一流人才，搞到最后中国人一定搞不过美国人，为什么？中国人要花一半的时间去搞英语"③。丁学良谈到中国学者面临"一组极为不利的制约条件"，其中之一就是他们在用非母语表达专业性思

---

① 李连江. 不发表就出局 [M]. 北京：中国政法大学出版社，2016：72.

② Phillipson R. (1992). Lingistic Imperialism [M]. Oxford：Oxford University Press.

③ 甘阳. 文明·国家·大学 [M]. 北京：生活·读书·新知三联书店，2012：307.

想和意义时艰辛无比。①因此，提升语言特别是英语的运用能力，成为高校教师赴外访学交流的一个重要动因。

初到国外时的语言尴尬。尽管 CSC 对申请国际访问学者项目有明确的语言条件要求，但这种要求与实际语言应用能力还是存在差异，受访者的访谈和访学心得总结材料中都有类似的表述，由于语言未过关，旁听课程时几乎无法听懂老师的授课内容，甚至有受访教师用"一脸茫然""如同听天书"来形容当时的窘境，小组讨论时更像局外人，参与融入很成问题。

随着时间的推移，听力提升被受访教师认为是进步最为明显的语言技能，因为在国外自然语言环境下的英语语速较快、方言较多，教师们浸泡在这种真实的英语环境中，听力水平有了很大的提升。此外，口语也因为日常使用频繁，实现了"质的飞跃"，部分受访教师表示，国外访学期间能通过积极抓住机会学习，在与外国同行的积极交流中，更好地提升了自身的口语水平。

重新认识英语学习。作为一门工具的语言，访学教师在地道纯正的语言习得环境中经过一番努力，逐步适应了访学生活的需要，并纷纷表示通过半年到一年时间的浸润，对语言学习有了自己的方法和认识，访学教师切身体会到"用英语"是真正提高英语水平的最佳方法，并认为语言学习关键是在"使用"和"坚持"。语言作为思想表达与沟通的桥梁，在每天不断地练习与交流当中，语言运用能力取得了长足的进步。在经历一段时间后，访学教师明显感受到语言能力的提升，甚至得到了外国友人的肯定：

> 记得在回国之前的最后一周去与系里老师道别，芭芭拉·塞勒斯（Barbara Sellers）女士很真诚地跟我说："你或许没有意识到这一年你有多大的变化。我记得你刚来的时候，看得出你的紧张，你在脑子里快速地搜索着你的词语。但是你很勇敢很努力。看你现在，多么地放松与自然，你的英语多漂亮，你太棒了！"（受访教师 JJX－06）

提炼语言学习技巧。不少教师分享了他们在国外学习提升语言的技巧，包括克服心理紧张障碍、在日常细微处学习英语表达、多让自己暴露在英语环境中、运用是最佳的英语学习方法等。

---

① 丁学良. 什么是世界一流大学［M］. 北京：北京大学出版社，2004：104－105.

总之，国外访学在不同程度上增强了教师们的英语语言技能，这一结论与国内外关于海外留学收益的研究有类似之处。[①] 这与受访教师的学习者身份和教师的职业特性相关，使其能够对语言学习更为敏感。但由于各种因素的制约，并不是每位访学教师的英语技能都有显著提升，个体间存在较大差异。

（二）感知文化差异和爱国主义情感

在感知差异中推动文化交流。国外访学为教师们提供了丰富的文化体验机会，除了语言习得，能够接触和了解异国文化也是国外访学中的重要收获。不少受访教师表示文化收获更为突出，对当地的饮食、风俗、节日、教育系统等日常接触的文化内容有了亲身的体验，也更能体会到文化间的差异。在英国访学的一位文学老师向研究者分享了访学期间所经历的一次文化差异：

> 希拉里（Hilary）教授邀请我们圣诞节到他家聚会，聚会前有一个小小的插曲。出于礼貌，我们提前了近一刻钟到达。奇怪的是，透过窗户看到房间灯火通明却不见人影，但我们还是按了希拉里教授家的门铃。希拉里教授开门时笑着说"我猜中国客人会来得比较早"。我们才意识到自己来早了。……后来发现，当地的客人都是比所通知的聚会时间晚半个小时才陆续到来。这个插曲让我们学习了"提前到达圣诞家庭聚餐"的不合适。（受访教师 WX – 02）

经历一段较长时间与其他国家的人保持积极的接触，为访学教师提供了一门内容丰富的"文化课程"，有助于访学教师跳出狭隘的思维，深度透视其他社会的现实状况，保持思想的深邃性，避免对事物的一概而论。在语言表达和沟通能力不知不觉地被提高的同时，对不同民族的文化也有了更深入的了解，国际视野更加开阔。[②]

访问学者是文化交流最直接的经历者，在国外期间，不仅感受、学习别国的文化，更混合着相异文化间的交融与对峙，这种文化交流也塑造着他们的内心世界。曾在剑桥访学的访学教师向研究者讲述自己多次作为志愿者参加了学

① Dewey, D. P. et al. (2014). Language Use in Six Study Abroad Programs：An Exploratory Analysis of Possible Predictors [J]. Language Learning, 64 (1)：36 – 71.

② 卢敏. 学习环境与语言习得——海外交流经历对外语学习的影响 [J]. 西安外国语大学学报，2015 (4)：60 – 64.

校组织的大型慈善活动经历，基于此对践行"服务他人"的待人接物的准则有了更深刻的认识，改变了自己的心态。

此外，访学教师还肩负着"中外文化沟通桥梁和文化传播使者"的使命。在国外访学期间，利用各种平台和机会，积极传播中国文化、推动中外文化交流交融，在跨文化交流中展现中国文化的魅力，从而起到文化沟通的桥梁作用。[1] 一些受访教师表示，除了在他国场域把优秀的文化与知识拿进来之外，还得把中国的文化与文字语言传播出去，让更多的外国人了解中国文化和语言与文字独特的魅力之处。为此，有受访教师选择通过参与汉语课堂教学，希望在海外传承和弘扬中文学习的同时，更向炎黄子孙及海外友人传播博大精深的中华文化与传统。

不可否认，文化交流作为一个互动的过程，它更多地发生在访学教师切身的生活中，当我们的心态更为冷静、自信时，其他文化的价值才会充分体现出来，文化之间才能有平等的交流。

激发爱国情感中坚定发展自信。访学教师对祖国的认识和爱国精神有了更深刻的理解，更加深刻地认识到"祖国强大才有尊严，爱国并不是空洞的口号"，在国外，自己代表的就是中国人的形象，一言一行中显示着中国人的素质，并认为"出了国才更爱国，对祖国的认同感更加强烈"。

> 在外期间，每次听到祖国取得令世界瞩目的成就时，自豪感不由得从心底升起，也无形中多了一分安全感。而一些无视当地习俗，插队、乱扔垃圾、不遵守交通规则、高声喧哗等让人不齿的行为，极大地侮辱了国家的声誉。正是一些人不合时宜的言行，遭到当地人的排斥。每当这个时候，愈发强烈地感受到作为中国人在国外注意日常言行的重要意义所在。（受访教师 FX - 01）

与此同时，在感受中外差异的过程中，访学教师进一步认识到了发达国家其实也存在着自身发展的困境，对比之中，增强了对祖国发展的信心。部分受访教师认为，祖国大地处处生机勃勃、活力四射，而访学所在的国家很难看见

---

[1] 李迎新，李正栓. 基于交往行为理论的国际研修合作双方主体间性研究 [J]. 外语教学理论与实践，2018（1）：81 – 89.

热火朝天的建设场面。国家的强盛、民族的崛起让国人在国外也倍受尊重，因此，"出国访学，让自己深切体会到祖国的伟大和可爱，是一次深刻的爱国主义教育"。在美国访学的一位受访教师在访学总结中谈到"感觉美国并没有想象的那么美好"，中国在移动支付、基础设施建设、高铁等许多领域比美国更具优势：

> 美国政府效率低下，部分公共设施老化后修缮速度慢，生活也没有在国内这么便利。另外，在美国，你能感受到中国制造的强大，很多东西都是"中国制造"；美国的铁路交通不发达，远不如中国东中部地区通勤效率高，降低了城市间的流动频繁程度。（受访教师 GLX－05）

总体而言，访学教师在感知文化差异中增强了文化自信，在中外对比中增强了对祖国的认同感和信心，并充分利用访学机会，向外国友人积极传递中国好声音、介绍一个真实的中国，通过自己言行彰显中国当代学术人的风采，在赢得了国外学术同行尊敬的同时，传播着中华文化，让国外访学之旅不仅仅是一段自我专业提升之旅，更是一次爱国主义教育和中外文化交流之旅。

第五章

归来：高校教师国外访学后的专业发展

教学、科研和服务是高校教师工作的三个重要方面。本章运用高校教师发展理论，分析高校教师访学归国后在教学、科研和服务方面的发展情况，并尝试结合受访教师的职称、学科等因素勾勒出教师国外访学经历与回国后发展之间的逻辑关系。具体分析要素在教学发展上主要包括教学理念、教学方式、学业评价、学生评教、课程国际化，科研发展主要体现在国际发表、学术认知、国际学术网络和研究质量，服务发展则聚焦于服务认知以及社会服务（校外服务）和管理服务（校内服务）等内容。

第一节　高校教师国外访学经历与教学发展

教学是高校教师的基本职责，教学要求教师理解和掌握自己的专业知识，并广泛涉猎，同时将新知识与他人分享，把自己所掌握的专业知识让学生理解。高校教师发展理论认为，教学发展是指通过创新和改善教学方法、开发和更新教学内容、开展教学分析和测评以及丰富和拓展专业知识等方面，提升教师教学水平和教学质量。[①] 作为教师出国访学任务或访学动机之一，就是感受观摩国外大学的课堂教学。在经历了国内外不同课堂教学的冲击后，访学教师的教学理念经历了怎样的变迁，受到了哪些潜移默化的影响，并在回国后的教

---

① 秦冠英. 20 世纪 70 年代美国大学教师发展的理论与实践［M］. 北京：社会科学文献出版社，2016：103.

学实践中发生了怎样的变化，是我们关注归国教师教学发展的主要维度。

一、教学理念的省思

英国教育学家怀海特曾经指出："大学之所以存在，主要原因并不在于仅向学生传播知识，也不在于仅向教师们提供研究的机会。……大学存在的理由是，它使青年人和老年人融为一体，对学术进行充满想象力的探索，从而在知识和追求生命的热情之间架起桥梁。"① 在高校的课堂教学之中，师生以各种富有想象力的方式传授、探索和交流着关于人类、自然界和宇宙万物的知识、经验和体会。教学理念是教育者在从事教学过程之中，头脑中观念地存在着的有关知识、教学和学生智慧发展等方面的诸种理论和信念的综合体，是指导教育者在教学实践过程中组织和实施教学的理论基础。② 理想中的课堂与现实中的差距以及国内外课堂教学的差异，为访学教师反思自身的教学理念提供了契机。成人学习理论在分析成人变化发展时认为，实现改变的关键要素之一就是自我洞察，即教师要进行自我审视和反思。

（一）坚定教学工作的意义和价值

美国康奈尔大学原校长罗德斯认为，教学具有道德层面的意义，因为教学在提升学生能力、规范行为、塑造智力的同时，还对学生的思想和心灵进行教化。同时，他还指出，教学也是一种天职。因为教学包含一种使命，而并不只是一项工作；成功的教学需要的不仅是知识，还包括献身精神。一位伟大教师的品质就是通过他/她在课堂中的表现展示出来的。因此，任何一位被称之为教授的人都必须将教学看作一项道德职业。毕竟它不是简单的过程，而是要对学生进行鼓励、改变和挽救的过程。③

教学不是一种超越教室的公共和可视的行为，因此，教师无法借助教学获得广泛的认可，更有甚者，出色的教学在学术圈里被视为一种表演艺术，表演

① ［英］怀海特. 教育的目的［M］. 北京：生活·读书·新知三联书店，2002：137.

② 赵国栋. 关于大学教学理念的形成及理论分析［J］. 河北科技大学学报（社会科学版），2003（3）：6－11.

③ ［美］弗兰克·H. T. 罗德斯. 创造未来：美国大学的作用［M］. 王晓阳，蓝劲松，等译. 北京：清华大学出版社，2007：76－82.

得好会让同行怀疑是否在认真做学问，此类情形在国内外高校都有着相似性。但经历了国外访学的见闻，访学教师更倾向把教学工作视为"最重要的"，因为教学育人的价值和意义给自己带来的"那种成就感是无与伦比的"。一位受访教师谈到，即便科研做得再好，但根本还是培养学生，所以应该尽己所能去服务学生成长：

> 或许五年之后，自己现在的学术成果很少有人看；但是五年之后，学生可以变成优秀的人才散布到祖国大江南北。……科研再厉害，根本还是培养学生，培养学生自由思想、独立思考的能力和对真理的执着追求。尽管大学阶段的学生，想从本质上去影响和改变他有难度，但我觉得应该尽自己最大的努力去做。（受访教师 LX－01）

在坚信教学育人的价值和意义同时，一些访学教师表示，课堂教学不仅是一种知识的传授，更像是一种身体力行，以一种向上、阳光、健康的思想状态向学生传递正能量，引导学生注重人际关系和谐，学会关心他人，由此对教师的心理状态也带来积极的影响，让自己更乐观向上，感觉"人生美好的东西被唤醒"，从而努力在教学课堂中展现出灵动的生命力，并将教学视为一个享受的过程。

此外，有受访教师表示，教学有一种成就感，每一堂课就像一次演讲一样，通过教学成功表述自己思想赢得学生的认可，从中感受到教学的乐趣。还有受访教师认为，教学不仅仅是教课，通过课堂影响学生的发展走向更加积极进步的方向，让学生向上向善，将学生知识的掌握、兴趣的培养、反思批判能力的形成乃至整体的发展作为自己重要的教学成绩，这不仅是一种"教"的乐趣，更是一种教学育人的乐趣。

因此，尽管有受访教师谈到，目前学校在激励老师投入教学的时间和精力的制度设计上还有欠缺——教学需要占用教师大量的时间，而在职称评审中不受重视，这与刘易斯所提及的"在教师的晋升竞争中，教学方面获得'优秀'的教师与只获得'勉强满意'的教师相比，并没有多大优势可言"① 完全吻

---

① ［美］哈瑞·刘易斯. 失去灵魂的卓越（第二版）［M］. 侯定凯，等译. 上海：华东师范大学出版社，2012：70.

合，但受访教师仍表示，会把教学作为自己在大学安身立命的必要存在，因而现在也更愿意花时间在教学上：

> 虽然现在学校的体制是要求"种瓜得豆"，平时要求老师承担大量的教学任务，评职称时却还是更看重科研成果产出。……教学是个良心活，没有学生，大学何以存在，教师怎么安身立命？所以，我会在课堂之外花更多的时间去备课、指导学生。（受访教师 WX–05）

高校教师是一个具有高度伦理自觉的职业，而教学活动作为一种人际间思想、知识和情感的交流与互动，往往可以为教师带来精神回报，如快乐与成就感等。教学的精妙之处在于教师能从学生身上找到激情的源泉，探寻到神圣的火花和灵感。因此，教学具有鞭策和鼓励学生的潜在影响力，故而使得教学成为最高贵的专业，成为最具规范性的职业，成为要求最高的工作。在强调和认同教学重要地位的同时，部分访学教师还提出要加强对教学的研究，认为现在课堂中还存在靠教学技巧取悦学生而不是以教学内容打动学生的问题，因此，要加强教学育人方面的探究，在教学中提升育人质量，而不能仅仅专注于有用知识，忽略了素质提升。

（二）师生关系的重塑

师生关系是教学过程的重要因素，对学生学习成效、成果都有直接而显著的影响。长期以来，我们对教师角色的认识，最津津乐道的就是："师者，传道授业解惑也。"这种认识的潜在意蕴就是，把学生作为知识的接受者，将教师置于一个相对高的位置，师生间鲜有争辩。德国学者洪堡认为，"大学教授的主要任务并不是'教'，大学学生的任务也不是'学'；大学学生必须独立地自己去从事'研究'，至于大学教授的工作，则在于诱导学生'研究'的兴趣，再进一步去指导并帮助学生去做研究工作"。① 美国教育家罗德斯进一步指出，大学教师不仅仅是讲解者，还要充当教练、向导和模范的角色；学生一定要成为一个积极的参与者，而不是一个消极的看客。教育不是一项有观众的体育运动，它需要通过人际互动带来变化。它要求积极的投入，而不需要消极

---

① 田培林．教育与文化［M］．台北：五南图书出版公司，1988：557．

的服从；需要个人的参与，而不需要倦怠的列席。①

两位学者虽然在表述上有所差异，但都强调师生间应平等对话，发挥学生的主体作用，注重师生的有效互动。访学教师对师生在教学中的角色定位进行了重构和反思：教师不再是单纯的知识传授者，学生也不应是单向的知识接受者，师生都是知识的探索者和发现者。持这类观点的受访教师认为，教师的责任是在学生求学过程中提供指导、协助、鼓励和引导，教学过程中会更加注重平等对话，相互坦诚尊重，并用"亦师亦友"来描述自己现在与学生的关系，表现在课堂上充分尊重鼓励学生们对事物的不同看法和观点，对问题共同探讨；在指导学生过程中充分与学生沟通交流，引导学生学术前沿和方向的同时，也给予学生足够的学术空间。

还有访学教师将师生关系描述为"学习共同体"，使学生成为教师在知识探究过程中的伙伴：

> 师生关系在我看来并不是简单的"朋友关系"或"传授者"与"接受者"关系，而是一种"学习共同体"的关系，因为老师在激发学生潜能的同时，也从学生身上学习，学习如何提高自己，彼此建立情感，培养默契，共同学习。（受访教师 GLX－06）

建构主义从知识建构的角度，将学习视为一个转换现存知识并赋予其新的意义的互动过程，这种互动过程可以是新、旧知识间的组合与统整，也可以是群体或共同体间的交流与协商。师生间的交流是学习共同体存在与延续的关键。早在 1972 年，联合国教科文组织在《学会生存：教育世界的今天和明天》的调查报告中指出："教师的职责现在已经越来越少地传递知识，而越来越多地激励思考，除了他的正式职能以外，他将越来越成为一位顾问，一位交换意见的参加者，一位帮助发现矛盾论点而不是拿出现成真理的人。"② 透过访学教师对教学过程中师生关系的反思，我们发现这一论断在今天依然闪烁着理性和智慧的光芒。

---

① ［美］弗兰克·H. T. 罗德斯. 创造未来：美国大学的作用 ［M］. 王晓阳，蓝劲松，等译. 北京：清华大学出版社，2007：79－80.

② 联合国教科文组织国际教育发展委员会. 学会生存：教育世界的今天和明天 ［M］. 北京：教育科学出版社，1996：62－63.

（三）注重学生批判性思维的养成

批判性思维是全球高等教育公认的目标，是一种合理的、反省的思维，强调对观点、假说、论证等持审慎的态度。[①] 当前，我国大学生习惯囿于"标准答案"，缺乏好奇心、独创性和想象力。[②] 培养学生的批判性思维能力是大学教育的重要目标。批判性思维能力通过提出相关问题、认识并定义问题、分辨各方观点、寻找并使用相关证据，最终做出严谨、合理的判断，因而被认为是有效利用信息和知识不可或缺的手段，批判性思维可服务于实用性目的，也可以是纯思维性的。[③] 多位受访教师在谈及国外课堂教学对自己的影响时提到，国外的教学更注重"鼓励学生自主学习，培养学生批判性思维"，学生有很多机会参与讨论，并自主思考、各抒己见，同时接受他人的点评。参与者的不同背景、视角和价值观，让学生们有机会思考问题的前提条件，了解各种新颖的观点，并在新知识、新观点面前检视自己思考过程的合理性。

访学教师认识到，与把知识教给学生相比，最重要的是学生学习能力的形成，学生通过自己领悟到的知识会更让他们激动并受益终生；并认为学生通过不断地讨论与交流，学生们批判性思维的火花被激发出来，彼此之间互相碰撞，进而摩擦出更加闪亮的思想和智慧。这样的课堂在受访教师看来才是培养人才的摇篮。

重要的不在于学生是否知道什么，而是知道如何寻找需要的知识，只有掌握了后者，才能"活到老，学到老"，才能让自己的知识永不过时。在新西兰访学的一位受访教师认为，自己回国后在教学方面最大的变化是教学中更加注重对学生的启发，借此提升学生对学习的兴趣而不是进行知识的填充和权威的强压：

> 对学生而言，大学生涯的一个重要尺度是能否在四年中形成自己独立的思想体系、生活方式和世界观、人生观和价值观。回国后，我觉得自己

---

① Robert H. Ennis（2015）. Critical Thinking：A Streamlined Conception［J］. The Palgrave Handbook of Critical Thinking in Higher Education，（14）：31－47.

② 夏欢欢，钟秉林. 大学生批判性思维养成的影响因素及培养策略研究［J］. 教育研究，2017（5）：67－75.

③ ［美］德雷克·博克. 回归大学之道（第二版）［M］. 侯定凯，等译. 上海：华东师范大学出版社，2012：75.

最大的变化就是经常会反思教学方法，提醒自己在课堂上要进一步引导学生增强问题意识，让学生自主地进行学习。（受访教师WX-04）

相关研究表明，"填鸭式"的教学和作业练习可以让学生记住一些规则或概念，但无法教会学生将知识迁移到新的问题情境中。当下，我国大学生整体崇尚知识权威，不会批判性地看待不同来源的知识，"唯书""唯上""人云亦云"，思维创新受阻。[①] 特别是在中国教育情境下，受尊师重教传统的影响，学生更易于将教师视为真理、智慧和知识的持有者，甚至是唯一正确知识的获取渠道，从而陷入机械式的被动学习。[②] 雅思贝尔斯曾指出，学生在大学里不仅要学习知识，而且要从教师的教诲中学习研究事物的态度，培养影响其一生的科学思维方式。大学的生命全在于教师传授给学生新颖的、符合自身境遇的思想来唤起他们的自我意识。[③]

因此，教师应注重学生批判性思维的培养。一些受访教师还就此总结了若干条经验原则：在具体细节中，要鼓励学生批判地思考和审视知识和信息的来源，包括知识和信息的出处和立场、逻辑论证是否合理、结论是否可靠等。同时，鼓励学生学会区分知识来源中的"事实"与"观点"，学会用事实说话，用数据去支撑观点，避免针对"个人体验"和"个人价值观"偏好进行无谓的质疑和争论。通过有趣的提问，让学生认识到自己思考过程的缺陷。通过组织课堂讨论、团队合作项目等"主动学习"的活动，鼓励学生对问题做严密的推理和分析。受访教师反思认为，当下国内高校的教学中，教师提问不多，真正能够激发学生深层次思考的问题则更少。

（四）"教学学术"的萌芽

20世纪90年代，为提高本科教学质量、给教学工作以应有地位，卡内基教学促进委员会主席欧内斯特·博耶提出，要重新审视学术能力的含义，扩充学术能力的覆盖范围，即博耶的多元学术观，其中之一就是教学学术。关于教

① 夏欢欢，钟秉林. 大学生批判性思维养成的影响因素及培养策略研究［J］. 教育研究，2017（5）：67-76.

② Nelson, G. L. (1997). How Cultural Differences Affect Written and Oral Communication: The Case of Peer Response Groups［J］. New Directions for Teaching and Learning, (70): 77-84.

③ ［德］雅思贝尔斯. 什么是教育［M］. 邹进，译. 北京：生活·读书·新知三联书店，1991：139.

学的思考，虽然还处于个人反思、经验总结的阶段，但也有访学教师开始注意到要对教学进行研究，在共同体中进行传递、获得认可，逐步发展成为"教学学术"。研究发现，尽管由于专业学科领域的差异，受访教师对"教学学术"一词内涵的理解可能并不完全准确，但结合国外访学的经验，积极开展反思和借鉴，并在自己回国后的教学中尝试进行"研究性学习"的教学改革，其实质就是"教学学术"的萌芽：

> 国外教师授课没有完全按照一本教材来讲知识点，而是让学生涉猎很多知识……，知识的讲授不够系统、条理，内容也浅尝辄止，但后来我渐渐明白，其实这种方式更有助于培养学生的独立思考能力和批判精神。当时我就想，回国后自己在教学上应该有些变化，比如注重学生能力的培养，有专业的意识，做研究的方法，找到专业领域里一个自己感兴趣的点，让学生尝试去做研究。这种教学方式改革也得到了学院分管教学领导的认可，并在学院里进行交流倡导。（受访教师 WX-03）

这位受访者所谈到的教学学术探究取得了良好的成效，学生们出于对学科的兴趣、研究能力得到了提高，同时受访教师通过"领导认可倡导"的方式，将自己的教学改革理念与学院其他教师进行了交流共享，但这种个性化的教学反思并没有形成制度性的保障。

当然，在案例院校也有保障"教学学术"的相关制度安排。例如，每年都会设置 60 项左右的"校级教改课题"，鼓励教师们积极申报，用研究的思维和视角去分析教学中的问题，将教学改革的相关知识进行理论化，并以"教学改革论文"的形式进行交流；同时，在科研成果计分方面，对"教学改革"的论文和课题计分高套一档，如在中文核心期刊上发表的教学改革论文可以视同 CSSCI 期刊论文进行计分。

但教师们似乎并没有把"教学学术"的地位等同于"发现的学术"，不少受访教师表示，教研论文发表比专业论文发表更难，而学校层面也没有形成很好的交流共享平台，导致"教学学术"水平相对低下、层次不高，正如案例院校科研处的负责人在访谈中所谈道：

> 其实，我们也发现，每年学校和省里资助立项的教改课题很多都没有

什么新意，充其量就是把研究问题从 A 专业换成了 B 专业，对我们学校来讲，专业的差异性并不大，一些改革的理念和模式多年前就有老师提出过。（管理人员 KYC－C）

此外，还有受访教师表示，自己会更多地思考"什么是好的教学、好的课程"这类问题，在他们看来，从表象上看，好的教学不仅意味着不让学生打瞌睡、玩手机，不仅是能够顺利完成预定的教学任务，也不仅仅是课堂氛围欢快愉悦、学生抬头率高等表面形式，更重要的是，要让学生在课程结束时能从整体上把握课程的内容，并深受启发，而感化和教育学生凭借的是智慧的力量，而不仅仅是出色的表达。

另一些受访教师谈到，从教学发展的角度来看，作为学者的高校教师，同样也是学习者。教学不仅意味着知识的传输，还意味着知识的扩展。通过阅读、课堂讨论、学生提问等环节，教师自身的学识和见解有所提升，知识的延续和扩展成为可能。

总体而言，通过学习教学理论、观察国外课堂的做法，访学教师回国后普遍对教学有了更深刻的认同和理解，注重对学生批判能力的培养，倡导在课堂教学中形成平等对话的师生关系。同时，还有少部分教师能够结合教学中的实际开展"教学学术"活动，这些是教师教学发展的体现，但教学学术还处于自发自觉的状态，尚未建立起有效的交流、批判和共享机制，制度保障尚有待于进一步发展。

二、"沉默课堂"的改观

（一）相对沉默的中国课堂

提问可以让学生把阅读从静态的、单向的转变为动态的、双向的交流，实质上是一个深度理解的过程。现实中，中国学生在课堂上较少提问题或主动回答问题，对课程内容进行辩论和质疑的现象更少。多项调查数据显示，与欧美高校的课堂相比，中国高校的课堂确实显得相对沉默些。2009 年，史静寰教授团队在清华大学开展的一项调查显示：清华学生自我报告从未在课堂上发言或参与讨论的比例为 34%，而在美国同类院校中该比例仅为 5%；接近 60% 的美国学生自我报告在课堂上"经常"甚至"非常频繁"提问并参与讨论，而该比例在清华仅为12%。① 另一项国内外多所院校学生参与的"研究型大学学生就读经验调查（2013年）"数据显示，在"课堂上提出深刻的有见识的问题"这个题项上，湖南大学、南京大学和西安交通大学的学生选择"经常"和"频繁"的比例分别为6%、5%和4%，而美国加州大学伯克利分校的比例为25%，荷兰阿姆斯特丹大学则高达41%。②

正如张楚廷先生所说的，"中国大学普遍的沉闷状态是令人忧郁的，课堂本是一个应激起大脑风暴的地方，但是它寂静得令人可怕"③。大多数受访教师对国内沉默的课堂深有感触，认为国外课堂上学生主动地提问、大胆自信地与老师交流、积极地参与课堂讨论，学生们主动学习知识的积极性和勇于提出自己质疑的精神与中国课堂教学模式有显著的差别，令人印象尤为深刻。

学生在课堂上主动提出问题和回答问题被麦肯齐（Mckeachie）视为大学教学精要，属于深层次学习和主动学习的方法。④ 法国当代学习科学研究专家安德烈·焦尔在论及学习的本质时指出，"学习就是与他人对质，就是自我表达，就是辩论"，这一系列话语参与的过程，就是学习体会"意义炼制和思维快乐""走向深度理解"的过程。⑤

由于在课堂中不积极表达，不能清晰地表达自己的观点，很少提出批判性的问题，中国学生甚至被少数外国教师认为不是很好的思考者：

> 有的国外教授认为，中国学生都是好的学习者，但不是好的思考者。换句话说，中国学生都是乖学生，但不善于思考或表达自己的思想。理由是中国学生总是安静地听课、记笔记，很少在课堂上提出批判性的问题。……不能或不善于说出自己的思想，别人就会认为你没有思想。（受访教师GLX-06）

① 罗燕，史静寰，涂冬波. 清华大学本科教育学情调查报告2009——与美国顶尖研究型大学的比较［J］. 清华大学教育研究，2009（5）：1-13.
② 吕林海，张红霞. 中国研究型大学本科生学习参与的特征分析——基于12所中外研究型大学调查资料的比较［J］. 教育研究，2015（9）：51-63.
③ 张楚廷. 大学里，什么是一堂好课［J］. 高等教育研究，2007（3）：73-76.
④ ［美］麦肯齐. 麦肯齐大学教学精要：高等院校教师的策略、研究和理论［M］. 徐辉，译. 杭州：浙江大学出版社，2005：24-40.
⑤ 安德烈·焦尔. 学习的本质［M］. 上海：华东师范大学出版社，2015：79-87.

现实表明，"沉默的课堂"并不是西方学者对中国课堂的刻板印象和高傲态度。尽管已有不少研究开始深入探讨中国学生在课堂上保持沉默行为背后的文化原因，试图超越宽泛的文化解释路径，深入大学生沉默行为背后的心理倾向，挖掘中国大学生沉默表象下的衍生规律①②，并尝试分析构建中国学生主体性学习解释框架③，以证明"沉默的课堂"并非低效的课堂，而是一种文化意蕴的建构。但大多数访学教师认为，有必要打破这种"沉默"状态，让课堂氛围活跃起来，不希望自己的课堂教学变成"个人专场表演"。

（二）打破课堂"独角戏"的尝试

桑托罗（Doris A. Santoro）认为，教学过程的复杂性在于：好老师不等同于好的教学，有些方面教师可以把握，但更多的方面却无法由教师所掌控。教学过程有四轴：第一，好的"教"，的确更多依靠教师；第二，教与学的机会，如班级规模大小，教师仅能产生部分影响；第三，环境支持，教师的影响非常有限；第四，学生的意愿与努力，教师仅能发挥部分和有限的影响。④

在回国后的课堂教学实践中，经历了对国外课堂教学的省思，特别是国外学生的刻苦和学习投入让访学教师深受震撼。受访教师表示，回国后自己会更关注学生的课堂表情，鼓励学生参与教学，让课堂不再是教师自己的"独角戏"：

> 每次上课伊始，我都会对学生说，你们对我课上讲的内容有任何问题随时可以提出来。有时候，发现学生似乎是没有听明白的样子，我现在也会主动停下来问他们有什么问题。（受访教师 JJX - 06）

除此之外，访学教师还尝试在教学中适度"增负"，对学生的课程学习提出更高要求。还有受访教师谈到自己回国后的教学变化时表示，现在教学中会更多地增加小组任务和课后小作业，通过布置作业增加学生的学习压力，产生了一定的效果：

① 吕林海. 中国大学生的课堂沉默及其演生机制［J］. 中国高教研究，2018（12）：23 - 29.
② 雷洪德，等. 课堂发言的障碍［J］. 高等教育研究，2017（12）：81 - 89.
③ 张华峰，史静寰. 走出"中国学习者悖论"［J］. 中国高教研究，2018（12）：31 - 37.
④ Santoro, D. A.（2011）. Good Teaching in Difficult Times：Demoralization in the Pursuit of Good Work［J］. American Journal of Education，118（1）：1 - 23.

之前上跨文化交际课，总是学生在下面安静地听，自己讲得很累，可还觉得说少了。现在我意识到，要用更多的案例或者是让学生在创设的环境中去体验，让学生准备演讲。同时，增加了平时的作业要求，……布置和不布置还是有区别的，不布置学生就"打酱油"，布置了对大部分学生而言心里还是有压力，会想着有这么一件事。（受访教师 WX - 02）

访谈中，多位教师向研究者谈及在国外所感受到的习明纳教学，并认同和推崇这种教学方法。习明纳产生于 18 世纪的德国大学，是当今西方大学最常用的教学方法之一，该方法让学生组成研讨小组，在教师指导下，就某个或某些专题展开研讨，以培养学生的分析能力与研究能力。习明纳适应了现代大学教学与科研相统一的理念，注重培养学生的研究意识、创新精神和独立学习的能力，拉近了师生距离，融洽了师生情感，弥补了传统讲授方法的缺憾，甚至有学者提出，"没有习明纳的大学，一定是一所不完整或有缺憾的大学"①。课堂应该有更多的积极互动，实际上是应该更加平等，多倾听学生的发言、学生的意见，为了让学生在课堂中积极互动参与，有受访教师表示，回国后的教学中要求学生把桌子搬到一起，便于进行分组讨论，学生表现也非常活跃。

当然，习明纳教学具有丰富的内涵，不能光有"形似"，更要"实至"，引入和运用习明纳，在受访教师看来，对教师的组织能力、激励策略等提出了更高的要求：

最能发挥学生的创新性学习思维是习明纳的讨论阶段。老师事先要进行很好的教学安排和准备，比如，与学生就布置的话题和查阅的资料进行讨论协商，同时制定出相应的计分规则，并在课后保持与学生的互动讨论，只有这样才能确保习明纳的效果。（受访教师 LX - 04）

改变学生在课堂中的沉默习惯，关键并不在于人才培养方案或课程体系中设置多大比例的习明纳课程，而是要真正理解习明纳的理念内核，如果大部分讨论课关注的不是对已有观点的批判、质疑和对未知学术世界的探索、发现，而只是围绕既有结论展开的理解性交流，其效果无非是帮助学生"牢

---

① 贺国庆，何振海．成就完整的大学——习明纳的历史及现实意义［J］．教育研究，2019（2）：41 - 49.

记知识"。

总之，当我们用西方的课堂标尺来丈量中国课堂时，"沉默"似乎是一种"劣质课堂"的表现，但这种安静、沉默的课堂又何以导向杰出的教育成就，成为西方学者比格斯和沃特金斯（Biggs & Watkins）等提出的著名的"中国学习者悖论"。因此，访学教师根据教学的需要，在回国后致力于通过教学技术和方法"打破沉默"的同时，还应超越"沉默"课堂的表象，审思中国大学生"沉默"行为背后的伦理意蕴，更应思考如何激活大学生的思维、打开大学生的心灵，因为只有真正触及价值的本质，才是真正的、永恒的教学之道。在有关研究者看来，"'听'并不意味着无动于衷，听的时候也是思考的时候，专注地听才能在之后产生更深刻的言语反应"[①]，倾听也是一种无声的思维参与，是为了更好地"发声"。因此，努力构建"倾听＋表达"的中国式参与型课堂，才可能让中国教育者找到"更接本土地气"的课堂教学改革路径，从而真正有效地激发出中国课堂的活力。

（三）教学方法的改变

怎么教比教什么更重要，培养创新型人才首先要求改革教学方法。长期以来，我国高校教学一直以课堂讲授为主，这种教学法将教师置于中心地位，注重学生的记忆而忽视他们的反应，注重答案的一致性和标准性。由于过分强调一致，不利于学生创造精神的培养和学术发展。事实上，众多研究表明，讨论式教学方式比传统的课堂讲授教学方法更有助于学生批评思维和问题解决能力的发展。但正如博克校长在批评哈佛大学的教师所指出的："我们的教授却墨守成规，而且自认为在过去颇为有效的教学方法在今天也同样受用。……他们不愿自我发展，不重视教育研究成果，仍然'我行我素'。"[②]因此，对教学方法进行不断地创新，需要教师不断对自己的教学过程进行研究和反思。

认同要推动教学方法创新的受访教师表示，改革应该是根据教学需要而不

① Inagaki K., Hatano G., Morita E. （1998）. Construction of Mathematical Knowledge through Whole-Class Discussion［J］. Learning and Instruction, 8（6）：503–526.

② ［美］德雷克·博克. 回归大学之道（第二版）［M］. 侯定凯，等译. 上海：华东师范大学出版社，2012：212.

是学生适应的角度来推动。尽管对教师而言，改革意味着要付出更多的时间和精力，提出了更高的要求，比如，要关注最新金融资讯，要收集到相应的主题，同时还有可能会影响一些课程的进度，但从教学效果来看，改革后的教学更受学生欢迎。不少受访教师表示，回国后对自己的教学方法进行了探索实践，并提炼出适合自己所授课程特点的教学方法。如曾在英国访学的一位受访教师提到，回国后在课堂教学中"要让学生参与进来"，并创新出"听说读写"教学法运用到课堂：

> 我总结出一套"听说读写"的授课方式。听：是听别人讲，要听出别人讲的重点，以及讲得好和不好的地方。说：要上台来讲，讲得怎么样，讲得好不好，都是锻炼。读：课堂上进行呈现，课余必须先阅读，不提前阅读就不可能有好的呈现。写：每次学生讲完了，都要求写个课堂小结，对课堂内容进行梳理、评价。（受访教师 WX－01）

此外，结合课程内容，通过组建课程教学团队，邀请实务经验丰富的人士参与到课堂教学中，也是访学教师在回国后的课堂中进行的尝试。在美国访学从事艺术传播研究的受访老师谈到，由于专业与社会结合度很高，通过请实务专业人士加盟教学，分享工作中的案例和实践运作经验，并结合工作过程中碰到的问题和学生一起来制定改进方案，这种"接地气"的教学改革让学生更能感受到专业知识的价值。

由于教学管理中，高校经常用"教学工作量"来衡量教师的教学任务，而教学其实是一个看似简单、实则复杂的概念，如何科学合理地认定教学工作量并非易事。比如在访谈中，一位来自社会工作专业的老师就谈到，目前学校对实践教学的工作量很难认定，而且对职称晋升等没有帮助，尽管这块工作对人才培养很重要，但教师们投入的积极性不高，更多的是靠个人自觉。

组织学生阅读经典也是如此。曾在澳大利亚访学的一位受访教师认为，学生通过老师二手的叙述或解读来了解人类思想发展史上的一些重要理论，却很少能有机会平视原著者的目光，并对其观点的可信度进行辨识，为此，他回国后专门和学生一起打造了一个经典读书会，每月指导学生们读一本有意义的书籍：

在品读经典的过程中，可以让学生学到名家解决问题的思想，体验他们的人生，汲取经验；可以开阔视野，提高文笔，锻炼口才。……对我来说，在自己读书之余，让更多爱学习的同学找到一个交流的平台，虽然会占用一定的时间，但我认为是值得的。（受访教师 WX - 05）

尽管访学教师认识到教学方法改变的重要性，但也有受访教师表示，从现有的教学实践来看，传统的课堂讲授法仍然占据着主体地位，教师们站在讲台上滔滔不绝已成为多数高校课堂的家常便饭，不少教师仍习惯"一讲到底"。讨论式教学因为学生规模、教学传统、教室条件等原因，并没有得到广泛运用。虽然在德国哲学家雅思贝尔斯的眼里，所谓"一言堂"式的、传统的讲授教学也并非完全消极，唯有思维的激活才是评判课堂的永恒价值标准，"当讲座（讲授）是被精心准备而同时又从一个独特的角度反映当代学术生活的时候，它就是有价值的。……有些杰出学者的讲座，可以让一个人铭记终生，通过他的语调、手势，通过他对思维过程活灵活现地呈现，演讲者就可以在不经意间把'可意会不可言传'的东西表露出来"。[1]

在我国不少高校的大班教学情境中，多数学生只能间接参与课题讨论，但是如果教师能够提出有启发性的问题、针对学生回答的漏洞剔除出质疑、设计试卷和布置作业时训练学生严谨的推理能力，大班教学同样能达到小班教学的效果。所以，最具有说服力的解释，就是教师在教学改革中也存在惰性和路径依赖，习惯"一脉相承"，毕竟课堂讲授法是最熟悉的方法，相比而言，新的教学方法需要花费更多的时间和精力去准备，因为讨论可能会朝着无法预料的方向发展，学生可能会提出很多预想不到的问题，所以，教师需要为每一堂课做好充分准备。而更让教师担心的是，一旦无法调动起学生的兴趣，学生不愿积极参与讨论，这相当于为没有胃口的学生准备再丰富的晚餐，都是徒劳无益。

三、学业评价和教学评价的再认识

（一）多元的学业评价

在对学生的学业评价方式上，研究发现，访学教师普遍进行了改变，除期

---

① ［德］雅斯贝尔斯. 大学之理念［M］. 邱立波，译. 上海：上海世纪出版集团，2007：88 - 91.

末考试外，在课程教学中也视情况运用小论文、阅读、报告、讨论、听讲座等多种形式的作业要求，按不同比重一并计入学生的总成绩。这种测试方法既在结构设计上追求客观真实地反映学生的学业水平，也在理念上重视学生持续性的投入，学生难以凭一两次的侥幸而取得好成绩，投机取巧的学习行为在严格的学业评价中就没有可乘之机。

一部分受访教师谈到，要保证教学质量，课程作业是很重要的，虽然学校或学院没有对课程作业进行明确规定，学生似乎也更喜欢没有作业的课程，之前很少给学生布置作业，但现在对平时作业的要求更为严格。

尽管在课堂之外，与课堂教学质量密切相关的辅助性工作如备课、批改作业、指导学生等具有较大的弹性，且在学校管理和评价制度中也没有足够的关注，但访学教师对这部分时间的投入却发生了悄然变化。在具体的评价方式上，作业、课堂提问的表现、随堂测验等方式结合评价成为多数访学教师回国后所采取的方式。

> 对学生的考核方式主要是结合课程内容，比如，通过小组作业的方式，学生通过各种媒体查阅资料、准备讨论的问题，小组成员互相启发，互相帮助，共同研究，共同提高。从这个意义上讲，学生不再被动学习、被动考试，学习的质量和主动性大大提高。（受访教师 GLX－02）

同时，注重评价主体的多元化，除了教师评价，学生自评、同伴互评等方式也都成为访学教师在对学生学业进行评价时的探索方式。部分受访教师谈到，在对学生进行学业评价时会更注重团队合作，发挥不同学生的专长来共同完成团队作业，并认为这种评价方式可以让学生在课堂中做到自己最好的一面，让每个学生都认可自己的贡献。在澳大利亚访学的一位受访教师的观点颇具代表性：

> 现在对学生的评价，我会更多地让学生参与进来。……学生参与了评判，而评价本身就是一个再学习、再提高的过程，在评价过程中学生学会了比较、欣赏、区别、公平和民主。（受访教师 WX－05）

学业评价对学生不仅具有管理功能，同时还具有诊断、反馈、改进、激励、强化等功能。访学教师在回国后的教学实践中通过打破评价霸权，将学生由被评价转变为评价主体，让参与过程与评价过程同步，积极发挥评价的教育功能。

（二）学业评价中的分数膨胀

在高校，给学生的学业成就评分是一项基本的分类和信号机制。[①] 有资料表明，美国哈佛大学，表示成绩优异的 A 等级和 A - 等级，在 1966～1967 学年中仅占所有成绩评定的 22%。25 年后，比例扩大近一倍，达 43%。在普林斯顿大学，A 等级的比例从 1989 年的 33% 增长至 1993 的 40%。[②] 教学的目标是帮助学生达到严格的标准，而不是在标准问题上进行妥协。大学对学生的教学评价，不仅仅是分出等级，还在于引导和促进学生获得更多的知识。在部分访学教师看来，分数并不能代表能力，课程成绩上给学生打高分有其存在的合理性。在英国访学的一位受访教师向研究者谈到，只要学生在课堂学习上有所受益就好，不一定要在课程分数上去"分分计较"：

> 我为什么不给学生打高分呢？在分数上卡学生的目的和意义在哪里？我们平时都讲素质教育，要注重学生能力的培养，用长远的眼光来看，今后走向社会发展得好的学生，他们在校期间的学业成绩或 GPA 都不是最高的。所以，我的课程成绩评定的标准相对还是比较宽松的。（受访教师 GLX - 03）

这一观点似乎得到了不少受访教师的认同，在他们看来，给学生评分仅仅是为教学服务的工具而已，并没有认识到评分对鞭策学生的意义，也没有把分数作为帮助外界鉴定学生学业水平的指标或路径。而现实中，为了谋取高分，学生会借助各种理由、借助各种关系对严格给分的教师施加压力，明目张胆地向老师要求给高分、改成绩。在中国这样的人情社会中，部分受访教师表示，迫于世俗人情的压力，在给学生评分时很难不做改变。一位受访教师向研究者分享他的经历：

---

① Chowdhury F. (2018). Grade Inflation：Causes，Consequences and Cure ［J］. Journal of Education and Learning，7（6）：86 - 92.

② ［美］弗兰克·H. T. 罗德斯. 创造未来：美国大学的作用 ［M］. 王晓阳，蓝劲松，等译. 北京：清华大学出版社，2007：88.

回国后，我也尝试着运用国外对学生学业评价的做法，考核要求更严格。但在国内这个大环境，实施起来受太多东西牵制。……课程考试刚结束，就有各种关系的电话、短信来了，请关照某某学生之类的。特别是一些党团工作同事，动辄给你上升到安全稳定、心理健康、学生就业的高度，理由冠冕堂皇，好像分数给低了，学生有点什么状况就是我的责任。（受访教师 LX - 02）

社会学家翟学伟从中国人人情和制度的运行逻辑对此类现象进行了深入的分析，他指出，在上课中做人情、做好人可以导致师生间互相抬举。这是一个人情的游戏，不是一个调查统计里要区分的各个变量关系。同时，他强调，在中国这样一个讲人情的社会，任凭我们如何想方设法地建立、完善和执行制度，我们社会的底色依然保持着人情的基调——与人为善。[1] 通常情况下，在学业评价中放松给分标准的教师更能在评教分数、学生口碑等方面得到好处，从而产生一定的示范作用，让严格给分的教师产生趋同心理。

现在不少学生选导师就喜欢选那些放羊式的老师，上课就喜欢那种相互开心的课堂。有些老师会去迎合学生，我有时候也会迎合他们，免得吃力不讨好。（受访教师 GLX - 01）

概而言之，学生需要好的分数来升学或就业，教师需要好的评教分数来晋升或评优，学校出于更高的升学率或就业率考虑也没有动力去干涉师生二者互打高分，由此形成了学生学业评价的分数膨胀。其实，分数的意义应该在于围绕课程建立起师生交流渠道，而不是把分数与其他课程、其他学生的分数进行比较，也不在于外界如何理解分数。因为，评分的主要目的是教育而非测量，也不可能成为一门精确的科学。

（三）理性看待学生评教

学生评教的异化。学生评教制度最初的本意是在于激励和引导高校教师的专业发展，从而实现促进学生发展，但在实践中已经一定程度上被异化。在消费主义、市场化席卷高校的过程中，学生作为"消费者"的理念在教学管理

---

① 翟学伟. 中国人行动的逻辑［M］. 北京：三联书店，2017：184 - 187.

者中盛行，教师在课堂上似乎只是兜售了某种特殊商品，但实质上，学生与教师之间并非消费者和销售者的关系，学生是基于能力原则被大学筛选出来进行教育的对象。在美国访学的一位受访教师认为，不能像旅客评价酒店服务一样让学生评价教师教学，两者存在本质区别，学生进入学校时，仅仅是站在一个未知世界的门口，需要在教师的带领下去领略全新的世界，教师的职责是为学生指点迷津：

> 当学生按照评教表设计的问题"是否激起学生上课的兴趣""是否关心学生""成绩给定是否公平"……评价的时候，就好比把学生当成是花钱入驻了五星级酒店的宾客，有权利对服务质量进行满意度评价。但高校与酒店比较存在一些本质上的区别，假如教师在学生眼中失去了最起码的权威，假如作为"顾客"的学生可以要求乃至胁迫教师给予高分评价，这将会是一种怎样的局面？（受访教师 JJX–04）

知识的迷宫美妙无比，但穿越迷宫的路途则充满荆棘和迷障。因此，学校应该为学生创造一个良好的人文环境，使其产生归属感、自豪感，将艰苦的学习过程变成一种难忘的人生经历。而不是本末倒置，为了让学生满意，为了避免所谓的"舆情"危机，要像对待"顾客"一样服务学生，以至于学生自己都遗忘了来学校学习的目的和意义，出现被教育部严厉批判的"有一部分学生天天打游戏、天天睡大觉、天天谈恋爱，醉生梦死过日子"的极端现象。

大部分受访教师对学生评教的合理性提出质疑，即学生是否有评价教师教学所需要的态度、能力和信息。而在现实中，学生给老师授课打分，通常情况下学生的思维是：老师好说话的、可能给我高分的，那学生就给高一点分。受访教师认为，学生受到学识、视野的限制，并不具备全面评价教师教学质量的能力。正如相关研究表明，在任何情况下，学生对课程所作的评价，都主要是在评判教师的形象与举止，而不是对教学质量做深入的分析。学生评教在某种意义上就类似于体现消费者最浅薄的偏好。[①] 曾在新加坡访学的一位受访教师就表达了这样的观点：

---

① ［美］哈瑞·刘易斯. 失去灵魂的卓越（第二版）［M］. 侯定凯，等译. 上海：华东师范大学出版社，2012：70.

第一，什么样的人能对教师进行评价呢？按照经济学的理论，具有信息优势的人。所以我们常见的做法是教师考学生，而不是学生考老师。第二，教师和学生不是消费者和销售者的关系，学生更不应该成为上帝，他们是接受教育的人，老师该讲什么、该教什么，不能取决于学生的口味。老师讲授的课程有学科知识属性，在本质上不是一回事。（受访教师 GLX－01）

另外，评教标准是不是客观，信度、效度有没有经过检测也是一个需要考量的问题。所以，由此得出的评教结果并不一定真实，既不能反映出学生的真实想法，也不能反映出老师的真实教学水平。而目前，我国不少高校为提高学生评教的参与度，把评教作为学生查询成绩或选修课程的前置条件，同时，将学生评教结果与教师的职称评聘、岗位聘任、绩效考核挂钩，使评价承载了过多的外在目的。在这种环境和体制下，不少教师选择了适应或与制度共谋的策略。不少受访教师反对这种做法，并认为这种方式会影响教师教学的积极性，甚至出现师生之间交换平时分和网评分的可耻行为，助长了不良的风气：

> 如果学校把学生评教的分数与开课选课甚至职称晋升等挂钩，老师就要在"招徕学生"方面做足文章，就要把握学生的需求和鉴赏品味，学生怎么喜欢怎么来，基本策略就是不挂科，与学生愉快相处，这其实助长了一个很不好的风气。（受访教师 JYX－01）

与学生进行"共谋"，甚至取悦、迎合学生以达到目的来获取评教高分，在大部分受访教师看来，是一种"没原则"的做法，同时，也相信"只要自己认真上课了，学生给的（评教）分数也不会太差"。也有的访学教师表示，"不过我有时候还是觉得自己内心不够强大，该讲什么就讲什么，不能由着他们吧。现在对学生的看法没那么在意"。但从他们的言谈语气中，我们也能感受到其中的无奈和愤慨：

> 国内高校对学生太过重视、管得太细了。……苦口婆心，什么都管，生怕学生毕不了业会去跳楼，怕学生拿不到毕业证影响就业。……学校对学生真得太好了，给了学生太多的权利。（受访教师 GLX－02）

当然，学生评教的结果，特别是一些中肯的评价建议有助于教师尤其是新入职缺乏教学经验的教师对自身教学进行反思和改进。但如果不是把评教结果作为一种善意的去改进和完善教师教学的手段，而是把它功利化乃至作为一种危及教师职业安全的工具，它的负效应就会不断放大，不仅挫伤教师的教学热情，塑造教师过分迎合学生的心态与行动策略，还将会危及教师的职业信心、信念与伦理。①

教学评价的系统性。在教学评价的内容上，与国内教学评价更多注重课堂教学评价、聚焦教师的教学态度和行为不同的是，在美国访学的一位受访教师谈到，美国著名大学的教学评价关注的是教学全过程，不单单看教师的课堂表现，还包括课前准备、课后对学生的学业辅导等方面，因而更细更全面。这与国内部分高校"教师教学评价就是对课堂教学的评价"的狭隘观念形成了非常鲜明的反差：

> 国外对教师的教学评价，在课前准备环节，会注重要教师提交自己教学准备情况的纪实性材料，如编写课程指南、选择学生参考书目、收集与研究教学案例、确定课堂讨论题目、提供学生阅读材料、设计课后作业等。而针对课后的学业辅导也有很多详细的要求，包括为学生安排来访和答疑时间，批改和反馈学生的作业、论文或报告，回应来自学生的各种形式的课业询问等。（受访教师 FX-01）

实际上，从事过教学的教师都清楚，教学是良心活，许多重要的工作都需要教师在课下做，没有课前的精心筹划与准备，以及课后的及时讨论和辅导，不可能获得良好的教学效果。

现行的评教方式过于重视教师的行为（如教师备课是否充分、内容是否通俗易懂、是否表现出对所教科目的兴趣、课堂表达是否清晰和有条理、所选的阅读材料是否符合主题且篇幅适中等），而忽视了学生的学习结果。所以说，学生评教在某种程度上，可以衡量一个教师受学生欢迎的程度，但同教学的本质关系不大。

因此，应该理性看待学生评教。在英国访学的一位受访教师就认为，学生

---

① 阎光才. 高水平大学教师本科教学投入及其影响因素分析 [J]. 中国高教研究，2018 (11)：22-27.

评教是把双刃剑，甚至相当于赋予了一些不爱学习的学生某种程度上的报复打击老师的机会，要谨慎使用学生评教结果：

> 有学生因老师对其不良表现进行过斥责批评，在评教时就可能给出一个有失公允的分数。正因为这样，有些老师就会在教学中刻意迎合学生的不正当需求，如期末给高分、课堂随意聊等。（受访教师 WX - 02）

学生评教不仅应该让学生回答教师的备课是否充分、上课是否有激情、授课内容是否通俗易懂，学生还应该回答这一堂课是否有助于自己写作能力的提高，是否有助于更有效地分析问题。[①] 只有将这些问题结合起来，学生评教不仅可以更全面地反映出教师的教学情况，而且可以揭示出课程中的不足之处，才有可能将学生评教的评价结果作为教育教学改革的依据。正如有学者指出，盛行多年的期末课程评价都是交给学生所填写的一份简单的评价问卷，弱化学生作为人的判断，将价值评价悉数交给问卷和机器，最后得出的评价结果，其意义主要在于完成了一项管理措施而已。很多受访教师表示，并不在乎这种只看数据、无关价值的评价结果，无愧于心就好，真正的判别存在于清议之中，亦即教师同行与学生群体的议论里。[②]

> 教师只要是本着教书育人的初心，踏踏实实地教学，绝大部分学生还是会认可的。以我的课堂来说，不少学生告诉我说上我的课是既爱又恨。上课会有点紧张，因为总是要不断地思考，不断地回答问题，要求比较高，但又觉得有趣，最后也能学到东西。……但每年我的学生评教分数不会特别高，因为总有学生觉得我过于严格、死板。我不在乎，因为我知道自己是凭良心干活。（受访教师 WX - 02）

总体而言，高校普遍认识到学生评教的局限性和制度设计中的问题，如学生评教结果成了行政考核的工具，偏离了保障教学质量的根本目的[③]；以及学

---

① ［美］德雷克·博克. 回归大学之道（第二版）［M］. 侯定凯，等译. 上海：华东师范大学出版社，2012：227.

② 林小英，金鑫. 促进大学教师的"卓越教学"：从行为主义走向反思性认可［J］. 北京大学教育评论，2014（2）：67.

③ 周继良，龚放，秦雍. 高校学生评教的制度定位逻辑及其纠偏［J］. 中国高教研究，2017（11）：71-76.

生的评教态度、能力，评教分数的区分度、应用范围等方面都值得进一步商榷。因此，在实践中要警惕"学生评教"制度下师生关系的异化，形成所谓的"合作"或"共谋"，甚至导致了学生学业成绩和评教分数的双重膨胀现象的发生。①

应该说，学生评教是国内外高校教学评价过程中的共同难题，该不该评、评什么、怎么评，如何使用评教结果，都值得进一步探究和思考。

四、课程国际化的探索

随着全球化浪潮的推进，培养具有国际视野的世界公民是高校人才培养的重要目标，课程国际化被认为是实现高等教育国际化的关键维度和实现培养具有国际视野与国际交往能力人才的主要途径。② 课程国际化不是照搬一套或部分国际课程，而是学习国际先进课程体系的本质，把国际先进课程体系的理念和特点转化为教育主体开发课程的借鉴标准。③ 在国际观念的指导下，把国际的、跨文化的知识与观念融合到课程中，旨在培养学生的国际观念、视野和技能。④

（一）开设新课程、英语教学与中外同堂授课

课程国际化首先体现在双语教学、全英文授课等外在的形式上。部分受访教师表示，结合在国外的学习和研究经验，在回国后的课程教学中，积极引进了新的教材，或承担了新的双语教学课程，并为留学生开设了全英文授课课程，这与以往研究发现类似。⑤ 与此同时，还有不少老师结合国外访学的经验和名校做法，开始了新的课程或者在课程中增加国际前沿知识。鉴于案例院校在本科人才培养方案中要求逐步减少对学生学分的做法，访学教师回国后开设的新课程集中在研究生层面，同时多为选修课程。

---

① 哈巍，赵颖．教学相"涨"：高校学生成绩和评教分数双重膨胀研究［J］．社会学研究，2019（1）：84–103.

② 胡建华．中国大学课程国际化发展分析［J］．中国高教研究，2007（9）：69–71.

③ 苗宁礼．课程国际化有哪些基本特征［N］．中国教育报，2014–02–28（008）.

④ 刘劲松，徐明生，任学梅，等．研究生高水平国际化课程建设理念与实践探索［J］．学位与研究生教育，2015（6）：32–35.

⑤ 蒋凯，陈学飞．中美高等教育交流与中国高等学校教学改革［J］．高等教育研究，2001（1）：53–57.

邀请国外同行来校进行短期授课是高校国际化的一项重要内容，也成为不少访学教师回国后积极推动的工作。在受访老师看来，开设的课程由自己和国外学者共同教授，对教师本身而言，是一次难得的学习机会，对学生来说，可以不出国门感受国外的课堂教学，也是很有意义的事情。因此，案例院校对此予以了鼓励和经费支持，并出台了专门的《短期授课外教经费管理办法》。此外，还有受访教师谈到，利用学校现有资源，邀请在校留学生加盟课堂或推进中外学生同堂授课，让中外学生在本土校园中开展有效的交流互动，既是留学生管理趋同化的需要，也有助于让学生改变对以往习以为常的认识，重新认识世界，因而也成为自己探索课程国际化的重要路径。

> 在讲授《国际商务谈判》课程时，我就邀请几位留学生和中国学生一起来学习，加入外国学生这个元素后，国内学生认识到，许多本国习以为常的价值观、生活习惯、态度和看法，并非放之四海而皆准。改变了学生对其他文化的"浪漫化"的看法，让学生真正树立起"各美其美，美人之美，美美与共，天下大同"的理念。（受访教师 JJX - 06）

（二）国际教育理念的传递

课程国际化除了上述表现形式外，更重要的是，教师在课程体系中渗透国际知识和国际观念，为学生在国际和多元文化场景下的职业/社交做准备，面向本国和/或外国学生进行设计。[①] 特别是随着在地国际化的兴起，高校应该积极利用所开设的课程来提升本校教育和研究的国际化水平，鼓励教师积极将国际化的理念融合到日常的教学中。[②] 教师作为课程国际化的开发者和实施者，其态度、观念影响着课程国际化的政策制定和发展规划，其理念、知识和方法很大程度上决定了课程效果及人才培养的质量。多数受访教师谈到，因为国外访学期间对国外的传统风俗、节日、行为准则等内容有了亲身的体验，在回国后的教学中，能够将这些见闻内容与课程进行联系，为推动课程国际化提供了丰富的素材。

---

① Van der Wende, M. (1996). Internationalizing the Curriculumin Higher Education: Report on a OECD/CERI Study [J]. Tertiary Education and Management, (2): 186 - 195.

② 张伟，刘宝存. 在地国际化：中国高等教育发展的新走向 [J]. 大学教育科学, 2017 (3): 10 - 17.

访学教师同时特别谈到向学生传递英语学习的重要性，因为根据他们的亲身经历，已经形成了一个预设，即国外学习经历对学生的未来发展有重要影响。

> 在课堂上，我会和学生分享在国外访学的经历，鼓励学生学好英语。机会总是垂青有准备的人，英语学好了会有更多的机会，会让你看这个世界更大，你会看到更多不同的东西，所以我觉得其实对每个人而言语言学习都很重要。（受访教师 GLX - 05）

除了对学生强调英语学习外，更多访学教师还乐于通过自己建立的国外学术网络，为学生创造更多的国际交流机会，在美国访学的 FX - 01 老师就谈到，先后将学院多位硕士研究生派送到美国进行交流学习，让学生在学校读书期间有一段国际学习交流经历，为国际化的人才培养创造条件。

总体而言，访学教师在课程国际化方面进行了不同程度的探索，通过开设双语课程或全英文课程、邀请短期专家来校授课等方式推进课程国际化，同时，通过课程教学过程中注重国际化元素的运用，如结合访学经历鼓励学生加强英语学习、注重访学素材的运用、为学生创造更多国际学习交流的机会等方式，推动了学校课程国际化建设。

第二节　高校教师国外访学经历与科研发展

大学是知识生产的重要场所，研究是高等教育工作的中心，这就要求高校教师以专业的方式自由地探究，发现知识，追求真理。也就是说，科学研究是高校教师的基本职责，除了传道、授业、解惑的角色外，教师还是某一学科领域的学者和研究人员。每一位学者为了在某一学科领域达到一定的学术水平，不仅要通过学科培养证明自己具备了从事学术职业的基本素质，而且还要对学科体系作出贡献，并通过学者的物化的劳动形式——文本载体来体现。[①] 高校教师的科研发展主要是指促进教师在学术研究领域中的成长和发展，这种发展

---

① 郭丽君．大学教师聘任制——基于学术职业视角的研究［M］．北京：经济管理出版社，2007：24．

不仅有利于教师本人，也有利于教师所在的学术群体。

一、国际学术期刊发表

国际学术期刊发表（简称"国际发表"）主要是指论文以英语进行写作，发表在国际学术期刊并以 SSCI 与 A & HCI 来源期刊索引收录为衡量标准。近年来，在高等教育国际化和中国哲学社会科学"走出去"的双重背景下，国内许多高校相继推出了针对教师发表国际期刊论文的激励制度，主要体现在物质奖励和学术评价两个层面。[①] 案例院校对国际学术发表也有着类似的激励制度：

> 在国际著名权威 A + + 级学术期刊发表的字数在 6000 字以上的学术论文，每篇奖励 50 万元；在国际著名权威 A + 学术期刊发表的字数在 6000 字以上的学术论文，每篇奖励 20 万元；在国际著名权威 A 级学术期刊发表的字数在 6000 字以上的学术论文，每篇奖励 5 万元。而在《中国科学》《经济研究》《管理世界》等国内权威刊物发表的论文的奖励标准为每篇 3 万元。（摘选自案例院校科研成果奖励办法）

（一）国际发表的认同与变化

国际学术期刊发表是中国科学研究"走出去"的重要途径和表现，在各类大学排行榜中，国际期刊的论文发表数量也是衡量高校科研能力的关键指标。因此，国际发表越来越被中国高校和学界所重视。多数受访教师认为，策应中国走向世界舞台中央的国际地位形势，学术话语权同样需要靠学者们的努力参与才能为世界同行所接受和认可，只有把自己的思想和观点用别人能看懂的语言写出来发表在别人能看得到的期刊上，才有可能让我们的思想和观点为世界所认同和理解。

但国际发表对地方高校的教师而言并非易事，有访学教师谈到，在没出国访学前，连专业领域有哪些国际权威期刊都不知道，但经过访学期间与导师和国外同行的交流学习，在回国两年后，与国外导师合作发表了其学术生涯中的

---

① 许心，蒋凯. 高校教师视角下的人文社会科学国际发表及其激励制度 [J]. 高等教育研究，2018（1）：43 – 55.

第一篇国际期刊论文，且是金融学专业中的顶级期刊，在案例院校的金融学院尚属首篇，产生了较大的影响。

国际发表实现从无到有是一种显著进步，同时，部分受访教师表示，在国际合作发表中的排名同样也是对访学后自身学术发展的见证。曾在英国访学的受访教师 GLX–05 是案例院校经管类学科教师中在国际期刊发表论文为数不多的一位，在他看来，国际学术发表是一个逐步成长的过程，文章中作者排序的变化体现的是学术的成长和能力的提升：

> 早在 2009 年，我就开始尝试在国际期刊发表论文，但直到 2012 年出国前，我只和别人合作发表了一篇，而且在三个人中排名最后。2013 年出国访学，主要目标就是提升英文写作能力。通过在外访学一年，得到了很好的锻炼，回国后，已经发了三篇 SSCI，虽然也是合作的，但其中两篇我是第一作者，另一篇是通讯作者，所以我认为这也是自己学术能力提升的一种体现。（受访教师 GLX–05）

国际学术发表最为重要的是要有扎实的研究为基础，追求和看重的不应该仅仅是刊物的等级，更应该注重研究的学术价值与贡献。[①] 而当下，国内高校对国际发表越来越重视，各级学科评估明确要求在 SSCI 与 A & HCI 来源期刊发表论文，为此，有的高校更是以物质性的手段，甚至不惜以重金奖励在国际顶级刊物发表论文。对这一现象，有受访教师认为，正是政府主导的各类评估活动，在一定意义上促使学校重视国际学术发表，以期在"大环境"的竞争中有所进步，高校必须按照"缺什么补什么"的原则鼓励，导致国际学术发表在一定程度上具有明确的功利性：

> 学术国际化的本质是要让老师根据学术研究与交流的内在诉求，就自己研究的课题撰写高水平的论文，与国际同行展开平等的交流与探讨，要少几分制度内的硬性要求，少一点功利性的驱使，这样的国际发表才有可能超越目前的功利性，成为学术交流的一种自然常态，成为老师的一种自觉而长期的追求。（受访教师 JJX–03）

---

① 许钧. 试论国际发表的动机、价值与路径 [J]. 外语与外语教学，2017（1）：1–8.

（二）警惕国际发表的陷阱

在探讨学术国际发表的过程中，也有少数受访教师表示，应保持清醒的头脑，避免陷入"越来越迷醉于英美主导的、所谓国际认可的数字布局，在发表的冲动和热情中，财力和精力贡献给了无意义的数字膨胀"的困境中，特别是在高校越来越注重 SSCI、A&HCI、SCI 来源期刊发表论文的当下，人文社科领域的国际发表应有所区别，进行差异化对待，以免教师丧失对"本土性"问题研究的热情。

同时，还要考虑学科间的差异性。英国学者比彻等发现，在学术共同体中存在着许多不同的学术部落，他们栖居于不同的领地，具有不同的文化传统、价值观念和行为方式。学科之间以及学科内部差异巨大，如不同学科的学术活动具有趋同型与趋异型的差别，知识部类存在自然知识、人文知识和社会知识的划分，所探讨的问题也具有普遍性与特殊性的区别。[①] 考虑英语作为国际通用语言的情况在自然科学领域更为普遍，基本形成了国际统一的表达体系，而在人文社会科学领域，很多学科的研究往往依赖语言本身。因此，有访学教师认为，国际发表应该区分不同的专业和学科，而不能搞"一刀切"：

> 地方高校人文社科专业的老师可以在服务地方经济社会发展方面做更多事情，但要求发国际期刊论文就不太现实，英文水准和学术范式、研究问题都存在较大差异，写出来的论文深度也不够。现在都讲文化自信，我们把最新的理论成果都发到英文刊物去了，对国内刊物不重视，这是学术不自信的表现。（受访教师 WX－01）

部分受访教师对国际期刊发表进行重奖表示异议，认为部分奖励的国际期刊质量并不高，甚至有不少"水刊"。还有受访老师谈到，现在国内学术界对国外期刊体系缺乏研究，存在认识误区，以为只要是英文发表的成果，学术质量就高，有些高校甚至还由此诞生了一批"EI"教授。在一些受访教师看来，期刊列表是学术发展重要的导向性问题，如果长期扭曲或出现偏差，学校的科研奖励长期奖励给英文"水刊"，既不符合国家高质量科研发展趋势，同时会

---

① ［英］托尼·比彻，保罗·特罗勒尔. 学术部落及其领地：知识探索与学科文化［M］. 唐跃勤，等译. 北京：北京大学出版社，2008：110.

让科研激励导向出错，长此以往，不利于学校发展。

相关研究表明，高校的确应注意到过于强调 SSCI 指标所带来的不利影响，诸如：导致国内学者迎合西方的学术范式，忽视对本土问题的深入研究；忽视社会科学的特殊性；导致国内学界轻视母语研究成果等。① 为此，北大陈平原教授认为，中国学者如果想要不卑不亢地"走出去"，首先要"练好内功，努力提升整体的学术水平；若能沉得住气，努力耕耘，等到出现大批既有国际视野也有本土情怀的著作，那时候，中国学术之国际化，将是水到渠成"②。

二、学术认知"静悄悄的革命"

高校教师作为从事学术职业的人群，应该崇尚"科学献身精神"和"终极价值关怀"，将学术职业作为天职。在韦伯（Max Weber）看来，从事学术专业工作，可以实现"以学术为生"的同时，获得"以学术为业"式的精神享受。③ 学术职业由此具有"学术性、自由性、独立性"等基本特征。④ 学术职业发展最基本的环境是合作而非竞争、是闲暇而非忙碌，尤其是对人文社科领域而言，"知识的发现存在着极大的偶然性，智慧之花不是按照计划和设计绽放的，只会在有意无意中漫不经心地散落"⑤。而在当下，因为学术活动的展开具有越来越强的资源依赖性，学术本身的"工作"和"职业"性质及特征日益突出，已成为一个不争的事实。高校教师大量时间和精力被各种申请、项目以及考评等琐碎事务所侵占，其所牺牲的不仅仅是时间，更是为心境所带来的扰乱、情绪的跌宕起伏和学术思考的时断时续。为此，受访教师希望能有充分的学术积淀，为其学术发展创造"闲暇宽松"的环境。

（一）摆脱任务式科研的心态

在当下中国高校尚未全面实施"学术休假"制度的环境下，出国访学在

① ［美］菲利普·阿特巴赫. 至尊语言——作为学术界统治语言的英语［J］. 北京大学教育评论，2008（1）：179-183.
② 陈平原. 国际视野与本土情怀——如何与汉学家对话［J］. 上海师范大学学报（哲学社会科学版），2011（6）：56-58.
③ ［德］马克斯·韦伯. 学术与政治：韦伯的两篇演说［M］. 冯克利，译. 北京：三联书店，1998：17-53.
④ 李志峰. 学术职业与国际竞争力［M］. 武汉：华中科技大学出版社，2008：37-41.
⑤ 叶赋桂，罗燕. 高等学校教师地位分析［J］. 河北师范大学学报，2006（6）：79-85.

一定意义上为高校教师的学术"闲暇"提供了时空条件。不少受访教师表示，访学期间，周围单纯的环境让人可以很放松，而且有整段不被打扰的时间进行自己的研究，是一次富有成效的学术沉淀。在这个过程中，多数受访教师都表示认同学术工作的重要性，认为学术研究是教师在学校立足的根本，且与教学等工作相比而言，学术研究方面的评价相对成熟、规范有序，受外部因素的干扰小：

> 现在很多老师抱怨学校重科研轻教学，但又争着抢着去上课，这是为什么？就是因为教学门槛简单且相对容易，只要完成了就有，没有技术含量。如果教学也如科研一样讲究格式规范性、内容创新性、学科前沿性、方法集成性等一系列的程序，相信抱怨的老师会少很多。（受访教师 LX - 03）

在访谈中和访学总结中，谈及学术研究时，研究者发现，频率较高的词语有"热爱""兴趣""执着"等，从某种意义上讲，科研必须专注，思想需要自由，两者相互碰撞，心灵才会火花四溅，智慧的鲜花才会盛开。[①] 除了敬业精神和学术追求外，对学术的态度也让访学教师深受教育，并认为国外同行学术不浮躁的心态、追求精品的工匠精神，对自己的学术心态产生了积极的影响：

> 无论做什么事情，都要潜下心来，慢慢地往上走往深里走，要有工匠精神。就是说，要做的东西不一定非常高大上，但一定要把它做得精致。……有很多老师、教授就是很安静地在那里工作生活，数十年只深耕某个学术领域，唯有如此，才能做精，才能成为大师。（受访教师 LX - 02）

面对任务式科研，绝大多数受访教师认为，自己回国后有所变化，会考虑追求慢节拍，把心态放平和、不浮躁、不抓狂，把节奏调整到适当的程度，让"自己的工作态度和心态"变得更加积极。重大科学研究成果的获得往往需要有扎实的积累、长周期和组织过程的多方协作特征，几经挫折甚至失败是常态，需要研究者具备敢于承担风险的勇气、愈挫愈勇的意志力以及相对平和与淡泊功利的心态。有受访教师认为，正是因为对学术能保持一种良好的心态，

---

① 钱江.1978：留学改变人生——中国改革开放首批赴美留学生纪实［M］.成都：四川人民出版社，2017：149.

感觉对所从事的科研工作更热爱了，而不是仅仅把学术当作一项任务来完成，真正做到"沉醉其中"，并从内心发现工作的乐趣，因而会比之前更快乐、更愿意去完成工作。在他看来，每一个科学研究的成功者，所取得的成就，都是建立在浓厚兴趣、高度专注基础上的。但访谈中，也有少数教师提到，这种变化的冲动或激情在回国的最初几个月非常明显，但随着时间的推移，激情开始慢慢消失，迫于环境的改变，又回到了之前的做法。

（二）注重研究问题的选择和深入

在学术心态变化的同时，有少数受访教师提到，国内不少研究是众云亦云，没什么新意，而国外同行研究问题的逻辑思维缜密和强调以证据说话的研究方法让自己觉得很受益，对今后的研究产生了影响，表示将更加注重研究的聚焦和深入：

> 我一直在思考（学术领域）高手和低手的差别在哪里？其实可能不是在技术方面，而是在于逻辑思维。对很多认为显而易见的东西，国外同行会问很多个为什么，会想得很细。同时，通过实验或统计数据的分析，证明哪个更有效。……国内的学者看国外的研究觉得似乎都是比较小的问题，逻辑链条比较短，研究面窄。其实这些细小的研究成果，汇合起来，知识进步增量多了。反观国内研究，多是在大圈子里绕一绕，浮在上面，重复研究比较多。（受访教师 JJX - 02）

此外，研究要选好真问题，并进行"小题大做"。受访教师认为，国外一流的教授在选定研究问题时，是非常谨慎的，通常要反复权衡，从大量的"看上去是问题，但不一定是真问题，也不是重大问题或者说过几年可能就不是问题的问题"中，挑选出适合自己的研究选题，对研究问题注重从小处着手，善于通过对非常细小问题的研究得出一些基本结论，同时，认为好的研究一定是可实施的，可观测、度量和检验的。

在美国访学的一位受访教师向研究者分享了国外同行研究的视角新颖，认为他们提出的问题很有深度，让人佩服的同时也对自己今后的研究方法产生了影响：

> 比如对历史的研究，国外同行选择气候作为研究的切入点，认为每一

次中国被外族入侵，其实都是世界温度下降了 0.5℃，造成了外族比如匈奴原来生活地方的植被减少，导致无法生存，所以只能向中原发动入侵，等到温度好转以后又回去了……。把气候温度视为一个影响因素，这是你完全想不到的，并把每一次外族入侵的时间表和当时的地球温度变化进行比对，来印证他们的判断。（受访教师 GLX – 05）

总体而言，每个时代的学者都有其所处时代需要面对的种种问题和困境。就高校教师而言，国外同行的做法让访学教师认识到，"科学作为职业"的生活如滴水穿石一般，需要的远不只是激情和勇敢，更需要持久的耐心，需要在平实、简单乃至单调的日常生活中一以贯之，需要坚守日常实践的理性辛劳来证明自身。对访学教师来说，要将国外访学的体验转化为回国后的行动并予以坚持，是需要在时间的磨炼中才能成长起来的。

三、国际学术网络的构建

学术网络是将学者联系起来的有形或无形的关乎学者自身学术成长与发展的组织或共同体，能够为学者间的学术合作提供基础和条件。[①] 学术网络有利于处于职业生涯早期的学术人员理解和明确其职业生涯道路，建构学术网络有利于加强专业发展、适应研究文化和建立非正式同行支持网络。[②] 而学术人员的国际流动被视为建立和拓展及维系学术网络、参与知识共同体的重要路径。[③] 有研究认为，出国攻读博士学位、攻读博士学位期间出国访问学习、博士毕业生到国外从事博士后研究，三者构成了中国通过"科学流动"积累人力资本和构建国际学术网络的重要形式[④]，从某种意义上讲，高校教师以国际访问学者的身份到国外高校进行访学，可以视为第四种中国"科学流动"的形式。

① 周谷平，杨凯良. 学术谱系解读：基于美国印第安纳大学高等教育研究学者的访谈分析 [J]. 教育学报，2017（2）：100 – 113.

② Price E., Coffey B., Nethery A. (2015). An Early Career Academic Network：What Worked and What Didn't [J]. Journal of Further and Higher Education, 39 (5)：680 – 698.

③ Shimmi (2014).. Experience of Japanese Visiting Scholars in the United States：An Exploration of Transition [D]. Boston College, 22.

④ 沈文钦. 全球化对中国博士生教育的影响：人员流动的视角 [J]. 教育发展研究，2018（9）：35 – 42.

（一）国际学术网络的影响

访学教师通过在国外访学为自己构建起了一个国际学术网络，并认为这一影响是深远的。在英国访学的一位受访教师谈到，国际网络不仅有助于国际论文的合作发表，更重要的是对个人的眼界和学术发展定位产生影响：

> 国际学术朋友多了以后，会有潜移默化的变化。比如，之前很多老师的目标是成为二级教授，但和一些在国外访学回来的同事交流后，发现有些老师的定位和格局有变化，现在会想着如何争取在国际领域的话语权，如在国际专业委员会担任职务，学术发表会争取发在更高级别的国际刊物上。我现在也朝着这方面努力，回国后发的文章不多，但是质量都很高。（受访教师 LX－03）

国际学术网络建构对访学教师积累学术上的社会资本大有裨益。社会网络理论已经证实了人际关系网络是个人职业生涯获得成功必不可少的条件和资源。个人的成功往往是个体努力与社会资本共同作用的结果，社会资本体现在社会网络的密集程度上，网络中节点之间的联系越密集则个体的社会资本越多，与他人建立密切的联系能够建立信任与合作关系，从而有利于知识的交流和生产。[1] 社会资本与科研产出具有强相关关系，学术人员的社会资本能够帮助其开展合作研究，从而提升知识生产效率。[2] 这种活跃的科研流动将有力促进中国科研体系和全球科研体系融合的进程，并极大地推动中国科研水平的进步。

部分受访教师表示，构建国际学术网络对开展国际科研合作产生了积极的影响。有研究表明，个体的科研成果与个体和他人良好合作的能力有关，保持恰当的人际关系有利于提升科研生产率。[3] 在全球化和国际化时代，知识生产离不开国际科研合作。在美国访学的一位受访教师认为，国际学术网络为自己开展科研合作提供了基础和便利，并提升了论文的影响和被引率：

① Coleman, James S. (1988). Social Capital in The Creation of Human Capital [J]. American Journal of Sociology, (94): 95－120.

② Klenk N. L., Hickey G. M., Maclellan J. I. (2010). Evaluating The Social Capital Accrued in Large Research Networks: The Case of The Sustainable Forest Management Network (1995－2009) [J]. Social Studies of Science, 40 (6): 931－960.

③ Liu, Chih-Hsing Sam (2015). Network Position and Cooperation Partners Selection Strategies for Research Productivity [J]. Management Decision, 53 (3): 494－511.

现在学校鼓励国际科研合作，还出台了建立国际科研合作团队的支持政策，通过与国外的学术同行组建成团队，这对我们以后的合作开展是很有帮助的，邀请他们来校交流也比较顺畅。……通过这个学术网络，我们合作的机会大了很多，论文的发表概率以及被引次数也显著提升。（受访教师 JJX－03）

尽管信息技术的发展为跨国合作研究提供了便利，但一项研究合作通常都是伴随着合作者之间个人和非正式的情感交流的，在国外访学期间常有机会见面，有助于推动访学教师与国外同行的科研合作。

（二）国际学术网络的拓展与维系

国外访学期间，访学教师如何充分利用资源拓展自己的学术网络呢？在美国访学的一位受访者向研究者描述道，一方面通过导师的引荐，另一方面通过毛遂自荐主动发邮件等方式进行联系和交流：

访学导师很积极地向我介绍人类学研究方向的专家学者，在导师的引荐下，通过邮件跟一些专家建立了一些学术联系。同时，考虑自己在美国开展学术交流、获取学术资源比较方便，也直接与自己研究相关的比较知名的"大咖"，通过邮件进行联系。学术无国界，都是彼此感兴趣的研究话题，进行了一些学术上的交流，拓展了自己研究的领域。（受访教师 JYX－01）

访学回国后，这位老师与访学期间结识的国际学术同行保持了密切的联系，并在两年后再度受邀返回美国波士顿大学和哈佛大学，而这次返回也创造了案例院校的一项国际学术交流的历史：走上哈佛大学和波士顿大学的讲堂开讲，介绍自己近期的研究成果，并就中国民俗体育文化及体育人类学研究等相关议题与世界一流大学的学者进行对话。在这位老师看来：好的研究，它既可以被国人欣赏，也可以被国外的人欣赏。因此，要积极响应习总书记提出的"弘扬中华文化，讲述好中国故事、传播好中国声音，促进中外民众相互了解和理解"的号召，将自己对中国民俗体育文化的研究成果介绍到国外学术界。① 这位老师提到，能到国外进行学术交流，并做主旨报告，既表明国外同

---

① 我校教师应邀赴哈佛大学和波士顿大学做学术报告［EB/OL］. http：//oec. jxufe. cn/news-show-1870. html.

行对中国问题研究的重视，同时，也与之前访学所建立的国际学术网络密不可分，使其具备了与国外学术同行交流的机会和基础。

国外访学经历为高校教师所搭建的无形的学术平台是借由有形的组织中的联系而产生的有价值的附属物。正如有学者所指出，围绕着共同的学术追求或目标而短期或长期联合在一起的学者，无论是否在同一工作单位、同一个城市，甚至也不论是否在同一个国家，都可以通过移动数字和网络平台，形成一个虚拟的学术共同体，共同申报课题，协同发表论文，合作出版专著。跨越时空无处不在的学术共同体的存在深化了学者之间的合作与指导关系，使得学者之间有机会相互学习、相互借鉴、相互补足。①

四、注重研究质量的提升

关于学术研究的质量，有学者认为，研究质量应该体现在三个并行但又可能存在交叉的维度：一是有价值的创新，可以是基础研究领域挑战人类智力的重大理论发现，也可以是新领域的拓展或拓深；二是理论应用、研究方法、技术、手段、工具、工艺或工序上的创新与突破，例如一种物质合成的更有效或成本更低廉的新方式，或者一种更有效率的技术手段创新；三是教育价值，即通过研究过程培养出一批具有好奇心驱动或者追求以知识转化和应用造福人类社会的创新型人才。② 多数受访教师表示，回国后会更加注重研究质量的提升，并主要表现在更加注重学术声誉和团队合作等方面。一位受访教师谈到，研究不应该过于追求数量，而应追求自己的文章能否在学术界占据一席之地。注重研究质量，不断突破极限才是做学术的价值：

> 对注重学术质量的教师而言，写篇高质量的论文其实并不容易。曾经有人问道：最优秀的记者与最优秀的学者差距在哪里？有学者认为，针对同一个问题，最优秀的记者能做到85%，但永远做不到100%，而最优秀的学者可以把85%～100%之间的15%做出来。不过，这最后的15%有可能会花费85%的精力。所以，一项研究能做到100%，就不要只尽95%的

① 周谷平，杨凯良. 学术谱系解读：基于美国印第安纳大学高等教育研究学者的访谈分析 [J]. 教育学报，2017（2）：100－113.
② 阎光才. 学术界中的竞争压力及其效应 [J]. 中国高教研究，2018（6）：15－21.

努力。(受访教师 JJX - 02)

(一) 更加注重学术声誉

学术声誉究其本质，就是学术共同体对从事学术活动的同行，在增进和发展知识方面所做出的贡献给予的承认和尊敬。在学术组织中，从事学术职业的人通常是被"在发展其所从事的领域的知识上做出贡献的大小来划分等级的，而受其他各种个人成就（如教学、从事科学方面的政治活动或研究方面的组织工作）的影响要小得多"①。能否"大大增进知识"成为判断从事学术职业的人当前职业行为能力和未来职业发展潜力高低与可能的最重要标尺，而在此基础上，所形成的学术声誉高低则相应地成为从事学术职业的人自我幸福感判断的最重要依据。曾在美国访学的一位受访教师谈到对挂名发表的态度转变，表示现在对挂名发表非常慎重，更加注重学术的质量和声誉，不轻易发表未得明确结论的研究工作：

> 之前，对挂名发表不是特别在意，有的文章同事或学生说要挂我作合作者，也没有觉得不妥，甚至还能给自己带来一点收益（科研分）。但现在我注意这个问题了，因为在国外同行看来，在不是自己擅长领域发表的文章，容易引起质问：论文明显不是你写的或者没有做贡献，挂名发表的目的是什么？(受访教师 JJX - 03)

正所谓，白纸上的黑字将永存于文献之中，发表的论文如果日后证明错误或没有实质贡献却挂名发表，终将有损作者的学术声誉。美国哈佛大学文理学院《终身轨教师手册》在建议教师如何获得终身教职时指出："发表大量没有经过严格同行评议的论文，不会对申请终身教职有助益，反而不如发表少数经过同行评议的高影响论文。关键在于界定一个有原创性和重要的研究议程，致力于此，并最大限度地扩大你研究的影响力。"②

同时，有受访教师表示，受国外同行的影响，现在论文发表之前，会更加注重修改，通过反复打磨，争取朝学术精品的方向努力，并认为文章是需要

---

① ［美］朱克曼，H. 科学界的精英——美国的诺贝尔奖获得者［M］. 周叶谦，冯世则，译. 北京：商务印书馆，1979：12.
② 陈洪捷，沈文钦. 学术评价：超越量化模式［N］. 光明日报，2012 - 12 - 18 (10).

"打磨"的，只有经过反复的"打磨"，不厌其烦地进行修改，希望发表的每篇文章都能成为自己的"签字式的作品"，就像你的签字一样，独一无二，只属于你自己，别人一看就知道是你的。

优秀的学者往往都具备"打磨"和"耐烦"的境界。谢维和先生曾经撰文谈到沈从文先生写作总是不厌其烦地修改，所表现出的一种"耐烦"态度，以及其博士生导师王玖兴先生爱"磨"的治学态度，并认为沈先生的"耐烦"和王先生的"磨"不仅是一种文风和做学问的态度，更是一种人品和做人的态度，反映了一种境界，而人生境界的高低也决定了学术水平和文章水平的高低。尽管这种"耐烦"和"磨"可能会影响和限制学者的作品产出数量，但却丝毫不影响学者的学术声誉。①

（二）注重交流与团队合作

访学教师对国外大学开放的交流环境非常推崇，访谈中，多位教师提到，国外大学中的早茶、下午茶、咖啡时间为研究者们供了一个自然交流的机会，能让大家有机会讨论一些学术同题。在澳大利亚访学的一位受访教师谈到，在访学院校观察到一种现象：有时候大家坐下来喝杯咖啡、聊一聊，达成合作的意向，合作是非常自然而然地发生，且并非拘泥于同一个学科或同一个单位。为此，回国后，受访教师们提到，也在积极推动学校或学院创设类似的条件，鼓励不同学科间教师的非正式交流，有受访教师谈到，在案例院校已经有类似的物理空间，如图书馆的"蛟湖书吧"、大学生创咖中心等。而在英国访学的一位受访教师向研究者介绍所在的科研机构现在每周都会安排一个固定的交流时间：

> 讨论会的主题会贴在广告栏里，时间安排在三点半到四点半之间，每周都有一个小时的时间，大家一起聊聊自己的研究进展，听听别人给提的建议，很随意，不会说今天的讨论会一定要领导出席，没有自我介绍，大家很自如地进来，了解了别人还在做什么，可能会收获别人对你的一些建议，还增进了同事间的情感交流，所以我觉得特别好。（受访教师 GLX - 04）

---

① 谢维和. 教育的道理［M］. 北京：教育科学出版社，2014：252－254.

针对团队合作，受访教师表示，在国内特有的学术环境下，开展团队合作具有一些特定的需要，一方面，通过团队合作可以转移教师一部分并不擅长的责任，另一方面，通过团队互助的方式实现双赢的结果：

> 有一个团队，大家相互帮助，形成双赢的结果。因为我们年轻老师，手上没有什么资源，只能通过这种双赢的方式，互帮互助，类似一个互助组吧，比如在申报课题的时候互相加为成员，这样互助一下。（受访教师JJX－04）

在科研合作团队中，"带头人"非常关键，特别是帮助年轻教师尽快适应学术环境，发挥着积极作用。案例院校通过设置"首席教授""学科领军人才"等岗位，推动学术团队建设。在美国访学的一位受访教师认为，学科"带头人"资历老，在学术发展方向上更准，看问题的高度也不一样，能为青年教师学术成长起到"引路人"的作用。

同时，部分受访教师指出，推动科研合作要在制度上进行调整。如今，理工科需要合作研究，经济学、心理学、社会学、新闻学等学科的研究同样也越来越需要合作，因此多个作者署名的论文在所难免，非第一作者的贡献也理应获得认可。曾在英国访学的一位受访教师在访谈时指出，虽然大家都意识到现在学术研究越来越需要跨学科的合作，但学校现行的一些制度尤其是科研计分和职称晋升等制度的设计不合理，容易让合作者之间产生微妙的情感变化，并不利于校内教师间的科研合作：

> 我目前和管理学的一位老师一起合作进行研究，研究成果发表时，肯定有时会是第二作者。……学校的职称晋升办法中规定，论文第一作者和通讯作者均为学校教师时，仅第一作者能将论文用于职称评审，这样的规定对倡导合作研究是不利的，不利于持续性的合作开展。所以，仔细研究下学校一些合作发表的论文作者，你会发现一个很有意思的现象，比如合作者多是夫妻或师生关系。（受访教师WX－01）

当然，也有少数受访教师对团队合作提出质疑：首先，学术探究本身是非常个性化的体验和过程，主要还是要靠个人的思考和智慧。其次，知识产权的排他性让学者不愿意过多地与其他同行分享自己未经发表的学术观点。最后，现有考评和晋升体系中对"作者排序"的要求不鼓励学校内部间的合作。比如，案例院校在职称晋升办法中规定，如果第一作者和通讯作者都是学校教职工，成果只能算第一作者。特别是当团队成员是来自同一个学科，在晋升职称等关键事件中，就可能形成一种竞争关系，也就是合作关系的悖论。在澳大利亚访学的一位经济学副教授谈到，自己合作发表论文，基本上都是在外校工作的博士同门，一方面，大家在读博士期间已经很熟悉，彼此之间有信任和合作的基础；另一方面，这样的好处在于可以实现成果利用的最大化，文章在不同的学校都可用。

综合而言，团队合作并不是新生事物，在不少学科已长期存在。专精于各自研究领域的学者之间可以通过交流和启发，发挥各自所长，优势互补；同时，针对不同年龄梯队成员间进行"老带新""传帮带"，传递经验，促进年轻学者的学术发展，但在强调"知识产权""竞争""作者排序"的现行科研管理制度中，"合作"的空间受到压缩，可行性面临质疑。

第三节　高校教师国外访学经历与服务发展

服务是教师专业知识、专业活动的一部分，是知识应用的学术水平。教师通过服务，不但将理论应用于实践，而且在实践中接触的现实问题也会激发教师的探究精神和责任心，推动知识的发现和综合。在高等教育发展史上，大学的服务职能最初主要指应用知识服务于国家和社会的发展。在 20 世纪 60 年代以前，高校教师的服务责任主要指"公共服务"，表现在为政府政策提供咨询、为社区发展提供支持等。随着大学规模的扩张和内部管理结构的改变，教师服务的概念变得更为复杂。[①] 服务开始涵盖校园内部的管理和委员会工作，有时还包括了教学、研究、管理和咨询的所有活动。[②] 作为组织成员，高校是教师学术生活的组织平台，是教师存在、发展和成长的环境。作为学术人，教

① Neumann A., Terosky A. (2007). To Give and to Receive: Recently Tenured Professors' Experiences of Service in Major Research Universities [J]. Journal of Higher Education Policy and Management，78 (3): 282 –310.

② Bellas M., Toutkoushian R. (1999). Faculty Time Allocations and Research Productivity: Gender, Race, and Family Effects [J]. Review of Higher Education, 22 (4): 367 –390.

师有着天然的对学科的忠诚，并由此承担对学科发展的服务。

希尔斯（Shils）指出，教师的服务职责包括对所在大学的责任和对社会的责任。[①] 肯尼迪（Kennedy）认为，服务责任应包括校内服务责任和校外服务责任。[②] 校内服务责任是指教师有责任参与治校或兼任学校行政职务，对学校日常事务和未来发展负有责任，具体表现在教师通过参加各类委员会参与学校治理。校外服务责任是指教师为社区提供公共服务或为企业提供咨询或技术转移等专业服务，包括面向社会的公共服务、为专业学术团体进行的学术服务以及为企业提供的私人服务。诺依曼和托洛茨基（Neumannn & Terosky）按照服务对象划分，将教师的服务分为对学科的服务、对社会的服务和对机构的服务三类。[③] 对学科的服务（如论文同行评议、本学科学会的相关工作等），可建立学术声望，有助于教师获得晋升和终身职位。对社会的免费服务，强调服务的公益性。对机构的服务（如参与各类委员会等）包括教师所在的院系和高校。服务于机构强调教师参与学院的管理、规则的制定以及政策的执行。[④]

概而言之，高校教师的服务发展至少包括两个维度：一是社会服务，即教师履行知识分子的社会使命，利用专业知识和技能为社会发展做出贡献，也可称之为校外服务责任；二是管理服务，即参与学校、院系等日常学术管理或行政工作，也可以称之为校内服务责任，高校教师的服务发展。下文从访学教师对服务责任的感知、社会服务发展和管理服务发展三个方面进行分析。

一、关于服务工作的感知

2016 年，《教育部关于深化高校教师考核评价制度改革的指导意见》明确提出，重视教师社会服务考核，综合评价教师参与学科建设、人才培训、科技

---

① Shils E. (1997). The Calling of Education: The Academic Ethic and Other Essays on Higher Education [M]. Chicago: University of Chicago Press, 3 – 152.

② Kennedy D. (1997). Academic Duty [M]. Cambridge: Harvard University Press, 264.

③ Neumann, A., Terosky, A. (2007). To Give and Receive: Recently Tenured Professors' Experiences of Service in Major Research Universities [J]. Journal of Higher Education Policy and Management, 78 (3): 282 –310.

④ 李琳琳. 我国大学教师服务工作特征探析 [J]. 高等教育研究, 2014 (11): 47 –52.

推广、专家咨询和承担公共学术事务等工作。但目前，理论界对高校教师"服务"工作的研究也相对较少，而现实状况也是如此，研究发现，受访教师对"服务"这一概念缺乏深入的了解。少数受访教师明确表示，自己根本不知道服务是什么，更谈不上回国前后的变化。曾在英国访学的一位受访教师谈到：

> 我始终不理解教师的服务的具体内涵。服务于谁？是有偿服务还是无偿服务？从事教学、科研工作本身应该就是在做社会服务，单独提社会服务或服务工作的意义是什么？（受访教师 LX－02）

当然，也有受访教师认为，国外金融学科与实践结合很紧密，并谈到只有在将自身研究与服务社会相结合的过程中，帮助解决实际问题才最有意义，受此影响，他认为要根据学科的特点选择不同的社会服务方式：

> 金融学科实践性强，同行与业界、电视媒体等都有紧密合作，人文学科的老师可以走出书斋，通过大众媒介将自己的研究普及传播；理工类的老师可以进行科技成果转化，将自己的研究转化为生产力，这些都应该算是社会服务吧，只是方式不同而已。（受访教师 JJX－01）

在部分受访教师看来，国外同行还是比较注重研究成果的社会应用，希望自己的工作有助于现实问题的解决。开展服务的主要方式的确因学科的不同而存在差异，总体而言，包括参与为学科/学会的发展开展工作、为论文进行评审、进行知识的社会推广，如提供咨询服务、通过媒体向大众讲学、推广科普知识等，并强调服务的公益性。就国内而言，对服务工作的认识，一方面在形式上相对单一，另一方面还存在教师理解的"服务"和学校考核中的"服务"不一致的情形。部分受访教师谈到，社会服务的对象是"非全日制在校学生"，但学校对教师服务的考核主要是为在校学生或学院所进行的公共服务：

> 我理解承担社会服务应该是在学校之外或者说面向非在校生所进行的工作都可以纳入，比如给在职人员授课的培训班、为企业进行咨询讲学，包括参与录制电视节目进行专业点评等，都是属于社会服务的范畴。但学校考核与我们理解的不一样，学校更多的是指在校内进行的公共服务，包

括担任班主任、指导学生竞赛、参与各类评估材料的准备，或者兼做外事助理之类的。（受访教师 WX - 05）

多数受访教师认为，国外院校更多地强调服务工作的利他性，注重为社会服务做出的贡献应该是学术性的，即利用自己的专业知识促进社会进步。而在国内现实中，一些受访教师表示，能够获得较多回报的活动只要扩大了学术影响力或创造了经济价值，也是为社会服务，如在校外开展与学术有关的活动包括兼课、创办公司、办学校、做讲座等，从中获得较高的劳务报酬。由于国内高校尚未对此类行为进行具体限定，通常只是对担任了行政职务的教师有较为严厉的约束，对普通教师则实行备案制，更多的是通过考核进行间接约束。虽然教师同意这些校外活动应以不影响教学研究工作为前提，但高校是一种松散的组织，由于缺乏有效措施，因而教师可能存在一些失职现象。有受访教师甚至尖锐地批判认为，在国外高校，教师的校外兼职不像国内这样混乱，没有清晰的认定标准，也缺乏严格有效的措施，导致不少教师拿着学校的钱，干着校外的活，两头都占便宜，还美其名曰在进行"社会服务"。

此外，关于服务的评价，由于国内高校教师职称晋升办法中少有谈及对"服务"的量化要求，因此，多数受访教师谈到，服务工作很难量化，"不像学术发表文章、项目经费是看得到的，实实在在的"，而在聘任和晋升制度中没有硬性约束，因而有受访教师表示，国内同行并不重视履行服务职责。相比之下，受访教师认为，国外同行对待服务职责的态度相对积极，且更多是一种自愿行为。

二、社会服务发展

社会服务，通常意义上是指大学有责任应用自己保存和创造的知识为地方和国家的经济社会发展作出贡献，它是美国高等教育的创新。[①]《国家中长期教育改革与发展规划纲要（2010 - 2020 年）》明确提出，高校要牢固树立主动为社会服务的意识，全方位开展社会服务。近年来，在各项政策的推动下，我

---

① Bok D. (1982). Beyond the Ivory Tower: Social Responsibilities of the Modern University [M]. Cambridge: Harvard University Press.

国高校社会服务活动的形式日趋多元化、范围不断拓展。① 在现有的研究和实践中，更多强调的是高校的社会服务职责，而针对教师个人的社会服务而言，正如前文所论及的，主要包括为社区提供公共服务或为企业提供咨询或技术转移等专业服务。高校教师的社会服务能力发展，是高校教师以自身专业为依托，以专业相对应的行业的深层次需求为内容指向的一种自我提升过程。②

部分受访教师表示，国外同行更加认同社会服务，认为是理所当然的工作，因为学校需要当地社区的税收或社会捐赠，所以在教师晋升等方面会比较重视服务。一位受访教师谈到，自己回国后的确更加认同服务工作的重要性，但是在行动上体现得不多，在她看来，主要症结还是在于国内高校的绩效考核和职称评定政策未能对教师从事社会服务工作进行明确的要求，这也说明绩效偏好的政策对教师的行为所带来的影响。而将服务要求予以制度化，在某种意义上也可能会走向反面：

> 学校没有正式出台公共服务的文件之前，自己也会参加学生的活动或指导学生参加课题、参加案例比赛，但现在发现，以前是发自内心地愿意参加公共服务，现在成了必须完成的任务，为此经常要算算是不是攒够分了。（受访教师 GLX-06）

除此之外，还有受访教师谈到，由于"名气"不大和"人脉"不够等原因，目前所能从事的社会服务多是被学院的领导摊派下来的，主动获得有兴趣的机会比较难。

关于回国后社会服务的具体方式，在澳大利亚访学的一位受访教师谈到，其所在的专业因为应用性很强，回国后更加积极从事社会服务工作：

> 我们开展社会服务的主要方式有挂职、讲座、讲课、参与媒体内容生产等，形式多样，内容丰富。……通过开展社会服务，可以进一步提高专业知名度，优化校企合作，开发社会资源。（受访教师 WX-05）

在新西兰访学的一位从事音乐教学的受访教师提到，国外同行大都有自己

---

① 臧玲玲. 如何激励和支持教师参与社会服务 [J]. 教育发展研究，2017（10）：78-84.
② 曹如军. 高校教师社会服务能力：内涵与生成逻辑 [J]. 江苏高教，2013（2）：80-82.

的工作坊，经常会在校园里和公众场所进行义演，让更多的民众了解自己的研究与实践成果，传播音乐的魅力，并表示自己回国后也尝试组织类似的活动，并在案例院校组建"艺马当先"团队，通过艺术文化节等方式向学校学生开展艺术教育。

多数受访教师认为，社会服务就是要强调与实际相结合，注重应用研究，同时，要与学校的激励导向相关联，因为通过横向项目的申请和执行，高校不仅获得了科研经费，还获得了大型公司的认同，对提高学校知名度以及促进学生就业都有很大帮助，并给学校带来了相应的经济利益和良好的社会影响。

但也有受访教师认为，研究过于强调与实践结合会遮蔽思维，很多时候都是解决现有的技术问题或者对现有技术指标或性能进行补充或提高，导致研究的原创性不强。因此，有受访教师认为，学术研究应该基于内在的兴趣去推动，外部环境不应该对其产生根本性的影响，社会服务并不是"社会需要什么大学就迎合什么"：

> 现在学校领导的理念是要"开放办学"，强调社会服务，并认为老师"关起门来做学问"不是一件好事，倡导研究要"顶天立地"，但我并不认为这是件好事。做学问最根本的动力还是靠学者自身的兴趣和知识结构，靠学术或理论的内在逻辑。（受访教师 GLX–01）

特别是当前国内不少高校将教师向政府相关部门提交的咨询报告"被政府部门采纳"和"被国家/省级领导批示"作为社会服务成果的一类重要指标。例如，案例院校在科研管理办法中专门设置了"批示采纳类成果奖励"，按照党中央和国务院的国家领导人、省委书记和省长、其他省领导三个不同层次以及肯定性批示和一般性批示两个类别予以不同金额的奖励，学校将其视为服务社会经济发展职能的重要体现，这种做法有受访教师提出了异议，认为大学是一个学术机构，不适宜将领导人批示作为重要科研成果进行宣传奖励：

> 给政府部门提供的咨询建议不应该作为一个重要的科研成果予以认定和奖励，现在学校把老师的政策建议被哪个政府部门采纳了或被哪个领导

人批示了，都算重要科研成果，甚至在校园网主页上进行宣传，我觉得这个导向有点过头了。（受访教师 WX – 06）

尤其值得指出的是，高校教师作为专业知识的权威，当他们参与公共政治活动和为政府提供咨询服务时，应当坚持批判的态度，保持学术上的严谨、公正和客观，避免受资助者立场的左右，避免自身政治倾向带来的情感和偏见。① 因此，高校教师在致力于以学术服务社会的过程中，应该是更好地认识和改造世界，而不能过于强调经济利益或顺从行政权威，更不能在追逐名利的过程中丧失学术应有的独立性和批判性。

此外，还有受访教师对纵向项目评审中设定研究指南、将政府的政策和意图作为学术研究风向标的做法表示担忧，认为这种做法尤其是对人文社会科学的学术研究的独立性和批判性产生影响，而国外则会通过各类基金会或学校设立的项目资助来推动一些有潜力的研究。

概而言之，在强调教师社会服务责任的过程中，国内外高校主要的做法以及教师的认识基本都聚焦在研究如何与实践应用相结合方面，具体根据专业的特点有所区分，多以政府咨询、横向课题等形式体现。而地方高校在科研成果中对"领导批示"和"政府采纳"认定，进一步强化了这一导向。但不同受访教师在认识上也有较大差异，理工科和经济管理类学科的教师普遍赞同应该加强研究与实践应用的契合度，而人文学科的教师则多数认为，在开展社会服务过程中高校应保持必要的批判功能，在政府和市场的影响中保持相对的独立，教师应遵循学术自身发展的规律和研究旨趣，而不是一味顺应市场的需求或政府的意愿，否则将可能损害学术必要的批判精神，让学术发展停滞不前，甚至沦为经济和政治的工具。同时，国外会通过基金会或学校资助等方式鼓励教师从事一些相对基础的研究。

为此，在促进高校教师社会服务能力发展方面，要努力改变三个误区：一是对政府部门而言，教师所提交的咨询报告、政策建议不是用来装点门面、可有可无，而应认真吸收其精髓，结合工作实际发挥出实实在在的智囊参谋作用。二是对高校而言，要避免过度功利化，不能过于关注社会服务活动的经济

---

① 徐岚，卢乃桂. 研究型大学教师服务责任观的建构 [J]. 高等教育研究，2012（3）：42 – 47.

利益，还应强调服务的公益性，并注重大学应有的批判精神。三是对教师而言，避免将履行服务职责与追求额外收入交织在一起，动辄以"利益"为判断标准，注重将社会服务与教师的专业地位和声誉相联系。高校教师服务社会，其本质不是获得狭隘的经济双赢，而意在构筑一种对外促进社会、经济发展与对内促进教师教学、科研的互动关系。

三、管理服务发展

管理服务主要是针对为所在学校或单位所提供的服务，包括担任行政职务（学院或部门领导）、学生工作（辅导员、班主任）、助理性工作（院长助理）等，也包括为学科评估建设所做的服务工作。案例院校将管理服务（也称校内公共服务）界定为参与学科（专业）建设、人才培养、科技推广、专家咨询以及为学校和所在教研单位承担公共学术事务及其他公共事务，而学校或学院也往往通过"减免工作量"或给予一定的"岗位津贴"等方式鼓励教师参与这种工作，当然，也不排除通过"行政命令"的方式要求教师承担管理服务。

（一）工作角色的变化

访学回国后，不少受访教师表示，尽管在回国短期内职务职称未发生变化，但他们的学术责任增加了不少，工作角色更丰富了，比如回国后承担更多的英文授课并开始指导学术型硕士就是其中的变化：

> 之前只给本科生授过课，现在研究生的学术课程也让我来教，特别是一些双语课程和全英文课程没有留学背景的老师上不了，所以给我压的课就更多了。在指导学生方面，之前专硕可以指导，现在学院开始安排我指导学术型硕士了。（受访教师 GLX - 02）

除了指导学生的层次类型发生变化，访学教师在学校或学院的公共事务中也承担起更多的责任，包括担任学院的外事助理，加强和推进学院的国际化工作：

> 回国后不久，我兼任了学院的外事助理，在这方面还是做了些事情的，比如邀请国外的学术同行来学院为学生授课、与教师进行工作坊，同

时，还为有意向出国留学的学生介绍推荐，通过做这些工作，也让我获得了学院老师的认可。（受访教师 LX－03）

此外，还有少数访学教师回国后被任命到相应的行政管理岗位担任职务，并借助这一职务更好地实现自身和所在学科的发展，这一发现与桑德森（Shoresman）针对伊利诺伊香槟分校中国访问学者项目研究类似。[1] 在美国访学的一位经济学副教授回国后走上了学院的领导岗位，作为学校"双肩挑"性质的管理者，在她看来，担任行政职务也是自己履行服务责任，是为了"服务学校""服务其他教师""为其他教师作出表率"，同时，这类受访教师也表示，由于地方高校特点，各类会议多，行政工作任务繁重，的确分散精力、影响自己的教学科研。而在少数未担任管理者的受访教师看来，在国内这种学术环境和体制下，行政管理人员掌握着很多学术资源，这是纯粹做学问的普通教师所得不到的，因此，担任行政管理职务是获取资源的有效途径，能够相得益彰，助力学术发展。

尽管在担任了行政职务后，时间和精力上会对教师的学术研究带来一定影响，但由于管理职务可以为学术研究提供更多的资源，这在地方高校中尤为明显，因此，更多教师选择"学而优则仕"的路径，为自己的"学术发展"争取更多支持。

（二）积极参与院校治理

缺少归属感将妨碍教师履行服务职责。由于主宰学者生活的主要力量是学科而不是其所在院校，教师对大学的忠诚度大大下降，大学内部组织管理逐渐缺乏凝聚力。因此，当前教师参与高校治理存在不少困境，有研究甚至认为，教师参与高校治理的动机主要是为了维护自身的利益，与提高决策的民主化、科学化水平及促进学校发展关联很小。[2] 但这一判断在案例院校访学教师身上似乎并没有得到印证，部分受访教师表示，回国后自己参与学校治理的积极性和主动性有明显变化，也在一定程度上得到了学校的认可。

　①　Michele Shoresman（1989）. The Sample Approximates the Geographical Representation of Scholars at Illinois from the PRC［D］. University of Illionis.

　②　朱家德. 教师参与高校治理现状的个案研究［J］. 高等教育研究，2017（8）：34－41.

之前，学校出台制度征求意见或座谈会，总觉得给学校提意见和建议没有什么实质性的变化，有时还担心给领导留下爱发牢骚、多管闲事的不良印象。但现在不这么想，对院校的公共事务参与度更高了。……结合访学院校研究生培养的经验，向学院提出改革建议，学校专门立项了一项教改课题，鼓励我进行相应的改革研究。感觉自己的建议受到了重视。（受访教师 GLX – 04）

教师参与治理体现了参与民主与不同主体间权利的平等，但并不意味着不同主体具有同等的权力；不同事项的性质决定了教师参与决策的范围，而不同职称教师又在参与程度上存在差异。有受访教师表示，要增强教师的管理服务责任意识，应该在最关乎教师切实利益的两个环节——薪酬和职称的考核时不应只关注教学、科研绩效，还应强调其为组织服务，把教师的公共服务考核落到实处。同时，通过吸纳不同层级的教师参与各类委员会工作，并广泛听取教师意见，激励每位教师参与学校治理。在受访教师 W 老师看来，尽管可能因为事项的琐碎以及利益关注点不同，很多教师或许无暇或无心去对每个事项都予以关注和反馈，但哪怕少数活跃人群的意见反馈都会有助于政策与方案的完善与实施过程的顺畅。所以，鼓励并积极拓展教师参与治理的渠道是非常必要的。

事实上，通过交流与互动，有助于强化教师与行政管理部门间的互信机制，消除彼此的误解甚至对立，让教师获得尊严感与对组织的归属感。当然，研究也发现，其实能参与这些学术事务的管理与访学教师的职称密切相关。通常，高职称的教师有更多机会参与到学术管理的咨询和决策中去。

尽管国内高校在教师聘任岗位职责的条例中规定，教师需"积极参与学校及所在学院的各类活动、对学校及所在学院的建设与发展提出意见和建议"，案例院校还专门出台了《专职教研人员参与校内公共服务考核办法》，但由于没有进行明确的数量规定，使得此项要求实际上难以进行评价。对于没有担任行政职务的访学教师而言，部分受访教师认为，自己并没有享受民主参与权利或者说参与的积极性不高，因而对学校或学院分配的一些工作，理解为"琐事""杂事""没有办法、不得不做的事"，更多地视其为义务劳动，而不是自身责任。

（三）推动学校国际化办学

高校国际化组织策略是支撑教师发展学术职业的国际化校园环境的基础，教师通过对这些国际化策略的感知，使其渗透日常工作并发挥直接或间接的影响。[①] 助力学校国际化办学的开展，是学校派送教师出国的目标之一，也是教师选择赴国外访学的初衷之一。

访学期间，教师们通过了解访学院校的专业设置和人才培养方案，利用与国外院校师生面对面交流的机会，积极展示推介派出院校，扮演着"国际使者"的角色，搭建起访学派出院校和国外接收院校间的沟通桥梁。在美国访学的一位受访教师的做法颇具代表性：

> 访学期间，我分别与访学院校的负责人面谈或电话访谈，比较深入地了解了他们的社会工作硕士的培养模式。……代表学院分别向国外同仁表达了希望双方能就专业发展、师生交流、合作研究等领域开展国际合作的意向，并就未来合作的可能性和可以合作的领域进行了初步交流。（受访教师 FX - 01）

访学回国后，访学教师通过在国外建立的学术关系，邀请访学期间的合作导师或国外院校的同仁来校，促成一些实验室合作、短期教学和讲座之类的活动，成为教师推进学校国际化办学的重要方面。尤为值得关注的是，访学期间选择华裔导师的教师，往往能够更容易实现此类行为，究其缘由，一方面，这些华裔导师本身与国内院校有着相对密切的联系，乐意通过短期授课等方式作为一种人才回流的方式服务祖国发展；另一方面，语言沟通便利、文化习俗相近是华裔导师的天然优势，也成为访学教师推动国际化的首选。

此外，案例院校专门出台了《语言外教和短期外教聘用管理办法》，在经费上予以支持，鼓励学校教师邀请国外教师来校进行短期授课，并按照外籍教师的职称给予每节课 600～1000 元不等的课酬，同时报销其往返机票。对学校教师也给予了一定的工作量认可，如在保留该门课程原有课时工作量的同时，

---

① Schwietz M. S.（2006）. Internationalization of the Academic Profession：An Exploratory Study of Faculty Attitude, Beliefs and Involvement at Public Universities in Pennsylvania [D]. Pittsburgh P. A.：The School of Education, University of Pittsburgh, 48.

按照外籍教授授课工作量的 1/3 进行补贴。而这一政策的出台，正是源于在英国访学一位受访教师的建议：

> 　　地方高校要想实现对那些"比自己更有钱、更有资源的高校"的"弯道超车"，必须在"人情"上下功夫。不能过早、片面强调对等交流，更不能采取"顺道来访"形式邀请国外知名学者讲学以便节约经费，实际上将限制学校的"比学赶超"，所以为了鼓励教师开展国际交流合作，学校应该制定相应的支持政策。（受访教师 GLX－03）

鼓励引进海外高水平人才被视为推动高校国际化建设的积极举措，案例院校每年也在进人计划中要求各院系加大对海外高水平人才的引进力度，并给予相应的激励措施，包括在单位年度考核中加分、对单位每引进一名海外人才奖励 2 万元等。但目前这种方式成效似乎并不明显，近年来，案例院校每年引进的海外人才的计划完成率只有 50% 左右，总共引进 30 人，且存在海归人才难适应、易流失等问题。针对这种情形，案例院校相关部门也进行了反思，其中之一就是采纳访学教师的建议，积极发挥国外访学教师的效用，为学校人才引进服务：

> 　　学校既无区位优势、平台优势，薪酬水平与发达区域相比又有不少差距，要想改变这种局面，我们现在考虑要更好地发挥学校国外访学教师群体的作用，他们可以帮助学校了解海外人才的真实需要，同时向他们推荐学校，宣传解释好学校的引人和未来发展政策。（管理人员 RSC－C）

由此可见，国外访学教师回国后管理服务发展从服务对象上而言，更多聚焦在高校教师为学科发展和所在学院或学校所开展的服务；同时，还意味着教师的主体身份，不是消极的旁观者，而是主动的参与者。

总体而言，国外访学教师在回国后对服务责任的认识有了变化，但尚未明确服务的范围和内容，与国外同行相比，在社区服务或公益性服务方面存在欠缺。不少受访教师甚至将从事有偿的校外工作也界定为社会服务。在实际工作中，受访教师表示，会通过参与政府咨询、横向课题等形式来开展社会服务（校外服务），学校通过科研计分管理等方式对此给予了制度上的支持，但由于承接这类咨询或服务往往需要一定的"名气"和人脉积累，所以不少受访教师尤其是低职称教师谈到，"参与这类服务基本是被摊派，主动获得有兴趣的机会比较难"。

在管理服务方面，教师主要通过承担更多的工作角色和责任、推动并积极参与学校治理方式的变革、积极推动院校国际化等方式进行，由于学校相关制度并未对服务责任作出明确规定，部分受访教师把类似学科/专业或教学评估材料准备、班主任工作、行政会议等视为"琐事""杂事"，因此，这类管理服务是属于"可做亦可不做"的责任，可以选择性参加此类活动。

第六章

研究结论与展望

本章对高校教师国外访学的影响因素、体验收获和回国后的发展进行全面总结，归纳出主要的研究结论和发现，并就提升教师国外访学有效性从学校组织和教师个体两个层面提出相应的建议。同时，提炼出本书在理论和现实层面的贡献，对案例院校特殊性、访谈对象和研究者身份进行反思，并就更好地推动高校教师国外访学管理、服务高校教师发展等问题进行展望，以期引发更深层次的思考和更深入的研究。

第一节　研究结论

迈克·富兰（Michael Fullan）认为，"教育改革的成败其关键在教师，事实是如此简单，也是如此复杂"[1]。与其他职业相比，高校教师从事的工作需要较长期的知识储备和专业训练，同时，也需要不断地保持知识的更迭，以确保其学术职业的生命力。国际学术短期流动是高校教师发展的一个重要途径。赴国外访学在当下高等教育国际化和内涵式发展的时代背景下，成为众多高校教师的选择。中国国际访问学者群体已然成为国际高等教育中的一道独特风景。每位国外访学教师都有其个体的境遇和理解的独特性，在感知国内外高校学术、文化差异的过程中，高校教师的知识技能、心态理念都受到了影响，体

---

[1] ［加拿大］迈克·富兰. 教育变革新意义［M］. 赵中建，等译. 北京：教育科学出版社，2005：35.

现在教师回国后教学、科研和服务等不同层面的发展，并在未来一段时间内深刻地影响着教师学术工作的日常实践。本书主要得出如下研究结论。

第一，高校教师主要基于专业和个人目的选择赴国外访学，并可区分为职称晋升型、求知兴趣型、学术关系型、关照家人需求型和社会责任型五种不同类型的动机，出国访学行为是融合多重动机所做出的选择。

高校教师国外访学不仅遵循学术职业发展的规律和需要，同时，还受制度约束、遵循自上而下的管理逻辑。高校教师主要基于个人专业发展和个人需求的目的选择赴国外访学，这与美国波士顿学院博士西米（Shimmi）关于日本学者赴美国访学研究所形成的结论基本一致。①

基于专业发展的目的，高校教师希望通过获得国外访学经历达到职称晋升的基本门槛。而拥有国外名校访学的经历，在地方高校还可视为一种符号资本，有助于提升教师在未来职称评审中的竞争力。此外，通过接触专业学术前沿，或进行自主研究，或与国外同行开展科研合作，访学教师借此拓展视野、掌握新的研究方法，提升研究能力和水平，并利用在国外的时间和在场优势，积极与国外同行交流，构建起未来专业发展的国际学术网络。还有一类访学教师表示，主要是体验国外教学方法的差异，通过寻找差距为回国后更好地开展教学改革创新服务。

除专业发展目的外，部分教师还谈及组织层面的目的，希冀与国外院校建立合作关系或借鉴国外院校开展国际化的经验做法，推动院校国际化发展。而对初次在国外学习生活的教师而言，希望在国外访学期间能够深刻感知异国文化、提升英语运用能力。少数教师还谈及，借助国外访学以满足家庭成员体验多元文化或国际教育经历的需求。研究发现，携带家属尤其是子女一同出国访学是否必然影响访学效果尚无直接明显关联，甚至在一定程度上还可视为潜在的支持因素，有助于访学教师规避情感孤独等问题，并通过借助小孩参与到当地的社区或学校活动而获得更丰富的文化体验。因此，现有部分高校管理中关于"禁止携带子女陪同访学"的规定值得商榷。

高校教师发展理论强调要探寻教师的真实需求，并认为是开展教师发展的

---

① Shimmi（2014）. Experience of Japanese Visiting Scholars in the United States: An Exploration of Transition［D］. Boston College.

首要工作。因此，有必要对教师国外访学的真实需求予以确认，并提供相应的支持。综合而言，教师赴国外访学往往是融合多重动机权衡后作出的选择，但在职称晋升等制度规定下，更多的是考虑"何时去"和"如何去"的问题。案例院校具有副教授职称的教师是职称晋升型动机的主体，说明职称晋升制度（晋升正高职称需具有国外访学 6 个月以上的经历）发挥的外部驱动作用明显。

第二，高校教师赴国外访学过程中主要面临语言资格和能力、访学邀请函、任务考核等方面的挑战，同时存在将访学定位为"学习者"的倾向，但通过采用适恰的方式仍可实现到理想院校访学的目标。

语言是影响教师国外访学效果的重要因素。为此，国家或学校等各类公派项目申报的前提条件是要具备相应的语言资格。通常而言，教师大都选择参加英语培训的方式来获取相应的资格，但此类培训存在时间跨度长（半年左右）、有效期短（两年内有效）的问题，且培训效果与国外实际运用存在差异，未能很好地满足教师在国外访学的需要。

学术交流通常遵循对等原则，在地方高校教师中，存在"国外访学—函难求"与"顺利进入理想院校访学"两种迥异的现象。就获得理想院校访学邀请函的教师来看，主要凭借其自身良好的学术能力和强烈的理想院校访学意愿，通过学术文献精准搜寻匹配国外同行，提供让国外同行感兴趣的研究议题，并发挥已有学术网络中重要他人的推荐作用，从而实现到理想院校访学的目标。在访学过程中，教师还面临访学任务考核的阻碍。尽管受绩效偏好、量化考核的管理理念影响，不少高校对教师访学回国后的考核主要体现在准时回国、学术发表、开设课程等显性量化指标上，未能充分体现教师个体变化的复杂性以及学科差异性，且存在教师有意愿开设新课程但学校限于财力难以支持的尴尬困境。因此，高校教师发展理论强调要为教师发展提供支持性和保障性的外部环境。总体而言，通过制定合理的访学计划和适度的任务要求，有助于教师增强访学自觉性，取得更好的访学成效，实现教师发展目标。

由于地方高校教师学术能力处于相对弱势地位，加上研究范式的差异，容易形成教师在国外访学期间的"学习者"定位倾向，一定程度上影响了教师在访学期间与国外同行平等开展学术交流。而在国外访学邀请人的选择上，基于语言交流顺畅、文化习俗认同、为国服务情感等因素，访学教师倾向选择在国外院校任职的华裔教师，方便双方开展科研合作以及后续邀请其来华交流、授课等活动，有助于访学效果的可持续性和丰富性。因此，在国家留学基金委项目评审标准中"不鼓励国外访学选择华裔教师作为导师"的依据有待科学论证。

第三，高校教师在国外访学期间不但体验差异而且在对比中审视反思，收获了教学、学术、文化等方面丰富的隐性知识，并积极承担起国家形象诠释者和中外文化交流者的职责。

在教学体验方面，访学教师通过旁听课程或参与授课等方式体验了国外院校的课堂教学。在访学教师看来，国外教学中在学习准备上，学生的主体性更强，课余投入的学习时间更多；在学习偏好上，尽管国内外学生都追求实用课程或知识，但相比而言，国外学生更注重学习的过程。此外，国外课堂氛围相对更活跃，注重构建平等对话的师生关系；学业评价考核严格、方式多样，注重过程评价并强调公正客观。国外院校普遍实行的开放交流时间制度，固化保障了师生交流时间。国内外高校在教学技术的应用上差异不大，但国内院校应注意避免以行政力量推动强化教学技术而"折腾"教师的问题。

在学术体验方面，访学教师认为，在国外相对"失联"情境中形成了一段寂寞闲暇时间，感受到相比国内更为单纯的学术环境。同时，对国外同行真正出于兴趣从事研究、不急于发表科研成果以及由此形成的平和心态和沉浸学术的行为印象深刻，并从高校教师评价体系、薪酬制度等方面进行了审思。国外同行的学术严谨体现在研究过程中注重方法的规范运用、专注于研究细节；在学术交流上，相比国内高校拘泥于形式的做法，访学教师反思认为，学术的实质是思想的流转和碰撞，应积极开展小众化、有计划的学术交流，鼓励并推动基于自愿共享的学术合作。

在文化体验方面，高效的行政服务和图书馆服务让访学教师意识到，良好的学术服务支持体系是一所大学的题中之意。同时，通过彰显"教师就是大学"的理念，切实让教师感受到尊严。在浸濡异国文化环境中，访学教师积极担负起文化沟通桥梁和国家形象展示者的使命，在中外差异对比中更加坚定了爱国情感和发展自信，让出国访学成为一次爱国主义教育和中外文化交流之旅。

　　教师发展离不开教师个体对自己价值观念的反思，只有将教学信念、态度和情感内化于心并外化于行，教师才能真正成功地学习和运用更为有效的方法来助力自身的专业发展。教师国外访学期间，通过体验和反思获得的隐性知识，作为一种不论时间、地点和条件都将潜移默化发挥作用的"影响辐射源"，对访学教师形成了一定的冲击，并成为其回国后在教学、科研等学术工作方面进行创新和改革的强大推动力量。

　　第四，国外访学是高校教师提升专业能力的有效路径，也是构成"科学流动"的基本形式。在英语应用能力和国际化素养整体提升的同时，不同学科和职称类型的访学教师在回国后的教学、科研和服务等发展程度上存在差异。

　　"科学流动"是积累人力资本和构建国际学术网络的重要形式。[①] 地方高校教师以国际访问学者的身份到国外进行访学，是"科学流动"的一种形式，并在此过程中，提升了英语应用能力和国际化素养，促进了高校教师发展。

　　就教学发展而言，访学教师在教学理念上更加认同教学工作的意义和价值，注重师生间的平等对话和学生批评性思维的养成，主动开展教学研究，推动了教学学术的发展。尝试打破课堂"独角戏"，结合课程实际进行教学方法改革，大力推广研讨式教学的运用，致力于对"沉默课堂"表象进行改观。重视学生在学习过程中的持续投入，通过多元方式进行学业评价，突出过程性评价；同时，认为当前学生评教体现的是学生作为消费者的"浅薄偏好"，评教在一定程度上异化为师生间相互"取悦"行为，因此，教师和管理者应理性看待并慎重使用学生评教的结果。访学教师的英语能力提升明显，积极运用现有资源推动课程国际化，引导学生强化英语学习和规则意识，在课堂教学中丰富国际化元素，并为学生创造更多国际交流机会。

　　在科研发展方面，部分理学、经济学、管理学的访学教师实现了国际学术能力的提升，体现在国际发表从无到有、文章排名前移或成为通讯作者等方

　　① 沈文钦．全球化对中国博士生教育的影响：人员流动的视角［J］．教育发展研究，2018（9）：35－42．

面；但文学、法学的教师更强调要警惕追逐国际发表的危害，在国际化的过程中尊重学科差异，平衡好国际化与本土化的关系。回国后，部分访学教师的学术认知发生了"静悄悄的革命"，浮躁的学术心态有所改变，也尝试摆脱任务式、形式化科研的束缚，并在研究方法和研究选题上聚焦深入，但受国内和案例院校学术评价体制的影响，无论是在心态还是行为上，都呈现被同化的趋势。部分学术能力强的访学教师往往能更有效地利用国际学术网络，同时，更加注重研究学术声誉和团队合作，提升研究质量。

就服务发展而言，访学教师更认同服务是高校教师的基本职责，但对服务的内涵理解存在偏颇和差异，较少谈及服务的公益性和利他性。部分经济学、管理学的访学教师通过为政府提供政策咨询、承接横向课题等方式承担社会服务。而在管理服务方面，具备高职称的教师通过丰富工作角色、担任行政职务、参与院校治理和推动国际化办学等方式履行管理服务职责。由于高校缺乏明确的服务职责规定和评价制度，低职称的访学教师往往对院校治理缺乏主动参与意识，并将管理服务视为"可做可不做"的责任，"视情况"选择性参与。

总体而言，在高等教育国际化的背景下，高校教师基于多重目的选择以国际访问学者的身份赴国外访学，由此形成的一种短期国际流动具有一定的独特性，教师通过国外访学经历拓展了对教学、学术和文化等方面的认识，但不同学科和职称类型的教师在回国后改进教学、科研和服务行为所发挥的作用各有侧重，存在差异。

第二节　政策建议

国外访学为高校教师提供了一个深刻感悟异国文化、教育理念与实践、学术前沿的机会，有助于教师反思自己的教育信念和行为，拓展学术视野，搭建国际网络，因而成为当前高校推动教师发展的重要载体。但访学效用的充分发挥、预期目标的完全实现，具有明显的个性化特征，加上访学收益的滞后性、准公共性、难以量化等特点，教师的国外访学经历并不必然代表知识转型

（研究范式、专业知识、专业能力等）的完成。① 布迪厄认为，"必须得到改造的，是那些使得这一等级制得以存在的条件，不管它们是现实中的条件，还是思维中的条件。我一直不断地主张，我们必须努力在现实中，把现状向我们显现为最普遍共有的东西的获取条件真正地予以普遍化，而不只是这么说说而已"②。也就是说，研究结论必须指向改造性实践。根据本文上述分析，结合管理实践，从组织和个体两个层面为提升高校教师国外访学有效性提出相应的建议。

一、对院校组织层面的建议

首先，适时修订教师国外访学的相关规定，体现制度伦理。研究发现，在国外访学合作导师的选择上，访学教师往往倾向选择华裔同行，理由主要有：一是能够在国外院校取得终身教师荣誉的华裔教师，其学术能力也往往不错；二是基于语言交流、文化认同、爱国情感等因素，与华裔导师的合作往往能够取得更持续的成果。因此，对教师出国访学项目申报过程中"不鼓励选择华裔教师作为国外访学期间合作导师"的规定和做法应予以考虑调整。

研究发现，携带家属到国外访学是否必然影响访学效果尚无直接明显关联。已有研究认为，家庭成员随同访学可以视为对国际访问学者的一种潜在的支持因素，并有助于访学教师体验到丰富的当地社会文化。③ 鉴于携带家属赴国外访学是一个客观现实，从家庭角色和责任的角度重新思考教师赴国外访学携带家属的人性化问题，适时修订"不允许携带家属陪同访学"的规定。

其次，综合考虑教师国外访学所面临的困难和挑战，提供更有效的组织支持。在高等教育国际化的背景下，将国外访学作为推动学校国际化的重要途径进行规划安排，在派出前为教师提供语言、文化之外更丰富的培训。同时，鉴于当下国人已日益成为国家形象塑造者，而国际访问学者由于其身份的独特性

① 龚美君，许桂芳. 成长再出发：出国研修经历与高校教师专业发展的影响研究 [J]. 教育理论与实践，2018（10）：42－44.

② ［法］皮埃尔·布迪厄. 实践与反思——反思社会学导引 [M]. 北京：中央编译出版社，1998：118－119.

③ Shimmi（2014）. Experience of Japanese Visiting Scholars in the United States：An Exploration of Transition [D]. Boston College，221.

更被视为中国形象的展示者，因此，国外访学教师所肩负的责任更富有挑战性，需要获得更丰富有力的组织支持，如案例院校通过设立针对性和适切性的培养机制和发展体系，为教师出国访学提供了系列支持性政策，消除教师出国访学的利益影响，创设充裕自由的发展空间等，以适应新环境、新时代对国际访问学者提出的新要求。

最后，修正对教师国外访学的绩效管理，避免陷入"数字量化"的迷障中。全面看待高校教师出国访学的绩效，既关注显性绩效也应注意到隐性绩效，特别是在访学考核时应注重访学实际成效，强调质量，建立有效的监督和评价机制。同时，适时取消"将国外访学经历作为教师职称晋升的前置性条件"的相关规定；推动组织变革，积极为教师访学收益可持续发挥创造条件，包括但不限于建立教师国外访学成效的扩散机制、访学教师间的信息沟通共享机制等。

二、对教师个体层面的建议

首先，访学教师要充分认识国外访学的意义和价值，对访学国家、院校、时长等做出适切的判断并制定好合理清晰的访学计划，并通过已经赴外访学的国内同事等多种途径获得有效的访学信息。

其次，具备良好的语言运用能力。英语作为一种世界语言，流利娴熟的英语运用能力可以丰富在国外期间的交流体验，因此，访学教师在出国前应具备良好的英语能力和基础。同时，在出国前对访学所在国家、社会文化和教育制度等做必要充分的理解，学习跨文化沟通技巧，以便更好更快地适应在国外访学的生活。

最后，访学期间，教师应该保持一种开放融合的心态，积极寻求帮助，主动与国外同行进行交流，才有可能获得更多机会。在回国后，积极分享经验并在工作实践中尝试运用访学收获，扩大受益面，发挥出国外访学对个人和组织的积极影响。

总之，国外访学是推动高校教师发展的路径，但只是手段而非目的，更非终极目标。唯有高校教师和管理人员深刻地理解国外访学经历的意义，才能破除对国外访学的错误认知，脱离工具理性的思维，回归对"国外访学"本真意义的探寻，站在国家、学校和个人利益的结合点上利用好"访学"机会，进而不断夯实教师能力基础，提高人才培养的整体质量，切实推进高等教育内涵式发展。

第三节　研究创新与贡献

在中国高等教育国际化和高质量发展的背景下，"国际访问学者"的光环效应有所减弱，国外访学不再局限于教师中的少数"精英"群体，国外访学经历也不再被视为一种学术"镀金"的过程，而更多地被认为是高校教师发展的一个重要路径。国外访学是一种经济投入较大、带有跨文化特征和潜在的转换性学习，是一种更高层次的追求和自我管理。对有意愿出国的教师而言，这种机会不再是一生中可能只有一次而可以是多次，并由此推动形成了高校教师的短期国际流动。

本书可能的创新和贡献体现在以下三个方面。

第一，在研究内容方面，本书聚焦中国国际访问学者这一高校教师中日益增多而又少有研究的群体进行了较为深入的分析，进一步丰富了国内对国际访问学者的研究内容。尽管教师的短期国际流动在中国由来已久，并日益受到高校管理者和教师群体的青睐，但在以往的研究中，更多关注学生的国际流动以及教师留学经历，而对教师短期国外访学经历所带来的影响缺乏系统的研究。同时，国内现有研究对高校教师发展模式的讨论也比较丰富，但结合国外访学经历与发展的关系探究高校教师发展的问题则比较少。本书在研究对象上精准聚焦，对教师国际流动特别是以国际访问学者身份开展的短期流动提供了一个新的视角，区分出五种不同类型的出国访学动机，并提出国际访问学者是构成我国高校人员进行"科学流动"的第四种形式。

第二，在研究方法方面，本书运用质的研究方法，通过对一所高校25位教师的深度访谈，获悉他们在访学过程中所面临的阻碍和挑战、丰富而差异的经历收获以及回国后发展情况等多方面的认知，并结合相关文本材料和管理者访谈，在一定程度上揭示了高校教师出国访学与回国后发展的"黑箱"，为政府和高校正确看待教师的国外访学提供了真实鲜活的依据，展示了一幅丰富的国外访学教师回国后发展图景。

第三，在研究发现方面，本书的相关发现可以为高校行政管理和未来出国访学教师提供有意义的借鉴参考。高校教师发展在中国高等教育国际化的情境下，如何充分利用好国际访问学者项目或访学途径提升教师素养而非作为一种强制性的制度设计，如何让教师充分利用好访学的短暂时光（6~12个月）完成一次学术沉淀，同时，兼顾好教师作为"人"的个体需求，是一个需要深入研究的现实课题。相关高校和教师可以根据本书所揭示的问题，优化管理思路和访学行为。

第四节　研究反思与展望

一、对案例院校选取的反思

本书以赴国外访学的教师作为研究对象，并在实际研究中选取了一所高校的教师作为个例。案例院校虽然作为一所中部地区的地方高校，但其定位不同于新建本科院校或应用型本科院校：首先，该校历史悠久，已有近百年的历史，在中部地区享有较高的社会声誉，学校定位是建设国内高水平的财经大学，并且始终处于国内财经类院校的第一方阵。其次，学校师资的博士比例近60%，中青年教师的学术水平在所属省份高校中排在前列，获批国家社科基金项目数连续多年位居所属省份第一位。最后，学校国际化水平较高，连续多年获得所属省份本科高校国际化排名第一，而案例院校本身已出台的相关制度或政策（如鼓励教师国外访学的资助政策、职称晋升要求或优先访学经历、支持聘请短期外教来校授课等），在一定程度上形成了案例院校较为完善的国际化办学动力机制，为教师国外访学提供了较为独特的生态环境。

上述独特性决定了案例院校虽然属于地方高校，但又区别于一般的高校，尤其是新建的地方本科院校，使得本书的结论不适宜在国际化程度较低的高校中进行推广。

二、对访谈对象选择的反思

在最初选择访谈对象时，研究者综合考虑了学科分布、访学国别、访学院校排名、回国时间等多项因素，以期让受访者能够具有最大的代表性。但是，在研究的实施过程中，由于案例院校教师派出的学科特点、受访人的性格（外向、愿意表达）及其与研究者的关系熟悉程度等，最终参与研究的受访教师所属学科和访学院校国别相对集中。

从受访教师的学科来看，主要以经济学、理学、管理学为主，这与案例院校作为一所以财经类为主的地方高校密切相关，体现了案例院校的学科特点。

从访学的国别来看，教师国外访学集中在美国、英国、澳大利亚、新加坡等国家，进一步印证了"中心—边缘"理论在教师国外访学选择中的适用性，同时，也限定本书对国外的界定主要是上述世界学术中心国家。

此外，选取的受访教师，其访学的院校主要集中在世界排名前 200 的院校，对在国外一般院校访学教师的体验收获关注不够。

三、对研究者身份的反思

由于研究者具体参与案例院校教师国外访学的选派和管理工作，相对于"局外人""旁观者"，固然有利于直接观察、获取资料，深入全面掌握真实情况，但对研究可靠性和客观性也可能产生威胁，比如，在访谈过程中，可能会让案例院校受访教师产生一定的顾虑，导致受访者在交谈中未必都能"知无不言，言无不尽"。同时，在具体实施质的研究的各个环节，难免带有"想当然"或"先入为主"的痕迹，对信息的获取难免会带来偏差。此外，由于研究者作为行政管理人员的工作岗位，对教师的教学、科研等学术工作内容缺乏切身的体会，难以实现"同情的理解"，也就无法完全实现与受访者达到"共情"，在交流过程中可能会遗漏某些"本土"信息。

针对这些可能的威胁，研究者尽量区分自己作为研究人员和学校行政人员的身份，采用多种渠道的资料对研究问题进行验证。同时，提醒自己作为研究者的立场，进行换位思考，尽可能多角度地呈现事实本身，并进行客观的分析与解释。

四、未来研究的展望

本书虽然围绕国外访学经历对我国高校教师发展的影响进行了尝试，获得了一些新的启发，但仍然有不少问题没有涉及，后续可进一步深入研究。

首先，组织环境差异是影响访学教师回国后发展的重要因素，有效的教师发展不仅要聚焦教师个人层面的发展，也应注重组织层面的发展。[①] 地方高校作为我国高等教育的基座，数量众多且存在诸多类型，因此，区分院校性质和发展类型定位，选择多个院校进行不同案例以及对比研究，并由此分析高等教育国际化情境下的组织政策，或许也是有意义的尝试。

其次，对国际访问学者项目进行对比分析也可作为未来研究的一个选题。目前，针对教师的国家公派访学项目已有相关研究，这种项目通常是组团式派出，访学教师在去之前通常与接收院校的教师没有联系，此类项目与教师自行联系访学相比存在哪些优缺点。后续研究可以考虑开展对比分析，从而为我国不同类型的高校教师国外访学项目提供有价值的理论参考。

最后，由于访学经历的影响具有长期性和延续性，进行长期跟踪研究非常有必要。访学教师的学科差异、访学时间的长短同样是今后研究中可以进一步关注的问题。此外，本书主要聚焦国外访学经历与高校教师发展上的影响，对国际访问学者在推动中外文化交流，尤其是融入和影响当地社区文化以及传播展示国家形象等方面的影响还有待更深入的探讨。

---

① McLean, M., Ciliers, F., van Wyk, J. M. (2008). Faculty Development: Yesterday, Today and Tomorrow [J]. Medical Teacher, 30 (6): 555–584.

非结构性访谈提纲（教师）

1. 您出国访学的初衷是什么？当时是如何选择这所学校的？

2. 当时对这次出国访学有什么预期和目标？在访学前做了哪些准备？您觉得自己出国访学过程中存在哪些较大的阻碍因素？

3. 您在国外访学过程中，有哪些事情或情景让您很受触动？您觉得这种触动对您关于教育/教学的认识有什么影响？

4. 国外访学的生活可能与国内有较大差异，能否介绍一下您在国外访学期间典型的一天是怎么度过的？时间是怎么分配的？

5. 访学期间参与了哪些学术活动？与访学导师及其他学术同行交流互动情况如何？有哪些您认为是有益的学术经历？请举例说明。

6. 您认为通过在国外的访学经历，对自己专业认识和发展带来了哪些方面的变化？您认为自己回国后的课堂上有什么变化？

7. 您认为这段国外访学经历，对您的科研工作有什么启发或变化？您如何看待派出前单位对您访学所提的科研任务要求？

8. 您认为这段国外访学经历，对您的服务工作有什么启发或变化？具体有怎样的变化？

9. 回国后，您觉得把国外访学经验运用到国内有哪些挑战？需要学校或学院提供哪些平台或支持？

10. 您如何看待高校教师国外访学的意义？能否请您对自己这次访学经历做个总体评价？

11. 您认为一个好的国外访学应该是什么样的？您对后续要出国访学的教师有什么建议？

非结构性访谈提纲（管理者）

1. 您能否简要介绍一下学校教师出国访学的基本情况？

2. 学校有哪些具体关于教师出国访学的相关政策？这些政策或制度出台的指导思想是什么？

3. 您如何看待教师出国访学？您觉得教师出国访学与他回国后的发展是怎样的关系？您觉得自己身边熟悉的教师回来后在教学、科研等方面有什么明显的变化？请举例说明。

4. 您认为影响教师出国访学的动力和阻碍因素有哪些？学校应该如何帮助教师更好地走出去？

5. 您认为当前教师对学校出国访学制度规定的认同情况如何？您怎样看待对出国访学教师的目标任务考核？

6. 从促进教师发展的角度，您对更好发挥出国访学教师的作用有何建议或意见？

案例院校访谈教师基本情况一览表

代称	性别	访学时年龄	访学时长（月）	学科	出国访学前职称	访学国家	访学院校世界排名	访谈时已回国时间	资助项目
GLX-01	女	44	12	管理学	副教授	新加坡	11~20	6个月	学校
GLX-02	女	37	12	管理学	讲师	英国	21~50	1个月	国家
GLX-03	男	42	6	管理学	教授	英国	前10	24个月	学校
GLX-04	女	36	12	管理学	讲师	英国	前10	8个月	学校
GLX-05	男	34	12	管理学	副教授	美国	500+	36个月	国家
LX-01	女	36	12	理学	副教授	美国	201~500	8个月	国家
LX-02	男	46	12	理学	副教授	英国	500+	半个月	国家
LX-03	男	30	12	理学	副教授	英国	51~100	24个月	国家
WX-01	男	40	10	文学	教授	英国	201~500	8个月	学校
WX-02	女	36	6	文学	讲师	英国	21~50	12个月	学校
WX-03	女	38	12	文学	讲师	美国	500+	20个月	国家
FX-01	男	46	12	法学	副教授	美国	11~20	1个月	国家
JJX-01	男	36	6	经济学	讲师	新加坡	201~500	36个月	省厅
JJX-02	男	36	12	经济学	讲师	澳大利亚	21~50	4个月	学校
JJX-03	男	41	12	经济学	副教授	美国	前10	36个月	国家
WX-04	女	37	12	文学	副教授	新西兰	101~200	19个月	学校
JJX-04	男	36	12	经济学	讲师	美国	201~500	36个月	学校
WX-05	男	44	12	文学	副教授	澳大利亚	201~500	18个月	学校
LX-04	男	32	12	理学	讲师	美国	21~50	48个月	国家
JYX-01	男	42	12	教育学	副教授	美国	51~100	36个月	国家
GLX-06	女	45	12	管理学	副教授	西班牙	101~200	48个月	学校
LX-05	女	38	6	经济学	副教授	美国	500+	8个月	国家
JJX-05	女	32	12	经济学	讲师	美国	101~200	12个月	国家
WX-06	女	34	6	文学	讲师	英国	前10	10个月	学校
WX-07	女	39	12	文学	讲师	澳大利亚	101~200	5个月	学校

备注：1. 根据受访教师所在学科字母作为代称，如管理学为GLX，同一学科的教师在后面标记不同的数字以做区分，如GXL-01，GLX-02。

2. 访学院校世界排名根据泰晤士报世界大学排行榜（2018年）发布的数据整理得出。

参 考 文 献

一、中文文献

［1］［美］阿特巴赫. 作为中心与边缘的大学［J］. 高等教育研究，2001（4）.

［2］［美］阿特巴赫. 至尊语言——作为学术界统治语言的英语［J］. 北京大学教育评论，2008（1）.

［3］［法］安德烈·焦尔. 学习的本质［M］. 上海：华东师范大学出版社，2015.

［4］［巴西］保罗·弗莱雷. 被压迫者的教育学［M］. 顾建新，等译. 上海：华东师范大学出版社，2001.

［5］［英］贝弗里奇. 科学研究的艺术［M］. 北京：科学出版社，1979.

［6］蔡连玉，吴文婷. 高校学术治理的双重绩效和同行评议［J］. 江苏高教，2019（5）.

［7］藏玲玲. 如何激励和支持教师参与社会服务［J］. 教育发展研究，2017（10）.

［8］操太圣. 高校教师评价标准化的问题及反思［J］. 大学教育科学，2019（2）.

［9］曹如军. 高校教师社会服务能力：内涵与生成逻辑［J］. 江苏高教，2013（2）.

［10］陈斌. 中美大学教师发展理念与内涵研究［D］. 厦门：厦门大学，2017.

［11］陈昌贵，高兰英，楼晓玲．为什么回国与回国后怎么样——对471位回国人员的调查研究［J］．中国高等教育，2000（Z1）．

［12］陈洪捷，沈文钦．学术评价：超越量化模式［N］．光明日报，2012－12－18．

［13］陈洪捷．论寂寞与学术工作［J］．北京大学学报（哲学社会科学版），2002（6）．

［14］陈平原．大学有精神［M］．北京：北京大学出版社，2009．

［15］陈平原．国际视野与本土情怀——如何与汉学家对话［J］．上海师范大学学报（哲学社会科学版），2011（6）．

［16］陈先哲．捆绑灵魂的卓越：学术锦标赛制下大学青年教师的学术发展［J］．教育发展研究，2014（11）．

［17］陈向明．"旅居者"与外国人：留美中国学生跨文化人际交往研究［M］．长沙：湖南教育出版社，1998．

［18］陈向明．教师如何做质的研究［M］．北京：教育科学出版社，2001．

［19］陈向明．质的研究方法与社会科学研究［M］．北京：教育科学出版社，2000．

［20］陈学飞．改革开放以来大陆公派留学教育政策的演变及成效［J］．复旦教育论坛，2004（3）．

［21］陈正权，朱德全．高校教师发展的困境与调试［J］．高教探索，2018（5）．

［22］程星．细读美国大学（第三版）［M］．北京：商务印书馆，2015．

［23］褚宏启．警惕教育中的"伪创新"与"真折腾"［J］．中小学管理，2017（4）．

［24］崔丽，梁丽．国际化背景下高校教师专业发展的策略研究［J］．教育探索，2012（12）．

［25］［美］丹尼尔·平克．驱动力［M］．龚怡屏，译．北京：中国人民大学出版社，2012．

［26］［美］德雷克·博克．回归大学之道（第二版）［M］．侯定凯，等

译．上海：华东师范大学出版社，2012．

［27］刁彩霞，孙冬梅．大学教师身份的三重标识［J］．现代大学教育，2011（5）．

［28］丁学良．什么是世界一流大学［M］．北京：北京大学出版社，2004．

［29］都宁，刘梅华．学术交流活动对高校科技创新能力的影响［J］．中国高校科技，2015（11）．

［30］杜玉波．新时代高等教育的历史方位和发展走向［J］．中国高教研究，2018（12）．

［31］［美］弗兰克．H．T．罗德斯．创造未来：美国大学的作用［M］．王晓阳，蓝劲松，等译．北京：清华大学出版社，2007．

［32］甘阳．文明·国家·大学［M］．北京：三联书店，2012．

［33］龚美君，许桂芳．成长再出发：出国访学经历与高校教师专业发展的影响研究［J］．教育理论与实践，2018（10）．

［34］郭丽君．大学教师聘任制——基于学术职业视角的研究［M］．北京：经济管理出版社，2007．

［35］［美］哈瑞·刘易斯．失去灵魂的卓越［M］．侯定凯，等译．上海：华东师范大学出版社，2012．

［36］哈巍，赵颖．教学相"涨"：高校学生成绩和评教分数双重膨胀研究［J］．社会学研究，2019（1）．

［37］韩启德．学术共同体当承担学术评价重任［N］．光明日报，2009 - 10 - 12．

［38］韩亚菲，马万华．北京市高校教师国际流动的现状及其影响因素的实证研究［J］．中国成人教育．2015（13）．

［39］贺国庆，何振海．成就完整的大学——习明纳的历史及现实意义［J］．教育研究，2019（2）．

［40］胡建华．中国大学课程国际化发展分析［J］．中国高教研究，2007（9）．

［41］胡天佑．江西高校制度的应用探究［D］．南昌：南昌大学，2011．

［42］［英］怀海特．教育的目的［M］．庄莲平，王立中，译．上海：文汇出版社，2012．

［43］黄海刚．从人才流失到人才环流：国际高水平人才流动的转换［J］．高等教育研究，2017（1）．

［44］黄健，等．高校教师海外访学成效研究［J］中国高教研究，2019（6）．

［45］黄明东，姚建涛，陈越．中国出国访问学者访学效果实证研究［J］．高教发展与评估．2016（9）．

［46］姜春林，张立伟．学术评价：同行评议抑或科学计量［J］．中国高等教育，2014（15－16）．

［47］蒋凯，陈学飞．中美高等教育交流与中国高等学校教学改革［J］．高等教育研究，2001（1）．

［48］蒋玉梅，刘勤．高等教育国际化视野下教师出国访学收益研究［J］．开放教育研究，2015（1）．

［49］解德渤．再概念化：大学教师发展的历史与逻辑［J］．教育学术月刊，2015（10）．

［50］［美］克拉克·科尔．大学的功用［M］．陈学飞，等译．南昌：江西教育出版社，1993．

［51］［美］克拉克·克尔．高等教育不能回避历史——21世纪的问题［M］．王承绪，译．杭州：浙江教育出版社，2001．

［52］雷洪德，等．课堂发言的障碍［J］．高等教育研究，2017（12）．

［53］李碧虹，罗成，舒俊．学术职业国际化：基于教师发展的视域［J］．开发教育研究，2015（4）．

［54］李慧．留学归国者学术经历的质性研究［D］．厦门：厦门大学，2017．

［55］李连江．不发表就出局［M］．北京：中国政法大学出版社，2016．

［56］李琳琳．成为学者——大学教师学术工作的变革与坚守［M］．上海：华东师范大学出版社，2016．

［57］李琳琳．我国大学教师服务工作特征探析［J］．高等教育研究，

2014（11）.

[58] 李娜. 高校教师专业发展过程中组织支持的缺失与应对 [J]. 现代教育管理，2016（8）.

[59] 李书恒，郭伟. 国际化背景下的教师发展：加拿大经验借鉴 [J]. 中国高等教育，2012（5）.

[60] 李太平，王超. 个性课堂及其建构 [J]. 高等教育研究，2015（12）.

[61] 李迎新，李正栓. 基于交往行为理论的国际访学合作双方主体间性研究 [J]. 外语教学理论与实践，2018（1）.

[62] 李志峰，龚春芬. 大学教师发展：实践困境和矛盾分析 [J]. 教师教育研究，2008（1）.

[63] 李志峰. 学术职业与国际竞争力 [M]. 武汉：华中科技大学出版社，2008.

[64] [美] 理查德·莱特. 穿过金色光阴的哈佛人 [M]. 范玮，译. 北京：中国轻工业出版社，2002.

[65] 联合国教科文组织国际教育发展委员会. 学会生存：教育世界的今天和明天 [M]. 北京：教育科学出版社，1996.

[66] 林杰. 大学教师专业发展的内涵与策略 [J]. 大学教育科学，2006（1）.

[67] 林培锦. 西方学术规范的演化及其与同行评议关系 [J]. 福建师范大学学报（哲学社会科学版），2015（3）.

[68] 林小英，金鑫. 促进大学教师的"卓越教学"：从行为主义走向反思性认可 [J]. 北京大学教育评论，2014（2）.

[69] 林语堂. 中国人 [M]. 郝志东，沈益洪，译. 上海：学林出版社，1994.

[70] 刘琛. 国际媒体视角上的中国访问学者 [J]. 北京教育，2016（2）.

[71] 刘春香，赵中建. 从课程国际化视角看高校教师海外访学之成效 [J]. 教师教育研究，2014（2）.

[72] 刘进，哈梦颖. 什么影响了大学教师流动？[J]. 河北师范大学学

报（教育科学版），2017（2）.

[73] 刘劲松，徐明生，任学梅，等．研究生高水平国际化课程建设理念与实践探索［J］．学位与研究生教育，2015（6）.

[74] 刘蓉洁．高校"海归"教师生存环境与生存状态研究［D］．上海：上海交通大学，2010.

[75] 刘声涛．为了测量还是为了学习：高校公正评价学生学业内涵探析［J］．大学教育科学，2015（1）.

[76] 刘姝殷，蒋林浩．公派赴美联合培养研究生文化适应挑战及提升策略［J］．黑龙江高教研究，2017（7）.

[77] 楼晓玲，陈昌贵，高兰英．我国高校留学人员回国后发挥作用状况与分析［J］．清华大学教育研究，2000（3）.

[78] 卢敏．学习环境与语言习得——海外交流经历对外语学习的影响［J］．西安外国语大学学报，2015（4）.

[79] ［美］罗伯特·K. 殷．案例研究设计与方法［M］．周海涛，主译．重庆：重庆大学出版社，2004.

[80] 罗燕，等．清华大学本科教育学情调查报告2009——与美国顶尖研究型大学的比较［J］．清华大学教育研究，2009（5）.

[81] 吕林海，张红霞．中国研究型大学本科生学习参与的特征分析［J］．教育研究，2015（9）.

[82] 吕林海．中国大学生的课堂沉默及其演生机制——审思"犹豫说话者"的长成与适应［J］．中国高教研究，2018（12）.

[83] ［德］马克斯·韦伯．学术与政治：韦伯的两篇演说［M］．冯克利，译．北京：三联书店，1998.

[84] 马万华，温剑波．高校教师出国进修效益分析［J］．清华大学教育研究，2016（1）.

[85] ［加拿大］迈克·富兰．教育变革新意义［M］．赵中建，等译．北京：教育科学出版社，2005.

[86] ［美］麦肯齐．大学教学精要：高等院校教师的策略、研究和理论［M］．徐辉，译．杭州：浙江大学出版社，2005.

［87］［美］米歇尔·拉蒙特．教授们怎么想——在神秘的学术评判体系内［M］．孟凡礼，唐磊，译．北京：高等教育出版社，2011.

［88］苗宁礼．课程国际化有哪些基本特征［N］．中国教育报，2014-02-28.

［89］缪静敏，汪琼．高校翻转课堂：现状、成效与挑战［J］．开放教育研究，2015（5）.

［90］潘懋元．大学教师发展与教育质量提升［J］．深圳大学学报（人文社会科学版），2007（1）.

［91］潘懋元，罗丹．高校教师发展简论［J］．中国大学教学，2007（1）.

［92］裴淼，李肖艳．成人学习理论视角下的"教师学习"解读：回归教师的成人身份［J］．教师教育研究，2014（6）.

［93］钱江．1978：留学改变人生——中国改革开放首批赴美留学生纪实［M］．成都：四川人民出版社，2017.

［94］秦春华．不偷懒的美国大学生给我们的启发［N］．光明日报，2014-6-24.

［95］秦冠英．20世纪70年代美国大学教师发展的理论与实践［M］．北京：社会科学文献出版社，2016.

［96］沈文钦，等．科研量化评估的历史建构及其对大学教师学术工作的影响［J］．南京师大学报（社会科学版），2018（5）.

［97］沈文钦．全球化对中国博士生教育的影响：人员流动的视角［J］．教育发展研究，2018（9）.

［98］［美］唐纳德·肯尼迪．学术责任［M］．阎凤桥，译．北京：新华出版社，2002.

［99］田学军．深入学习贯彻党的十九大精神 努力答好新时代中国教育的"时代之问"［J］．教育研究，2018（1）.

［100］［英］托尼·比彻，保罗·特罗勒尔．学术部落及其领地：知识探索与学科文化［M］．唐跃勤，等译．北京：北京大学出版社，2008.

［101］汪怿．学术人才国际流动及其启示［J］．教育发展研究，2006

(4).

［102］吴岩．建设中国"金课"［J］．中国大学教学，2018（12）．

［103］伍叶琴．教师学习的现实深描与学者想象［J］．教师教育研究，2013（3）．

［104］习近平．把思想政治工作贯穿教育教学全过程 开创我国高等教育事业发展新局面［N］．人民日报，2016－12－9．

［105］夏欢欢，钟秉林．大学生批判性思维养成的影响因素及培养策略研究［J］．教育研究，2017（5）．

［106］夏辽源，曲铁华．我国高等教育国际化"内涵式"发展探析［J］．东北师大学报（哲学社会科学版），2018（2）．

［107］向丹，李华星．教师国际流动现状及其对高校创新能力提升研究［J］．西北工业大学学报（社会科学版），2012（3）．

［108］谢维和．教育的道理［M］．北京：教育科学出版社，2014．

［109］徐岚，卢乃桂．研究型大学教师服务责任观的建构［J］．高等教育研究，2012（3）．

［110］徐显明．推进体制机制改革 回归大学学术本位［J］．中国高等教育，2013（18）．

［111］许纪霖．回归学术共同体的内在价值尺度［J］．清华大学学报（哲学社会科学版），2014（4）．

［112］许杰．论治理视野中高等教育问责制的完善［J］．教育研究，2009（10）．

［113］许钧．试论国际发表的动机、价值与路径［J］．外语与外语教学，2017（1）

［114］许心，蒋凯．高校教师视角下的人文社会科学国际发表及其激励制度［J］．高等教育研究，2018（1）．

［115］薛成龙，邬大光．中国高等教育质量建设命题的国际视野［J］．中国高教研究，2016（33）．

［116］［德］雅思贝尔斯．什么是教育［M］．邹进，译．北京：三联书店，1991．

［117］［德］雅思贝尔斯．大学之理念［M］．邱立波，译．上海：上海世纪出版集团，2007.

［118］阎光才．大学教学成为学问的可能及其现实局限［J］．北大教育评论，2017（4）.

［119］阎光才．高水平大学教师本科教学投入及其影响因素分析［J］．中国高教研究，2018（11）.

［120］阎光才．谨慎看待高等教育领域的各种评价［J］．清华大学教育研究，2019（1）.

［121］阎光才．精神的牧放与规训：学术活动的制度化与学术人的生态［M］．北京：教育科学出版社，2011.

［122］阎光才．象牙塔背后的阴影——高校教师职业压力及其对学术活力影响述评［J］．高等教育研究，2018（4）.

［123］杨宜音．试析人际关系及其分类［J］．社会学研究，1995（5）.

［124］叶赋桂，罗燕．高等学校教师地位分析［J］．河北师范大学学报（教育科学版），2006（6）.

［125］袁方，王汉生．社会研究方法教程［M］．北京：北京大学出版社，1997.

［126］［美］约翰·D.布兰斯福特，等．人是如何学习的——大脑、心理、经验及学校［M］．上海：华东师范大学出版社，2002.

［127］翟学伟．中国人行动的逻辑［M］．北京：三联书店，2017：184－187.

［128］张冰冰，张青根，沈红．海外访学能提高高校教师的论文产出吗？［J］．宏观质量研究，2018（2）.

［129］张楚廷．大学里，什么是一堂好课［J］．高等教育研究，2007（3）.

［130］张春莉，马慧珍，吴加奇．师生人际关系对教师教学反馈及学生行为的影响研究［J］．教育学报，2015（2）.

［131］张华峰，史静寰．走出"中国学习者悖论"［J］．中国高教研究，2018（12）.

［132］张俊超．大学场域的游离部落——大学青年教师发展现状及应对策略［M］．北京：社会科学出版社，2009.

［133］张梅，黄四林，等．公正世界信念对大学生学习成绩的影响：时间管理的解释［J］．心理发展与教育，2018（3）.

［134］张青根，沈红．出国进修如何影响高校教师收入？［J］．教育与经济，2016（6）.

［135］张伟，刘宝存．在地国际化：中国高等教育发展的新走向［J］．大学教育科学，2017（3）.

［136］张维迎．大学的逻辑［M］．北京：北京大学出版社，2004.

［137］张志勇，高晓清．寂寞的能力——关于学术自由的另一种思考［J］．现代大学教育，2009（7）.

［138］赵国栋．关于大学教学理念的形成及理论分析［J］．河北科技大学学报（社会科学版），2003（3）.

［139］赵显通，等．高校教师出国访学的现实困境与改革路径［J］．高校教育管理，2018（4）.

［140］赵显通，刘绪，彭安臣．基于混合方法的教师出国访学收益研究［J］．教育科学，2018（3）.

［141］郑晓瑛．交叉学科的重要性及其发展［J］．北京大学学报（哲学社会科学版），2007（3）.

［142］郑也夫．与本科生谈：论文与政治学［M］．济南：山东人民出版社，2008.

［143］钟伟良．地方高校教师留学经历对其专业发展的影响研究［D］．上海：华东师范大学，2007.

［144］周谷平，杨凯良．学术谱系解读：基于美国印第安纳大学高等教育研究学者的访谈分析［J］．教育学报，2017（2）.

［145］周海涛，等．大学教师发展：理论与实践［M］．北京：教育科学出版社，2015.

［146］周海涛，李虔．大学教师发展：内涵和外延［J］．大学教育科学．2012（12）.

［147］周继良，龚放，秦雍．高校学生评教的制度定位逻辑及其纠偏［J］．中国高教研究，2017（11）．

［148］周兴国．留学经历对高校教师专业发展的影响研究［D］．厦门：厦门大学，2012．

［149］周玉容，沈红．现行教师评价对大学教师发展的效应分析——驱动力的视角［J］．清华教育研究，2016（5）．

［150］朱佳妮．学术硬着陆：高校文科青年海归教师的工作适应研究［J］．复旦教育论坛，2017（3）．

［151］朱家德．教师参与高校治理现状的个案研究［J］．高等教育研究，2017（8）．

二、英文文献

［1］Ackers, L., Gill, B. (2008). Moving People and Knowledge：Scientific Mobility in an Enlarging European Union［M］. Edward Elgar Publishing.

［2］Altbach, P. G. (1998). Comparative Higher Education：Knowledge, the University and Development［M］. Hong Kong：Comparative Education Research Centre, The University of Hong Kong.

［3］Altbach, P. G. (1989). The New Internationalism：Foreign Students and Scholars［J］. Studies in Higher Education, 14 (2), 125 – 136.

［4］Austin A. E., Sorcinelli M. D. (2013). The Future of Faculty Development：Where are We Going?［J］. New directions for teaching and learning, (133)：85 – 97.

［5］Bellas M., Toutkoushian R. (1999). Faculty Time Allocations and Research Productivity：Gender, Race, and Family Effects［J］. Review of Higher Education, 22 (4)：367 – 390.

［6］Belzer, A. (2003). Toward Broadening the Definition of Impact in Professional Development for ABE Practitioners［J］. Adult Basic Education, 13 (1)：44 – 59.

［7］Biraimah, K. L. & Jotia, A. J. (2013). The Longitudinal Effects of

Study Abroad Programs on Teachers' Content Knowledge and Perspectives: Fulbright-hays Group Projects Abroad in Botswana and Southeast Asia [J]. Journal of Studies in International Education, 17 (4): 433 – 454.

[8] Black, J. S, Mendenhall. M. (1991). The U-Curve Adjustment Hypothesis Revisited: A Review and Theoretical Framework [J]. Journal of International Business Studies, 22 (2): 226 – 229.

[9] Bledsoe, Gerie, B. (1991) Faculty Development in Higher Education: Enhancing a National Resource [R]. Washington, D. C. : National Education Association, 11 – 12.

[10] Bok D. (1982). Beyond the Ivory Tower: Social Responsibilities of the Modern University [M]. Cambridge: Harvard University Press.

[11] Brint S. , Cantwell A. M. (2010). Undergraduate Time Use and Academic Outcomes: Results from the University of California Undergraduate Experience Survey 2006 [J]. Teachers College Record, 112 (9): 2441 – 2470.

[12] Cantwell, B. , & Taylor, B. J. (2013). Internationalization of the Postdoctorate in the United States: Analyzing the Demand for International Postdoc Laborr [J]. Higher Education, 66 (5), 551 – 567.

[13] Centra, K. T. (1989). Faculty Evaluation and Faculty Development in Higher Education. In J. C. Smart (Ed.), Higher Education: Handbook of Theory and Research [M]. New York: Agathon Press, 155 – 179.

[14] Chompalov I. , Shrum W. (1999). Institutional Collaboration in Science: A Typology of Technological Practice [J]. Science Technology & Human Values, 24 (3): 338 – 372.

[15] Chowdhury F. (2018). Grade Inflation: Causes, Consequences and Cure [J]. Journal of Education and Learning, 7 (6): 86 – 92.

[16] Coleman, James S. (1998). Social Capital in The Creation of Human Capital [J]. American Journal of Sociology, (94): 95 – 120.

[17] David Carless, Gordon Joughin, Ngar-Fun Liu (2006). How Assessment Supports Learning: Learning Oriented Assessment in Action [M]. Hong Kong

University Press, 2.

[18] David W, Biggs J. (1996). The Chinese learner: Cultural, Psychological and Contextual Influences [M]. Hongkong: University of Hongkong, 45 – 67.

[19] David W. Johnson, Roger T. Johnson, and Karl A. Smith (1991). Cooperative Learning: Increasing College Faculty Instructional Productivity [R]. 6 – 8.

[20] Dewey, D. P. et al. (2014). Language Use in Six Study Abroad Programs: An Exploratory Analysis of Possible Predictors [J]. Language Learning, 64 (1): 36 – 71.

[21] Edler, J., Fier H., Grimpe, C. (2011). International Scientist Mobility and the Locus of Knowledge and Technology Transfer [J]. Research Policy, 40 (6): 791 – 805.

[22] Feldman, R. S., Bishop, J. (2003). Development Across the Life Span [M]. Upper Saddle River, NJ: Prentice.

[23] Gaff J. G. (1976). Toward Faculty Renewal: Advances in Faculty, Instructional, and Organizational Development. [M]. Jossey-Bass Publishers, 223.

[24] Gaff, J. G., Simpson, R. D. (1994). Faculty Development in the United States [J]. Innovative Higher Education, 18 (3): 167 – 176.

[25] Hall. Open-Doors Report [EB/OL]. https://www.iie.org/Research-and-Insights/Open-Doors/Data/International-Scholars/Places-of-Origin.

[26] Harari, M. (1981). Internationalizing the Curriculum and the Campus: Guidelines for AASCU Institutions [M]. Washington, D. C.: American Association of State Colleges and Universities, 29.

[27] Hayhoe, Ruth (1996). China's Universities, 1895 – 1995: A Century of Cultural Conflict [M]. New York: Taylor & Francis Routledge.

[28] Hou, A. (2012). Mutual Recognition of Quality Assurance Decisions on Higher Education Institutions in Three Regions: A Lesson from Asia [J]. Higher Education, 64 (6): 911 – 926.

[29] Howe, J. M. (2008). A Journey of a Thousand Miles [J]. New Directions for Higher Education, (143): 73 – 79.

［30］Hyland K. （2009）. Academic Discourse：English in a global Context ［M］. London：Continuum.

［31］Inagaki K. , Hatano G. , Morita E. （1998）. Construction of Mathematical Knowledge through Whole-Class Discussion ［J］. Learning and Instruction, 8 （6）：503 –526.

［32］J. B. Francis （1975）. How do We Get There from Here? Program Design for Faculty Development ［J］. The Journal of Higher Education, （6）：719 –732.

［33］Jin L. （2012）. Cultural Foundation of Learning：East and West ［M］. New York：Cambridge University Press, Vii.

［34］John N. Hawkins （1984）. Education Exchange and Transfer of Chinese Higher Education ［A］. in Bridges to Knowledge：Foreign Students in Comparative ［C］. Edited by Elinor Barber & Philip G. A ltbach, University of Chicago Press.

［35］Kennedy D. （1997）. Academic Duty ［M］. Cambridge：Harvard University Press, 264.

［36］Klenk N. L. , Hickey G. M. , Maclellan J. I. （2010）. Evaluating The Social Capital Accrued in Large Research Networks：The Case of the Sustainable Forest Management Network （1995 – 2009） ［J］. Social Studies of Science, 40 （6）：931 –960.

［37］Knight, J. （2004）. Internationalization Remodeled：Definition, Approaches, and Rationales ［J］. Journal of Studies in International Education, 8 （1）：5 –31.

［38］Knowles （1975）. Self Directed Learning：A Guide for Learners and Teachers ［M］. Chicago：Follett Publishing Co, 18 – 19.

［39］Laband D. N. , Tollison R. D. （2010）. Tellectual Collaboration ［J］. Journal of Political Economy, 108 （3）：632 –662.

［40］Lee, J. Y. , Ciftci, A. （2014）. Asian International Students' Sociocultural Adaptation：Influence of Multicultural Personality, Assertiveness, Academic Self-efficacy, and Social Support ［J］. International Journal of Intercultural Relations, (38): 97 – 105.

[41] Leyton-Brown, K., Blachford, D. (2010). Student Returnees Bring about Social Change in China [R]. EMBASSY-Canada's Foreign Policy Newsweekly, Education Report.

[42] Liu Qin, Jiang Yumei (2015). The Outcomes of Chinese Vistiing Scholars' Experiences at Canadian Universities: Implications for Faculty Development [J]. Frontiers of Education in China, 10 (3): 439 – 469.

[43] Liu, Chih-Hsing Sam (2015). Network Position and Cooperation Partners Selection Strategies for Research Productivity [J]. Management Decision, 53 (3): 494 – 511.

[44] Manrique, C. G., Manrique, G. G. (1999). The Multicultural or Immigrant Faculty in American Society [M]. Lewiston, N. Y.: E. Mellen Press.

[45] Martine Schaer, Janine Dahinden, Alina Toader (2017). Transnational Mobility among Early-Career Academics: Gendered Aspects of Negotiations and Arrangements within Heterosexual Couples [J]. Journal of Ethnic and Migration Studies, 43: 8, 1292 – 1307.

[46] Marvasti, A. (2005). U. S. Academic Institutions and Perceived Effectiveness of Foreign-born Faculty [J]. Journal of Economic Issues, 39 (1): 151 – 176.

[47] McLean, M., Ciliers, F., van Wyk, J. M. (2008). Faculty Development: Yesterday, Today and Tomorrow [J]. Medical Teacher, 30 (6): 555 – 584.

[48] McNamee, S. J., Faulkner, G. L. (2001). The International Exchange Experience and the Social Construction of Meaning [J]. Journal of Studies in International Education, 5 (1), 64 – 78.

[49] Merriam, S. B. (1988). Qualitative Research and Case Study Applications in Education [M]. San Francisco: Jossey-Bass.

[50] Mezirow, J. (1991). Transformative Dimensions of Adult Learning [M]. San Francisco: Jossey-Bass, 5 – 68.

[51] Mezirow, J. (2000). Learning to Think Like an Adult: Core Concepts of Transformation Theory [A]. In J. Mezirow & Associates (Eds.), Learning as Transformation: Critical Perspectives on a Theory in Progress [C]. San Francisco: Jossey-Bass, 3 –33.

[52] Michele Shoresman (1989). The Sample Approximates the Geographical Representation of Scholars at Illionois from the PRC [D]. University of Illionois.

[53] Michelle McLean, Francois Cilliers, Jacqueline M. Van Wyk (2008). Faculty Development: Yesterday, Today and Tomorrow [J]. Medical Teacher, 30: 6, 555 –584.

[54] Mihut, G., de Gayardon, A., Rudt, Y. (2016). The Long-Term Mobility of International Faculty: A Literature Review [M]. In International Faculty in Higher Education. Routledge, 16 –27.

[55] Mishler, E. G. (1986). Research Interviewing: Context and Narrative [M]. Cambridge, MA: Harvard University Press.

[56] Mo Xue, Xia Chao, Aaron M. Kuntz (2015). Chinese Visiting Scholars' Academic Socialization in US Institutions of Higher Education: A Qualitative Study [J]. Asia Pacific Journal of Education, 35: 2, 290 –307.

[57] Nadler. M. K., Nadler. L. B. (2000). Out-of-Class Communication between Faculty and Students: A Faculty Perspective [J]. Communication Studies, (2): 176 –188.

[58] Nelson, G. L. (1997). How Cultural Differences Affect Written and Oral Communication: The Case of Peer Response Groups [J]. New Directions for Teaching and Learning, (70): 77 –84.

[59] Neumann A., Terosky A. (2007). To Give and to Receive: Recently Tenured Professors' Experiences of Service in Major Research Universities [J]. Journal of Higher Education Policy and Management, 78 (3): 282 –310.

[60] Organisation for Economic Cooperation and Development (2010). The OECD Innovation Strategy: Getting a Head Start on Tomorrow [R]. Paris: Directorate for Science Technology and Industry. OECD.

［61］Phillipson R. （1992）. Lingistic Imperialism ［M］. Oxford：Oxford U-niversity Press.

［62］Price E. , Coffey B. , Nethery A. （2015）. An Early Career Academic Network：What Worked and What Didn't ［J］. Journal of Further and Higher Education, 39 （5）：680 – 698.

［63］Qin Liu, Jiang Yumei （2016）. The Outcomes of Chinese Visiting Scholars' Experiences at Canadian Universities：Implications for Faculty Development at Chinese Universities ［J］ Frontiers of Education in China, 10 （3）：439 – 469.

［64］Rhoads, R. A. , & Chang, Y. C. （2014）. Narratives of Change at Minzu University of China：Internationalization, Marketization, and Ethno Cultural Development. Comparative Education Review, 58 （1）：47 – 72.

［65］Rhoads, R. A. , Hu, J. （2012）. The Internationalization of Faculty Life in China ［J］. Asia Pacific Journal of Education, 32 （3）：351 – 365.

［66］Richardson, J. , McKenna, S. （2003）. International Experience and Academic Careers：What Do Academics Have to Say? ［J］. Personnel Review, 32 （6）：774 – 795.

［67］Robert H. Ennis （2015）. Critical Thinking：A Streamlined Conception ［J］. The Palgrave Handbook of Critical Thinking in Higher Education, （14）：31 – 47.

［68］Sanderson, G. （2008）. A Foundation for the Internationalization of the Academic self ［J］. Journal of Studies in International Education, 12 （3）：276 – 307.

［69］Santoro, D. A. （2011）. Good Teaching in Difficult Times：Demoralization in the Pursuit of Good Work ［J］. American Journal of Education, 118 （1）：1 – 23.

［70］Saxenian, A. （2005）. From Brain Drain to Brain Circulation：Transnational Communities and Regional Upgrading in India and China ［J］. Studies in Comparative International Development, 40 （2）：35 – 61.

［71］Schwietz M. S. （2006）. Internationalization of the Academic Profession: An Exploratory Study of Faculty Attitude, Beliefs and Involvement at Public Universities in Pennsylvania [D]. Pittsburgh P. A. : The School of Education, University of Pittsburgh, 48.

[72] Sharan B. Merrian (1987). Adult Learning and Theory Building: A Review [J]. Adult Education Quarterly, 37 (4): 187 – 198.

[73] Shi Xiaoguang (2015) . Institutionalizing China's Research University through Academic Mobility: The Case of PKU [J]. Chinese Education & Society, (48): 4, 297 – 311.

[74] Shils E. (1997) . The Calling of Education: The Academic Ethic and Other Essays on Higher Education [M]. Chicago: University of Chicago Press, 3 – 152.

[75] Shimmi (2014) . Experience of Japanese Visiting Scholars in the United States: An Exploration of Transition [D]. Boston College.

[76] Sima, C. M. (2000). The Role and Benefits of the Sabbatical Leave in Faculty Development and Satisfaction [J]. New Directions for Institutional Research, (105): 67 – 75.

[77] Shen Wen-Qin, Liu Dong, Chen Hong Jie (2017). Chinese Ph. D. Students on Exchange in European Union Countries: Experiences and Benefits [J]. European Journal of Higher Education.

[78] Shoresman, M. (1998). Returns to Education-US/PRC Visiting Scholars Programme-1978-1988 [A]. in M. Agalesto & B. Anderson (Eds.), Higher Education in Post-Mao China [C]. Hong Kong: Hong Kong University Press, 95.

[79] Sorcinelli, M. D, Austin, A. E. , Eddy, P. L. & Beach, A. L. (2006). Creating the Future of Faculty Development: Learning from the Past, Understanding the Present [M]. Bolton, M. A. : Anker Publishing Company, 2 – 5, 157.

[80] Stanford Research Institute (2002). Outcome Assessment of the U. S. Fulbright Scholar Program [R]. Stanford, C. A. : Stanford Research Institute. Retrieved from http: //www. sri. com/news/releases/09 – 10 – 02. html.

[81] Stephen J. Ball. Performativity (2012). Commodification and Commit-

ment: An I-spy Guide to the Neoliberal University [J]. British Journal of Educational Studies, 60 (1): 17 – 28.

[82] Van der Wende, M. (1996). Internationalizing the Curriculumin Higher Education: Report on A OECD/CERI Study [J]. Tertiary Education and Management, (2): 186 – 195.

[83] Walker, J. D., Baepler, P., & Cohen, B. (2008). The Scholarship of Teaching and Learning Paradox: Result without Reward [J]. College Teaching, 56 (3): 183 – 189.

[84] William Gore, Charles Broches, Cynthia Lostoski (1987). One Faculty's Perceptions of Its Governance Role [J]. The Journal of Higher Education, (58).

[85] William, H. Bergquist & Steven, R. Phillips (1975). Components of an Effective Faculty Development Program [J]. The Journal of Higher Education, 46 (2): 181 – 184.

[86] Zahorski, K. J. (1991). To Improve the Academy: Resources for Faculty, Instructional, and Organizational Development [M]. Stillwater, O. K.: New Forums Press.

[87] Zhang, C. (2014). Plagiarism in Their Own Words: What Chinese and American Students Say about Academic Dishonesty [J]. Chinese Journal of Applied Linguistics, 37 (3): 373 – 391.

[88] Zhao, R. (2008). Factors Promoting or Hindering the Academic Adjustment of Chinese Visiting Scholars in an American University [D]. Columbia University.

[89] Zheng, X., & Berry, J. W. (1991). Psychological Adaptation of Chinese Sojourners in Canada [J]. International Journal of Psychology, 26 (4): 451 – 470.

[90] Zhu, J. (2016). Chinese Overseas Students and Intercultural Learning Environment: Academic Adjustment, Adaptation and Experience [M]. London: Palgrave Macmillan, 21.